U0124476

當代思潮系列叢書

# 瘋顛與文明

## Madness and Civilization

作者——傅柯(Foucault, M.)

譯者——劉北成等

# 前　言

　　帕斯卡（Pascal）①說過：「人類必然會瘋顛到這種地步，即不瘋顛也只是另一種形式的瘋顛。」杜斯妥也夫斯基（Dostoievsky）②在《作家日記》（*Diary of a Writer*）中寫道：「人們不能用禁閉自己的鄰人來確認自己神志健全。」

　　然而，我們卻不得不撰寫一部有關這另一種形式的瘋顛（Madness）的歷史，因為人們出於這種瘋顛，用一種至高無上的理性支配的行動把自己的鄰人禁閉起來，用--種非瘋顛的冷酷語言相互交流和相互承認。我們有必要確定這種共謀的開端，即它在真理領域中永久確立起來之前，它被人抗議的激情重新激發起來之前的確立時刻。我們有必要試著追溯歷史上瘋顛發展歷程的起點。在這一起點上，瘋顛尚屬一種未分化出來的體驗，是一種未分裂的對區分本身的體驗。我們必須從運動軌跡的起點來描述這「另一種形式的瘋顛」。這種形式把理性（Reason）與瘋顛（Madness）斷然分開，從此二者毫不相關，毫無交流，似乎對方已經死亡。

　　無疑，這是一個不愉快的領域。為了探索這個領域，我們必須拋棄通常的各種終極真理，也絕不能被一般的瘋顛知識牽著鼻子走。任何精神病理學（Psychopathology）概念都不能發揮提綱挈領的作用，在模糊的回溯過程中尤其如此。研究的線索應該是那種將瘋顛區分出來的行動，而不是在已經完成區分並恢復了

平靜後精心闡述的科學。研究的起點應該是造成理性與非理性相互疏離的斷裂。因為正是從這一點產生了理性對非理性的征服，即理性強行使非理性成為瘋顛、犯罪或疾病的真理。因此，我們在談論那最初的爭端時，不應設想有某種勝利或者設想有某種取得勝利的權利。我們在談論那些重新置於歷史之中加以考察的行動時，應該將一切可能被視為結論或躲在真理名下的東西置於一旁。我們在談論這種造成理性與非理性之間的分裂、疏離和虛空的行為時，絕不應依據該行為所宣布的目標的實現情況。

只有這樣，我們才能確定瘋顛的人與有理性的人正在相互疏遠，但尚未判然分開的領域。在那個領域中，他們用一種原始的、粗糙的前科學語言來進行關於他們關係破裂的對話，用一種躲躲閃閃的方式來證明他們還在相互交流。此時，瘋顛與非瘋顛、理性與非理性難解難分地糾纏在一起：它們不可分割的當兒，正是它們尚不存在的時刻。它們是相互依存的，存在於交流之中，而交流使它們區分開。

在現代安謐的精神病世界中，現代人不再與瘋人交流。一方面，有理性的人讓醫生去對付瘋顛，從而認可了只能透過疾病的抽象普遍性所建立的關係；另一方面，瘋顛的人也只能透過同樣抽象的理性與社會交流。這種理性就是社會秩序、肉體和道德的約束，羣體的無形壓力以及從眾（conformity）的要求。共同語言根本不存在，或者說不再有共同語言了。十八世紀末，瘋顛被確定為一種精神疾病。這表明了一種對話的破裂，確定了早已存在的分離，並最終拋棄了瘋顛與理性用以交流的一切沒有固定句法、期期艾艾、支離破碎的語詞。精神病學的語言是關於瘋顛的理性獨白。它僅僅是基於這種沉默才建立起來的。

我的目的不是撰寫精神病學語言的歷史，而是論述那種沉默（silence）的考古學。

　　古希臘人與他們稱之為「張狂」（ ὕβρις ）的東西有某種關係。這種關係並不僅僅是一種譴責關係。特拉西馬庫（ Thrasymachus ）與卡利克勒（ Callicles ）的存在便足以證明這一點，儘管他們的語言流傳下來時已經被蘇格拉底（ Socrates ）那令人放心的論辯包裹起來。然而，在古希臘的邏各斯（ Greek Logos ）中沒有與之相反的命題。

　　自中世紀初以來，歐洲人與他們不加區分地稱之為瘋顛（ Madness ）、痴呆（ Dementia ）或精神錯亂（ Insanity ）的東西有某種關係。也許，正是由於這種模糊不清的存在，西方的理性才達到了一定的深度。正如「張狂」的威脅在某種程度上促成了蘇格拉底式理性者的「明智」（ σωφροσυνή ）。總之，理性——瘋顛關係（ Reason—Madness nexus ）構成了西方文化起源的一個獨特面向。在博斯（ Hieronymus Bosch ）③之前，這個側面早已伴隨著西方文化，而在尼采（ Nietzsche ）和阿爾托（ Artaud ）④之後仍將長久地尾隨著它。

　　那麼，隱藏在理性的語言背後的這種對照是什麼呢？如果我們不是遵循理性的縱向發展歷程，而是試圖追溯那種使歐洲文化與不算做歐洲文化的東西相對照的不變分界，並用其自身的錯亂來確定其範圍，那麼這種研究會把我們引向何處呢？我們所進入的領域既不是認識史，又不是歷史本身，既不受真理目的論的支配，也不遵循理性的因果邏輯，因為只有在這種區分之外因果才有價值和意義。無疑，在這個領域中受到質疑的是一種文化的界限，而不是文化本質。那麼這是一個什麼領域呢？

　　從威利斯（ Willis ）⑤到皮內爾（ Pinel ）⑥，從拉辛（ Racine ）⑦的《奧瑞斯忒斯》（ *Orestes* ）到薩德（ Sade ）⑧的《朱莉埃特》（ *Juliette* ）和戈雅（ Goya ）⑨的「聾人之家」（ The Quinta del Sordo ）的一系列瘋顛形象，構成了古典時期。正是在這個時期，瘋顛與理性之間的交流以一種激進的方式改變了時代的

語言。在這段瘋顛史上，有兩個事件異常清晰地表明了這種變化：一個是一六五七年（法國）總醫院（Hôpital Général）建立和對窮人實行「大禁閉」（great confinement）；另一個是一七九四年解放比塞特爾（Bicêtre）收容院的帶鐐囚禁者。在這兩個不尋常的而又前後呼應的事件之間發生了某種變化，其意義含混矛盾，令醫學史專家困惑不解。有些人解釋說，這是用一種專制制度進行盲目的壓制。另一些人則認為，這是透過科學和慈善事業逐步地發現瘋顛的真正真相。實際上，在這兩種相反意義的背後，有一種結構正在形成。這種結構不僅沒有消除這種歧義性，反而決定了這種歧義性。正是這種結構導致了中世紀和人文主義的瘋顛體驗轉變為我們今天的瘋顛體驗，即把精神錯亂完全歸結為精神疾病。從中世紀到文藝復興時期，人與瘋顛的爭執是一種戲劇性辯論，其中人所面對的是這個世界的各種神秘力量；瘋顛體驗被各種意象籠罩著：人類的原始墮落和上帝的意志，獸性及其各種變形，以及知識中的一切神奇。在我們這個時代，瘋顛體驗在一種冷靜的知識中保持了沉默。這種知識對瘋顛已瞭如指掌，因而視若無睹。但是，從一種體驗到另一種體驗的轉變，卻由一個沒有意象、沒有正面人物的世界在一種寧靜的透明狀態中完成的。這種寧靜的透明狀態作為一種無聲的機制，一種不加評註的行動，一種當下的知識，揭示了一個龐大靜止的結構。這個結構既非一種戲劇，也不是一種知識，而是一個使歷史陷入既得成立又受譴責的悲劇範疇的地方。

# 註　釋

① 帕斯卡（1623～1662），法國思想家。——譯者註

② 杜斯妥也夫斯基（1821～1881），俄國小說家。——譯者註

③ 博斯（約1450～1561），尼德蘭畫家。——譯者註

④ 阿爾托（1896～1948），法國劇作家、詩人、演員和超現實主義理論家。——譯者註

⑤ 威利斯（1621～1675），17世紀英國著名醫師，英國醫學化學學派的代表。——譯者註

⑥ 皮內爾（1745～1826），法國醫師，以人道主義態度對待精神病患者的先驅。——譯者註

⑦ 拉辛（1639～1699），法國古典主義悲劇作家。——譯者註

⑧ 薩德（1740～1814），法國色情作家。——譯者註

⑨ 戈雅（1746～1828），西班牙著名畫家。——譯者註

譯者附言：該書在翻譯過程中曾就拉丁文問題求教馬香雪先生，謹以此向馬先生誌謝。

# 目　　錄

# 第一章 「愚人船」

在中世紀結束時，痲瘋病（leprosy）從西方世界消失了。在社會羣落的邊緣，在各個城市的入口，展現著一片片廢墟曠野。這些地方已不再流行疾病，但卻荒無人煙。多少世紀以來，這些地方就屬於「非人」世界（the non-human）。從十四世紀到十七世紀，它們將用一種奇異的魔法召喚出一種新的疾病、一種新的掙獰的恐怖，等待著新的社會清洗和排斥的習俗來臨。

從中世紀盛期到十字軍東征結束，痲瘋病院成倍的增加，有痲瘋病人的城市遍及整個歐洲。根據帕里斯（Mathieu Paris）的說法，整個基督敎世界的痲瘋病院多達一萬九千個。在一二二六年路易八世（Louis VIII）頒布痲瘋病院法前後，法國官方登記的痲瘋病院超過二千個。僅在巴黎主敎區就有四十三個，其中包括雷納堡（Bourg-le-Reine）、科爾貝（Corbeil）、聖瓦萊雷（Saint-Valère）和罪惡的尚布利（Champ-Pourri，意為污濁之地）；還包括沙倫敦（Charenton）。兩個最大的病院就在巴黎城邊，它們是聖日耳曼（Saint-Germain）和聖拉扎爾（Saint-Lazare）①。這兩個名字我們在另一種病史中還會見到。這是因為自十五世紀起，它們都空無病人了。在十六世紀，聖日耳曼成為少年罪犯敎養院。到聖文森（Saint-Vincent）②時期之前，聖拉扎爾只剩下一個痲瘋病人，他是「朗格盧瓦先生（Sieur Langlois），民事法庭的律師」。南錫（Nansy）痲瘋

病院是歐洲最大的麻瘋病院之一，但是在麥笛錫（Marie de Médicis）③攝政時期，僅僅收容過四個病人。根據卡泰爾（Catel）的《回憶錄》（*Mémoires*），中世紀末在圖盧茲（Toulouse）有二十九所醫院，其中七所是麻瘋病院。但是到十七世紀初，只有三所還被人提到。它們是聖西普里安（Saint-Cyprien）、阿爾諾·貝爾納（Arnaud-Bernard）和聖米歇爾（Saint-Michel）。人們對麻瘋病的消失感到歡欣鼓舞。一六三五年，理姆斯（Reims）的居民舉行隆重的遊行，感激上帝使該城市免除了這種瘟疫。

早在一個世紀以前，法國政府就在控制和整頓麻瘋病院的巨大財產。一五四三年十二月九日，弗朗索瓦一世（François I）下令進行人口調查和財產清查，「以糾正目前麻瘋病院的嚴重混亂」。一六〇六年，亨利四世（Henri IV）頒布敕令，要求重新核查麻瘋病院的財產，「將這次調查出來的多餘財產用以贍養貧困貴族和傷殘士兵」。一六一二年十二月二十四日的敕令提出同樣的要求，但這次多餘的收入被用於救濟窮人。

實際上，直到十七世紀末，法國麻瘋病院的問題才得到解決。由於這個問題具有經濟上的重要性，因此引起多次衝突。直到一六七七年，僅在多菲內（Dauphiné）省還有四十四個麻瘋病院。一六七二年，路易十五（Louis XIV）把有的軍事和醫護教團的動產都劃歸聖拉扎爾和蒙特·卡梅爾（Mont-Carmel）教團，即它們被授權管理王國的全部麻瘋病院。大約二十年後，一六七二年敕令被廢止。自一六九三年三月至一六九五年七月，經過一系列左右搖擺的措施，麻瘋病院的財產最後被劃歸給其他的醫院和福利機構。分散在遺存的一千二百所麻瘋病院的少數病人，被集中到奧爾良（Orleans）附近的聖梅曼（Saint-Mesmin）病院。這些法令首先在巴黎實行，最高法院將有關收入轉交給總醫院的各機構。各省當局也效仿這一做法。圖盧茲將麻瘋

病院的財產轉交給絕症患者醫院（1696 年）；諾曼第（Normandy）的博利俄（Beaulieu）痳瘋病院的財產轉交給康城（Caen）的主宮醫院（Hôpital−Dieu）；沃里（Voley）痳瘋病院的財產劃歸給聖福瓦（Saint−Foy）醫院。只有聖梅曼病院和波爾多（Bordeaux）附近的加涅茨（Ganets）病室保留下來。

在十二世紀，僅有一百五十萬人口的英格蘭（England）和蘇格蘭（Scotland）就開設了二百二十個痳瘋病院。但是，早在十四世紀，這些病院就開始逐漸閒置了。一三四二年，愛德華三世（Edward Ⅲ）下令調查里彭（Ripon）的痳瘋病院（此時該醫院已無痳瘋病人），把該機構的財產分給窮人。十二世紀末，大主教普依塞爾（Puisel）創建了一所醫院，到一四三四年，該醫院只有兩個床位供痳瘋病人用，一三四八年，聖阿爾巴斯（Saint−Albans）大痳瘋病院僅收容著三個病人；二十四年後，肯特（Kent）的羅默納爾（Romenal）醫院因無痳瘋病人而被廢棄。在查塔姆（Chatham），建於一〇七八年的聖巴托羅繆（Saint−Bartholomew）痳瘋病院曾經是英格蘭最重要的病院之一；但是在伊利莎白一世（Elizabeth）統治時期，它只收容了兩個病人；到一六二七年，它終於關閉。

在德國，痳瘋病也同樣在消退，或許只是稍微緩慢一些。痳瘋病院同樣被改變了用途。宗教改革加速了這種變化。結果，由市政當局掌管了福利和醫護機構。在萊比錫（Leipzig）、慕尼黑（Munich）和漢堡（Hamburg）都是如此。一五四二年，石勒斯威希・霍爾斯坦（Schleswig−Holstein）的痳瘋病院的財產轉交給了醫院。在斯圖加特（Stuttgart），一五八九年的一份地方行政長官的報告表明，五十年以來該地痳瘋病院中一直沒有這種病人。在利普林根（Lipplingen），痳瘋病院也很快被絕症患者和精神病人所充斥。

　　麻瘋病的奇異消失，無疑不是長期以來簡陋的醫療實踐的結果，而是實行隔離，以及在十字軍東征結束後切斷了東方病源的結果。麻瘋病退穩了，但是它不僅留下這些下賤的場所，而且留下了一些習俗。這些習俗不是要撲滅這種病，而是要拒之於某種神聖的距離之外，把它固定在反面宣傳之中。在麻瘋病院被閒置多年之後，有些東西無疑會比麻瘋病存留得更長久，而且還將延續存在。這就是附著於麻瘋病人形象上的價值觀和意象，排斥麻瘋病人的意義，即那種觸目驚心的可怕形象的社會意義。這種形象必須首先劃入一個神聖的圈子裡，然後才能加以排斥。

　　雖然麻瘋病人被排斥在這個世界、這個有形教會的社會之外，但是他們的存在依然是對上帝的一個可靠證明，因為這是上帝憤怒和恩寵的一個表徵。維也納教會（the Church of Vienne）的儀式上說：「我的朋友，主高興讓你染上這種疾病，你蒙受著主的極大恩寵，因為他願意因你在這個世界上的罪惡而懲罰你。」就在牧師及其助手將麻瘋病人倒拖出教會時，還在讓病人相信自己依然是對上帝的證明：「不論你是否會離開教會和健康人的陪伴，你依然沒有離開上帝的恩寵。」在勃魯蓋爾（Brueghel）④的畫上，在卡爾瓦里（Calvary）⑤人羣圍在基督身邊，而麻瘋病人與他仍保持著一定距離，但永遠是在爬向卡爾瓦里。他們是罪惡的神聖證明。他們在自己受到的排斥中並透過這種排斥實現自己的拯救。透過一種與善行和祈禱相反的、奇異的厄運的作用，麻瘋病人被沒有伸過來的手所拯救。將麻瘋病人遺棄在門外的罪人卻給他打開了通向天國之路。「因為他們對你的疾病保持了克制；因為主不會因此而恨你，而要使你不脫離他的陪伴；如果你能忍耐，你便會得救，正如麻瘋病人死於富人門外但卻被直接送入天堂。」遺棄就是對他的拯救，排斥給了他另一種聖餐。

　　麻瘋病消失了，麻瘋病人也幾乎從人們的記憶中消失了。但

是這些結構卻保留下來。兩三個世紀之後，往往在同樣的地方，人們將會使用驚人相似的排斥方法。貧苦流民、罪犯和「精神錯亂者」（deranged minds）將承擔起麻瘋病人的角色。我們將會看到他們和那些排斥他們的人，期待著從這種排斥中得到什麼樣的拯救。這種方式將帶著全新的意義在完全不同的文化中延續下去。實際上，這種嚴格區分的重大方式既是一種社會排斥，又是一種精神重建。

在文藝復興時期的想像圖景上出現了一種新東西；這種東西很快就佔據了一個特殊位置。這就是「愚人船」（the Ship of Fools）。這種奇異的「顛簸之舟」（drunken boat）沿著平靜的萊茵河（Rhineland）和佛蘭芒（Flemish）運河巡遊。

當然，愚人船（Narrenschiff）是一個文學詞語，可能出自古老的亞爾古（Argonaut）英雄傳奇⑥。此時，這個重大的神話主題獲得新的活力，在勃艮第社會（Burgundy Estates）中廣為流傳。時尚歡迎這些舟船的故事：這些船載著理想中的英雄、道德的楷模、社會的典範，開始偉大的象徵性航行。透過航行，船上的人即使沒有獲得財富，至少也會成為命運或真理的化身。例如，尚皮埃（Symphorien Champier）於一五〇二年創作了《王公之舟和貴族之戰》（*Ship of Princes and Battles of Nobility*），於一五〇三年創作了《淑女船》（*Ship of Virtuous Ladies*）。另外還有《健康者之舟》（*Ship of Health*）、奧斯特沃倫（Jacob van Oestvoren）於一四一三年創作的《藍舟》（*blauwe Schute*）、布蘭特（Sebastian Brant）⑦於一四九四年創作的《愚人船》（*Narrenschiff*）、巴德（Josse Bade）的著作《女愚人船》（*Stultiferae naviculae scaphae fatuarum mulierum*）。當然，博斯的繪畫也屬於這個夢幻船隊之列。

然而，在所有這些具有浪漫色彩或諷刺意味的舟船中，只有

愚人船是唯一真正存在過的。這種船載著那些神經錯亂的乘客從一個城鎮航行到另一個城鎮。瘋人因此便過著流浪生活。城鎮將他們驅逐出去，他們被准許在空曠的農村流浪，但不能加入商旅或香客隊伍。這種習俗在德國尤為常見。十五世紀上半葉，紐倫堡（Nuremberg）有六十三個瘋子登記在冊，其中三十一人被驅逐。其後五十年間，據記載至少有二十一人被迫出走。這二十一人全部是被市政當局逮捕的瘋人。他們通常被交給船工。一三九九年，在法蘭克福（Frankfort），海員受命帶走一個赤身裸體在街巷中遊走的瘋人。十五世紀初，梅因茲（Mainz）以同樣方式驅逐了一個瘋人罪犯。有時，水手們剛剛承諾下來，轉身便又把這些招惹麻煩的乘客打發上岸。法蘭克福有一個鐵匠兩次被逐，但兩次返回，直到最後被送到克羅茲納赫（Kreuznach）。歐洲的許多城市肯定經常看到「愚人船」馳入它們的港口。

　　揭示這種習俗的確切含義並非一件易事。有人會設想，這是一種很普通的引渡手段，市政當局以此把遊蕩的瘋人遣送出自己的管界。這種假設沒有考慮到下列事實：甚至在專門的瘋人病院設立之前，有些瘋人已經被送進醫院或受到類似的看護，巴黎的主宮醫院當時已在病房裡為他們設置了床位。在整個中世紀和文藝復興時期，歐洲大多數城市都有專門的瘋人拘留所，如黙倫（Melun）的沙特萊堡（Châtelet），康城著名的瘋人塔（Tour aux Fous）。在德國有數不勝數的瘋人塔（Narrtürmer），如盧北克（Lübeck）的城關，漢堡的處女塔（Jungpfer）。因此，瘋人不一定會被驅逐。有人會設想，只有外鄉瘋人才會被驅逐，各個城市都只照看自己市民中的瘋人。我們不是發現一些中世紀城市的帳簿上有瘋人救濟金或用以照料瘋人的捐款記錄嗎？但是，問題並不這麼簡單。在集中收容瘋人的地方，瘋人大多不是本地人。最先集中收容瘋人的是一些聖地：聖馬蒂蘭‧德‧拉爾尚（Saint-Mathurin de Larchant），聖希爾德維爾‧德‧古

奈（Saint-Hildevert de Gournay），貝桑松（Besançon）和吉爾（Gheel）。去這些地方朝聖是由城市或醫院組織的，往往還得到城市或醫院的資助。這些縈攏著整個文藝復興早期幻想的愚人船很可能是朝聖船。那些具有強烈象徵意義的瘋人乘客是去尋找自己的理性。有些船是沿萊茵河順流而下到比利時　Belgium）和吉爾（Gheel）。另一些船是沿萊茵河上行到汝拉（Jura）和貝桑松。

另外是有一些城市，如紐倫堡，肯定不是聖地，但也聚集著大量的瘋人。其數目之大，絕非該城市本身所能產生的。這些瘋人的食宿都從城市財政中開支，但是他們未受到醫治，而是被投入監獄。我們可以推測，在某些重要城市——旅遊和貿易中心，有相當多的瘋人是被商人和水手帶來的，而在這裡「失蹤」了。這就使他們的家鄉擺脫了他們。很可能的是，這些「非朝聖地」（counterpilgrimage）與那些將瘋人當作香客來接待的地方逐漸被人混同了。求醫的願望和排斥的願望重合在一起，於是瘋人被禁閉在某個奇蹟顯靈的聖地。吉爾（Gheel）村很可能就是這樣發展起來的：一個置放靈骨的地方變成了一個收容所、一個瘋人渴望被遣送去的聖地，但是在那裡，人們按照舊傳統，規定了一種儀式上的區分。

然而，漂泊的瘋人、驅逐他們的行動以及他們的背井離鄉，都沒有體現他們對於社會效用（social utility）或社會安全（social security）的全部意義。其他與儀式聯繫更緊密的意義肯定會表現出來。我們總會發現它們的蛛絲馬跡。例如，儘管教會法規沒有禁止瘋人出席聖餐，但是瘋人不得接近教堂。儘管教會從未採取任何行動來對付發瘋的牧師，但是，一四二一年，紐倫堡一個瘋顛的神父被十分莊重地驅逐出教堂，似乎他由於身為神職人員而更為不潔，該城市從財政開支中支付了他的旅費。有些地方，人們當眾鞭笞瘋人或者在舉行某種遊戲活動時嘲弄地追趕瘋

人，用鐵頭木棒將他們逐出城市。大量跡象表明，驅逐瘋人已成為許多種流放儀式中的一種。

這樣，我們對瘋人的出航及其引起的社會關注所具有的奇特含義就能更充分地理解了。一方面，我們不應縮小其無可否認的實際效果：將瘋人交給水手是為了確定他不再在城牆下徘徊，確信他將遠走他方，使他成為甘願背井離鄉的囚犯。但是，水域給這種做法添加上他本身的隱秘價值。它不僅將人帶走，而且還有著另外的作用──淨化（purifie）。航行使人面對不確定的命運。在水上，任何人都只能聽天由命。每一次出航都可能是最後一次。瘋人乘上愚人船是為了到另一個世界去。當他下船時，他是另一個世界來的人。因此，瘋人遠航既是一種嚴格的社會區分，又是一種絕對的過渡（Passage）。在某種意義上，這不過是透過半真實半幻想的地理變遷而發展了瘋人在中世紀的邊緣（liminal）地位。因瘋人具有被囚禁在城關內的特許，這種地位既具有象徵意義，又變得非常現實：要排斥他就必須把他圈起來；因為除了門津（threshold）之外沒有其它適合他的監獄，所以他被扣留在那個渡口。他被置於裡外之間，對於外邊是裡面，對於裡面是外邊。這是具有強烈象徵意義的地位。如果我們承認昔日維護秩序的有形堡壘現已變成我們良心的城堡，那麼，瘋人的地位無疑至今仍是如此。

水域和航行確實扮演這種角色。瘋人被囚在船上，無處逃遁。他被送到千支百叉的江河上或茫茫無際的大海上，也就被送交給脫離塵世的、不可捉摸的命運。他成了最自由、最開放的地方的囚徒：被牢牢束縛在有無數去向的路口。他是最典型的人生旅客（Passenger），是旅行的囚徒。他將去的地方是未知的，正如他一旦下了船，人們不知他來自何方。只有在兩個都不屬於他的世界當中的不毛之地裡，才有他的真理和他的故鄉。雖然這種習俗和這些價值觀是那種將要長期存在的想像關係的濫觴，但

是它們淵源於整個西方文化的歷史之中。反過來說，這種源於無
法追憶的時代的關係此時被召喚出來，並使瘋人出航成為習俗。
難道不是這樣嗎？至少可以肯定一點：水域和瘋顛長期以來就在
歐洲人的夢幻中相互聯繫著。

譬如，裝成瘋子的特里斯丹（Tristan）⑧命令船夫把他送
到康沃爾（Cornwall）的岸邊。他來到國王馬克（King Mark）
的城堡。這裡人們都不認識他，不知道他來自何方。他發表了許
多奇談怪論，人們既感到熟悉又感到陌生。他洞悉一切平凡事物
的秘密，因此他只能是來自另一個毗鄰的世界。他不是來自有著
堅實城市的堅實大地，而是來自永無寧靜的大海，來自包藏著許
多奇異知識的陌生大道，來自世界下面的那個神奇平原。伊瑟
（Iseut）最先發現，這個瘋子是大海的兒子，傲慢的水手把他
送到這裡，是一個不祥的信號：「那些該死的水手帶來了這個瘋
子！為什麼他們不把他投入大海！」⑨當時，同樣的題材不止一
次地出現。在十五世紀的神話中，它變成這樣一個情節：靈魂如
同一葉小舟，被遺棄在浩瀚無際的欲望之海上、憂慮和無知的不
毛之地上、知識和海市蜃樓中或無理性的世界中。這葉小舟完全
聽憑瘋顛的大海支配，除非它能拋下一只堅實的錨──信仰，或
者揚起它的精神風帆，讓上帝的呼吸把它吹到港口。十六世紀
末，朗克爾（De Lancre）認為，有一批人的邪惡知識來自大
海。這批人的特點是：航海的冒險生活、聽憑星象的指引，世代
相傳的秘密、對女人的疏遠。正是浩淼、狂暴的大海的形象，使
人喪失了對上帝的信仰和對家園的眷戀。人落入了惡魔之手──
撒旦的詭計海洋⑩。在這個古典時代，人們多半用寒冷潮濕的海
洋性氣候、變化無常的天氣的影響，來解釋英國人的陰鬱性格。
瀰漫的水氣浸透了人體，使之變得鬆垮而易於發瘋。最後讓我們
跳過自奧菲莉婭（Ophelia）⑪到羅蕾萊（Lorelei）⑫的浩瀚文
學作品，僅僅提一下海因洛特（Heinroth）⑬的半人類學半宇宙

學的精采分析。他認為，瘋顛是人身上晦暗的水質的表徵。水質是一種晦暗的無序狀態、一種流動的渾沌，是一切事物的發端和歸宿，是與明快和成熟穩定的精神（mind）相對立的。

然而，如果說瘋人的航行在西方的精神世界裡與如此之多的古老動機有聯繫，那麼為什麼這一題材在十五世紀的文學和繪畫中形成得那麼突然？為什麼愚人船及其精神錯亂的乘客一下子便侵入了人們十分熟悉的畫面？為什麼水域和瘋顛的古老結合在某一天而且恰恰在這一天出了這種船？

其原因就在於它是一種巨大不安的象徵，這種不安是在中世紀末突然出現在歐洲文化的地平線上的。瘋顛和瘋人變成了重大現象，其意義曖昧紛雜：既是威脅又是嘲弄對象，既是塵世無理性的暈狂，又是人們可憐的笑柄。

首先是故事和道德寓言。它們無疑有著悠久的淵源。但是到中世紀末，這方面的作品大量湧現，產生了一系列的「諷刺劇」（follies）。這些作品一如既往地鞭撻罪惡和錯誤，但是不再把這些全部歸咎於傲慢、冷酷或疏於基督徒的操守，而是歸咎於某種嚴重的愚蠢。這種愚蠢其實沒有什麼明確的緣由，但卻使所有的人都捲入某種密謀。對瘋顛（愚蠢）的鞭撻變成了一種普遍的批判方式。在鬧劇和傻劇（soties）⑭中，瘋人、愚人或傻瓜角色變得越來越重要。他不再是司空見慣的站在一邊的可笑配角，而是作為真理的衛士站在舞台中央。他此時的角色是對故事和諷刺作品中的瘋顛角色的補充和顛倒。當所有的人都因愚蠢而忘乎所以、茫然不知時，瘋人則會提醒每一個人。在一部人人相互欺騙，到頭來愚弄了自己的喜劇中，瘋人就是輔助的喜劇因素，是欺騙之欺騙。他用十足愚蠢的傻瓜語言說出理性的詞句，從而以滑稽的方式造成喜劇效果，如他向戀人們談論愛情，向年輕人講生活的真理，向高傲者和說謊者講中庸之道。甚至佛蘭德爾

（Flanders）和北歐非常流行的傳統的愚人節也成了戲劇性的活動，並變成社會和道德批判，儘管它們可能包含著某些自發的宗教滑稽作品的因素。

在學術作品中瘋顛或愚蠢也在理性和真理的心臟活動著。愚蠢不加區別地把一切人送上它的瘋顛舟船，迫使他們接受普遍的冒險（如奧斯特沃倫的《藍舟》、布蘭特的《愚人船》）。愚蠢造成了災難性的統治，穆爾納（Thomas Murner）在《愚蠢的請求》（*Narren be schwörung*）中對此描繪得淋漓盡致。愚蠢在科洛茲（Corroz）的諷刺作品《駁瘋狂的愛情》（*Contre fol amour*）中戰勝了愛情。在拉貝（Louise Labé）的對話體作品《愚蠢和愛情的辯論》（*Débat de folie et d'amour*）中，愚蠢和愛情爭論，誰首先出現，誰造就了誰，結果愚蠢獲得勝利。愚蠢也有自己的學術消遣。它是論爭的對象，它與自己爭論；它被批駁，但又為自己辯護，聲稱自己比理性更接近於幸福和真理，比理性更接近於理性。溫普斐靈（Jacob Wimpfeling）編輯了《哲學的壟斷》（*Monopolium philosophorum*），加盧斯（Judocus Gallus）編輯了《壟斷與社會，光明船上的愚人》（*Monopolium et societas, vulgo des lichtschiffs*）。而在所有這些嚴肅的玩耍中，占據中心位置的是偉大的人文主義作品：弗富德爾（Flayder）的《復活的風俗》（*Moria rediviva*）和伊拉斯謨（Erasmus）⑮的《愚人頌》（*Praise of Folly*）。與這些孜孜於論辯的討論，這些被不斷重覆、不斷加工的論述（discourse），相互呼應的是一個從博斯的《治療瘋顛》（*The Cure of Madness*）和《愚人船》（*The Ship of Fools*）到布魯蓋爾的《愚人的呼喊》（*Dulle Griet*）的肖像長廊。木刻和版畫將戲劇、文學和藝術已經描述的東西，即愚人節和愚人舞的混合題材，刻畫出來。無可置疑，自十五世紀以來，瘋顛的形象一直縈繞著西方人的想像。

一個年代序列本身可以說明問題。聖嬰公墓（Cimetière

des Innocents）的《死神舞蹈》（*Dance of Death*）無疑是十五世紀初的作品，安息聖墓（Chaise-Dieu）的同名作品很可能是在一四六〇年前後創作的。一四八五年，馬爾尚（Guyot Marchant）發表《死神舞》（*Danse macabre*）。這六十年肯定是被這種獰笑的死神形象支配著。但是，一四九四年，布蘭特寫出《愚人船》，一四九七年，該作品譯成拉丁文。在該世紀最末幾年中，博斯畫出《愚人船》。《愚人頌》寫於一五〇九年。這種前後關係是十分清楚的。

　　直到十五世紀下半葉前，或稍晚些時候，死亡是唯一的主題。人的終結、時代的終結都帶著瘟疫和戰爭的面具。威脅著人類生存的是這種萬物都無法逃避的結局和秩序。甚至在此岸世界都感受到的這種威脅是一種無形之物。但是在該世紀的最後歲月，這種巨大的不安轉向了自身。對瘋顛的嘲弄取代了死亡的肅穆。由於人們發現人必然要化為烏有，於是便轉而戲謔地思考生存本身就是虛無這一思想。面對死亡的絕對界限所產生的恐懼，通過一種不斷的嘲諷而轉向內部。人們提前解除了這種恐懼，把死亡變成一個笑柄，使它變成了一種日常的平淡形式，使它經常再現於生活場景之中，讓它遍及一切人的罪惡、苦難和荒唐之中。消除死神已不再成為問題，因為它已無處不在，因為生活本身就是徒勞無益的口角、蠅營狗苟的爭鬥。頭腦將變成骷髏，而現在已經空虛。瘋顛就是已經到場的死亡⑯。但這也是死亡被征服的狀態。它躲在日常的症狀之中。這些症狀不僅宣告死亡已經統治，而且表示它的戰利品不過是一個可憐的俘虜。死亡所揭去的不過是一個面具。要想發現骷髏的笑容，人們只需掀掉某種東西。這種東西既不是美，也不是真，而僅僅是石膏和金屬絲做成的面具。無論帶著面具還是變成僵屍，笑容始終不變。但是，當瘋人大笑時，他已經帶著死神的笑容。因此，瘋人比死人更早地消除了死亡的威脅。文藝復興時期「愚人的呼喊」（The cries of Dulle Griet）戰勝了中世紀末聖地（Campo Santo）牆上《死神勝利》（*Triumph of Death*）的歌聲。

瘋顛主題取代死亡主題並不標誌著一種斷裂，而是標誌著憂慮的內在轉向。受到質疑的依然是生存的虛無，但是這種虛無不再被認為是一種外在的終點，即威脅和結局。它是從內心體驗到的永恆存在。過去，人們一直因瘋顛而看不到死期將至，因此必須用死亡景象來恢復他的理智。現在，理智就表現為時時處處地譴責瘋顛，教導人們懂得，他們不過是已死的人，如果說末日臨近，那不過是程度問題，已經無所不在的瘋顛和死亡本身別無二致。這就是德尚（Eustache Deschamps）所預言的：

> 我們膽怯而軟弱，
> 貪婪、衰老、出言不遜。
> 我環視左右，皆是愚人。
> 末日即將來臨，
> 一切皆顯病態。……

現在，這些因素都顛倒過來。不再由時代和世界的終結來回溯性地顯示，人們因瘋顛而對這種結局毫無思想準備。而是由瘋顛的潮流、它的秘密侵入來顯示世界正在接近最後的災難。正是人類的精神錯亂導致了世界的末日。

在造型藝術和文學中，這種瘋顛體驗顯得極其一致。繪畫和文字作品始終相互參照——這裡說到了，那裡就用形象表現出來。我們在大眾節慶中、在戲劇表演中，在版畫和木刻中，一再地發現同樣的愚人舞題材。而《愚人頌》的最後一部分整個是根據一種冗長的瘋人舞的模式構思成的。在這種舞蹈中，各種職業和各種等級的人依次列隊行進，組成了瘋顛的圓舞。博斯在里斯本

（Lisbon）創作的繪畫「聖安東尼的誘惑」（Temptation of Saint Anthony）中加上了一羣荒誕古怪的人，其中許多形象借鑑了傳統的面具，有些可能取材於《懲惡的斧鉞》（*Mallens maleficarum*）。著名的「愚人船」不是直接取材於布蘭特的《愚人船》嗎？它不僅採用同樣的標題，而且似乎完全是對布蘭特的長詩第二十七章的圖解，也是諷刺「酒鬼和饕餮之徒」（drunkards and gluttons）的。因此，甚至有人認為，博斯的這幅畫是圖解布蘭特長詩主要篇章的系列繪畫的一部分。

毋庸置疑，我們不應被這些題材表面上的一脈相承所迷惑，也不應去想像超出歷史本身所揭示的東西。再重覆馬爾（Emile Mâle）對以往時代的分析、尤其是關於死亡題材的分析，是不太可能的了。因為言語和形象的統一、語言描述和藝術造型的統一開始瓦解了。它們不再直接共有統一的含義。如果說，形象確實還有表達功能，用語言傳達某種現實事物的功能，那麼我們必須承認，它已不再表達這同一事物。而且，因其本身的造型價值，繪畫忙於一種實驗。這種實驗將使它愈益脫離語言，不管其題材表面上是否雷同。形象和語言依然在解說著同一個道德世界裡的同一個愚人寓言，但二者的方向已大相逕庭。在這種明顯可感的分裂中，已經顯示了西方瘋顛經驗未來的重大分界線。

瘋顛在文藝復興地平線上的出現，首先可以從哥德象徵主義（Gothic symbolism）的衰落中覺察到：這個世界所細密編織的精神意義之網彷彿開始瓦解，所展露的面孔除了瘋態之外都令人難以捉摸。哥德形式繼續存留了一段時間，但是它們漸漸沉寂，不再表達什麼，不再提示什麼，也不再教誨什麼，只剩下它們本身的超越一切語言的荒謬存在（儘管人們對它們並不陌生）。形象擺脫了構造它們的理智和說教，開始專注於自身的瘋顛。

似乎矛盾的是，這種解放恰恰來自意義的自我繁衍。這種繁

衍編織出數量繁多、錯綜複雜、豐富多采的關係，以致除非用奧秘的知識便無法理解它們。事物本身背負起越來越多的屬性、標誌和隱喻，以致最終喪失了自身的形式。意義不再能被直覺所解讀，形象不再表明自身。在賦予形象以生命的知識與形象所轉而採用的形式之間，裂痕變寬了。這就為夢幻開闢了自由天地。有一部名為《人類得救寶鑑》（ *Speculum Humanae Salvationis* ）的著作表明了哥德世界末期意義繁衍的情況。該書打破了早期教會傳統所確立的各種對應關係，闡述了舊約和新約共有的一種象徵體系，這種象徵性不是基於預言的安排，而是源於某種意象。基督受難並不僅僅有亞伯拉罕（ Abraham ）獻身的預示，而且被對受難的讚美及無數有關夢幻所環繞。鐵匠的管子和伊賽亞（ Isaiah ）的輪子都在十字架周圍占據著位置，組成了超出各種關於犧牲的教誨之外的、關於野蠻、肉體折磨、和受難的古怪場面。這樣，這種物象就被賦予附加的意義，並被迫來表達它們。而且，夢幻、瘋顛、荒誕也能流進這種擴展的意義中。這些象徵性形象很容易變成惡夢中的幻影。可以看到，在德國版畫中，古老的智慧形象常常用一隻長頸鳥來表現，它的思想從心臟慢慢地升到頭部，這樣這些思想就有時間被掂量和斟酌。還有一個被人們談膩了的象徵，即用一個高雅學術的蒸餾器，一個提鍊精華的工具的形象來表現思索的漫長過程。「老好人」（ Gutemensch ）的脖頸被無限拉長，這是為了更好地說明超出智慧之外的、反思知識的實際過程。這個象徵性的人變成了一隻怪鳥，其脖頸不合比例且千曲百折。這是一個荒誕的存在，既是動物又不是動物，與其說是表達某種嚴格的意義，不如說更近乎於某種有魔力的形象。這種象徵的智慧是夢幻瘋顛的俘獲物。

　　這個形象世界的一個基本變化是，對一個多重意義的壓制使這個世界從形式的控制下解放出來。繁雜的意義是在一個僅僅露出高深莫測的面孔的形象下面被接受的。而且，這個形象不再有

說教的力量，而且具有迷惑的力量。最典型的例子是中世紀人們早已熟知的《英語詩篇》（ *The English Psalters* ）中以及在沙特爾和布爾日（ Chartres and Bourges ）的著名半人半獸形象的演變。這種形象原來被用於告誡人們，貪婪者是如何變成野獸的俘獲物；這些安放在怪獸肚子中的怪異面孔，屬於那個柏拉圖的偉大隱喻的世界，被用於譴責表現在荒唐罪惡中的精神墮落。但是，在十五世紀，這種半人半獸的瘋顛形象，變成無數以「誘惑」（ Temptations ）為題的作品所偏愛的形象之一。衝擊隱士安寧的不是欲望之物，而是這些神秘的、發狂的形狀，它們出自於一個夢想，而在一個世界的表面偷偷地留下。在里斯本教堂的《誘惑》（ *Temptations* ）中，與聖安東尼相對而坐的就是這些出自瘋顛、孤獨、悔罪和貧困的形象中的一個。這個無形體的面孔上浮現著蒼白的微笑，純粹是用機靈的鬼臉來表現焦灼。現在，正是這種夢魘幻影同時成為誘惑的主體和對象。正是這種形象吸引了苦行者的目光——他們都是某種對鏡求索的俘虜。這種求索完全被這些包圍著他們的怪物所造成的沉寂所吞沒而得不到回答。這種半人半獸不再以其嘲諷形式喚起人們對在荒唐的欲望中所遺忘的精神使命的記憶。正是瘋顛變成了誘惑；它體現了不可能之事、不可思議之事、非人之事，以及一切暗示著大地表面上的某種非自然的、令人不安的荒誕存在的東西。而所有這一切恰恰賦予半人半獸以奇異之力。對於十五世紀的人來說，自己的夢幻、自己的瘋顛幻覺的自由，無論多麼可怕，但卻比可嚮往的物質現實更有吸引力。

那麼，此時通過瘋顛形象起作用的這種魅力是什麼呢？

首先，人們在這些怪異形象中發現了關於人的本性的一個秘密、一種稟性。在中世紀人的思想中，由亞當（ Adam ）所命名的動物界象徵性地體現著人類的價值觀。但是在文藝復興開始時，與動物界的關係顛倒過來了。野獸獲得自由。它們逃出傳統

和道德的世界，獲得自身的某種怪異性質。由於令人驚愕的顛倒，現在動物反過來追蹤人，抓住人，向人揭示人自身的真理。從瘋顛的想像中產生的非現實的動物變成了人的秘密本質。當末日來臨，罪孽深重的人類以醜陋的裸體出現時，我們會看到，人類具有某種發狂動物的可怕形象。在布茨（Thierry Bouts）的《地獄》（Hell）中，它們是銳鳴梟，其身體是蟾蜍和赤裸的罪人的結合；在洛契諾（Stephan Lochner）的作品中，他們是展翅的貓頭昆蟲，人面甲蟲以及煽動著如同不安而貪婪的雙手的翅膀的鳥。這種形象在格呂內瓦爾德（Matthias Grünewald）⑰的《誘惑》（Temptation）中則是一隻有多節手指的大猛獸。動物界逃避了人類符號和價值的馴化，反過來揭示了隱藏在人心中的無名狂暴和徒勞的瘋顛。

在這種幻影性相反的另一極，瘋顛之所以有魅力，其原因在於它就是知識。它之所以是知識，其原因首先在於所有這些荒誕形象實際上都是構成某種神秘玄奧的學術的因素。這些怪異形狀從一開始就被置於「偉大奧秘」（Great Secret）的空間裡。受它們誘惑的聖安東尼（Saint-Anthony）並不單純是欲望的粗暴犧牲品，而更多地是受到好奇心的暗中引誘。他受到遙遠而又親近的知識的誘惑，受到那些半人半獸的微笑的誘惑。那些知識既在向他呈現又在躲閃。他在向後倒退，這一步之差就使他不能跨入知識的禁區。他早就知道——這也正是對他的誘惑所在——卡丹（Jérôme Cardan）隨後所說的：「智慧同其他珍貴的東西一樣，應該從地殼內連根除掉。」而這種無法接近的、極其可怕的知識則早已被天真的愚人所掌握。當有理性、有智慧的人僅僅感受到片斷的、從而越發令人氣餒的種種知識形象時，愚人則擁有完整無缺的知識領域。那個水晶球在所有其他人看來是透明無物的，而在他眼中則是充滿了隱形的知識。勃魯蓋爾曾嘲笑瘋人試圖識破這個水晶世界，但是恰恰在呼天愴地的女愚人（Dulle

Griet）扛著的木棍頂端懸吊著這個多彩的知識球。這是一個荒誕卻又無比珍貴的燈籠。而且，這個世界恰恰出現在忘憂樂園（Garden of Delights）的反面。另一個知識象徵是樹（禁樹、允諾永生和使人犯下原罪的樹）。它曾種在人間樂園的中央，但後來被連根拔掉。而現在，正如在圖解巴德的《女愚人船》的版畫上可看到的，它成為愚人船上的桅杆。無疑，在博斯的《愚人船》上搖曳著的也正是這種樹。

這種愚人的智慧預示著什麼呢？毫無疑問，因為它是被禁止的智慧，所以它既預示著撒旦的統治，又預示著世界的末日，既預示著最終的福祉，又預示著最高的懲罰，既預示著它在人世間的無限威力，又預示著萬劫不復的墮落。愚人船穿行過一個快樂景區，這裡能滿足人的一切欲望。這是一個甦醒的樂園，因為人在這裡不再有痛苦，也不再有需求，但是他還沒有返樸歸真。這種虛假的幸福是反基督者的邪惡勝利。這是末日，是已經來臨的末日。誠然，在十五世紀，啟示錄上的夢境並不新鮮，但是它們的性質已與過去大相逕庭。在十四世紀精緻的幻想插圖上，城堡如骰子般搖搖欲墜，巨獸總是被聖母鎮在海灣的傳統的龍。總之，上帝的意旨及其迫近的勝利都赫然在目。但是，這種畫面被泯滅了一切智慧的世界圖像所取代。後者是自然界妖魔鬼怪的大聚會：高山消退而變成平原，遍野橫屍、荒塚露骨、星辰墜落、大地著火，一切有生命的東西都在凋萎、死亡。這個末日毫無作為過渡和希望的價值，而僅僅是一個吞沒世界原有理性的夜晚的來臨。杜勒（Dürer）⑬的作品很能說明這一點。在他的畫上，啟示錄中上帝派來的騎兵並不是勝利與和解天使，也不是和平正義的使者，而是進行瘋狂報復的、披頭散髮的武士。世界陷入普遍的怒火之中。勝利既不屬於上帝，也不屬於撒旦，而是屬於瘋顛。

瘋顛在各個方面都使人們迷戀。它所產生的怪異圖象不是那

種轉瞬即逝的事物表面的現象。那種從最奇特的譫妄狀態所產生
的東西，就像一個秘密、一個無法接近的真理，早已隱藏在地表
下面。這是一個奇特的悖論。當人放縱其瘋顛的專橫時，他就與
世界的隱秘的必然性面對面了；出沒於他的惡夢之中的，困擾著
他的孤獨之夜的動物就是他自己的本質，它將揭示出地獄的無情
真理；那些關於盲目愚蠢的無益圖像就是這個世界的「偉大科
學」（Magna Scientia）；這種無序、這個瘋顛的宇宙早已預示
了殘忍的結局。透過這種圖像，文藝復興時期的人表達了對世界
的凶兆和秘密的領悟，而這無疑賦予了這些圖像的價值，並且使
它們的奇想具有重要的聯繫。

在同一時期，文學、哲學和道德方面的瘋顛題材則蒙上另一
層截然不同的面紗。

在中世紀，瘋顛在罪惡體系中占有一席之地。自十三世紀
起，它通常被列入精神衝突的邪惡一方。在巴黎（Paris）和亞
眠（Amiens），它出現在罪惡行列中，出現在爭奪對人的靈魂
的控制權的十二對範疇中：信仰和偶像崇拜、希望和絕望、慈善
和貪婪、貞潔和放蕩、謹慎和愚蠢（即瘋顛——譯註）、忍耐和
狂暴、寬容和苛刻、和諧和紛爭、服從和反叛、堅韌不拔和反覆
無常。在文藝復興時期，瘋顛從這種平凡的位置躍居前茅。與于
格（Hugues de Saint-Victor）⑲的說法——維斯或舊亞當時代
的罪惡譜系樹植根於傲慢——不同，現在瘋顛是一切人類弱點的
領袖。作為無可爭議的領唱者，它引導著他們，掃視著它們，點
它們的名：「來認一認我的女伴吧。……眉眼低垂的是自戀
（Philautia）。眼睛睞笑、揮手歡呼的是諂媚（Colacia）。睡
眼矇矓的是健忘（Lethe）。支著下巴、抄著手的是慵倦（Mi-
soponia）。頭戴花環、身灑香水的是享樂（Hedonia）。目光
游移茫然的是愚蠢（Anoia）。肉體豐腴的是懶惰（Tryphé）。

在這些年輕女人中有兩個女神,一個是歡悅女神,另一個沈睡女神。」統治人的一切惡習是瘋顛的絕對特權。但是,難道它不也間接地統治著人的一切美德嗎?它不是統治著造就出明智的政治家的野心、造就出財富的貪婪、激勵著哲人和學者的貿然好奇心嗎?拉貝仿效伊拉斯謨(Erasmus),讓墨丘利(Mercury)(羅馬傳信和商業之神──譯註)懇求諸神:「不要讓那個給你們帶來如此之多歡樂的美貌女士遭到毀滅的厄運。」

然而,這個新王權同我們剛才所說的,那種與這個世界的巨大災難力量相通的黑暗統治,幾乎毫無共同之處。

瘋顛確實具有吸引力,但它並不蠱惑人。它統治著世上一切輕鬆愉快乃至輕浮的事情。正是瘋顛、愚蠢使人變得「好動而歡樂」,正如它曾使「保護神、美神、酒神、森林之神和文雅的花園護神」去尋歡作樂一樣⑳。它的一切都顯露在外表,毫無高深莫測之處。

毫無疑問,瘋顛同知識的奇異途徑有某種關係。布蘭特的詩《愚人船》的第一章就是描寫書籍和學者的。在一四九七年拉丁文版的該章插圖上,坐在由書籍堆成的寶座上的大學教師,頭戴一頂博士帽,而博士帽的背後卻是一個縫著鈴鐺的愚人帽。伊拉斯謨在描寫愚人舞時,讓學者們佔據了很大位置:在法律學者前面有文法學者、詩人、修辭學者、作家,在他們之後是「滿面鬍鬚身披斗篷的哲學家」,最後是浩浩蕩蕩的神學家。然而,如果說知識在瘋顛中佔有重要位置,那麼其原因不在於瘋顛能夠控制知識的奧秘;相反,瘋顛是對某種雜亂無用的科學的懲罰。如果說瘋顛是知識的真理,那麼其原因在於知識是荒謬的,知識不去致力於經驗這本大書,而是陷於舊紙堆和無益爭論的迷津中。正是由於虛假的學問太多了,學問才變成了瘋顛。

博學之士顯聲名,

仰顧先賢知天命，

不重典籍輕教義，

唯求自然之技能。㉑

　　從這個長期流行的諷刺主題可以看出，瘋顛在這裡是對知識及其盲目自大的一種喜劇式懲罰。

　　因此，就一般情況而言，瘋顛不是與現實世界及其各種隱秘形式相聯繫，而是與人、與人的弱點、夢幻和錯覺相聯繫。博斯（Bosch）在瘋顛中所看到的任何模糊的宇宙現象，在伊拉斯謨那裡都被消除了。瘋狂不再在大地的角落伏擊人類，而是巧妙地潛入人類。或者說，它是一種人類與自身所維持的微妙關係。在伊拉斯謨的作品中，瘋顛以神話形式人格化。但這僅僅是一種文學手法。實際上，只存在著各種「愚蠢」──人的各種瘋態：「有多少人，我就能列舉多少種形象」；人們只須掃一眼各個國家，包括治理得最好的國家：「那裡充斥著如此之多的瘋態，每天都有許多新的瘋態產生，既便有一千個德謨克利特（Democritus）㉒來嘲笑他們也忙不過來。」因此，不存在瘋顛，而只存在著每個人身上都有的那種東西。因為正是人在對自身的依戀中，通過自己的錯覺而造成瘋顛。自戀（Philautia）是愚蠢在其舞蹈中的第一個舞伴。其原因在於，它們具有一種特殊的關係：自戀（self-attachment）是瘋顛的第一個症狀。其原因還在於，人依戀著自身，以致以謬誤為真理，以謊言為真實，以暴力和醜陋為正義和美。「這個人比猴子還醜陋，卻自以為如海神般英俊；那個人用圓規劃出三條線便自以為是歐幾里德（Euclid）；第三個人自以為有美妙的歌喉，其實他在七弦琴前像個傻瓜，他的聲音就像公雞在啄母雞。」在這種虛妄的自戀中，人產生了自己的瘋顛幻象。這種瘋顛象徵從此成為一面鏡子，它不反映任何現實，而是秘密地向自我觀照的人提供自以為是的夢

幻。瘋顛所涉及的與其說是真理和現實世界，不如說是人和人所能感覺的關於自身的所謂真理。

瘋顛由此而進入一個完全的道德領域。邪惡不是懲罰或毀滅了，而僅僅是錯誤或缺點。布蘭特的詩中有一百一十六段是描述愚人船上的乘客的，其中有守財奴、誹謗者、酒鬼，還有放蕩不羈者、曲解聖經者、通姦者。該詩的拉丁文譯者洛舍（Lo-cher）在前言中說明這部作品的宗旨和意義。他認為，這首詩想告訴人們「可能有何種邪惡、何種美德，何種惡習；美德或錯誤會導致什麼結果」；它同時根據每個人的惡行分別加以譴責：「不虔敬者、傲慢者、貪財者、奢侈者、放蕩者、淫欲者、暴躁者、饕餮者、貪玩無厭者、妒忌者、下毒者、離經叛道者」，……簡言之，它譴責人所能做的一切不端的行為。

在十五世紀的文學和哲學領域裡，瘋顛經驗一般都用道德諷喻來表現。縈繞著畫家想像的、瘋顛入侵造成的那些重大威脅絲毫沒有被提到。相反，強烈的痛苦被看作是對這種入侵的阻遏；沒有人談到這類事情。伊拉斯謨讓我們把視線避開這種瘋顛——「那是復仇女神使其從地獄中溜出來的，她們動輒便放出她們的毒蛇」；他要讚頌的不是這類瘋態，而是使靈魂擺脫「痛苦的煩惱而重新耽於各種享樂」的「甜蜜幻覺」。這個安謐的世界很容易駕馭；它很樂於向聰明人展示自己的天真秘密，而後者卻哈哈大笑、敬而遠之。如果說博斯、勃魯蓋爾和杜勒都是極其世俗的觀察者，因而被周圍熙熙攘攘的瘋顛所困惑，那麼伊拉斯謨則是從一個遠距離的安全之處來觀察瘋顛：他是站在自己的奧林帕斯山（Olympus）上觀察它。他之所以讚頌瘋顛，是因為他能用眾神的永不消失的笑聲來嘲笑它。須知，人的瘋顛是一種神奇的景觀：「其實，如果有人能像邁尼普斯（Menippus）㉓所設想的那樣，從月亮上觀察大地上的無窮騷動，那麼他會認為自己看到一羣蚊蠅在相互爭鬥、陷害、偷竊，在遊戲、耍鬧、跌落和死

亡。他也就不會認真看待這些短命的蜉蝣所造成的麻煩和悲劇。」瘋顛不再是人們所熟知的這個世界的異相；對於這個局外觀察者來說，它完全是一個普通景觀；它不再是一個宇宙（cosmos）的形象，而是一個時代（aevum）特徵。

然而，一種新的事業正在興起，它將用批判意識來廢止這種悲劇性的瘋顛經驗。我們暫且把這種現象擱在一旁，而來看看在《唐吉訶德》（*Don Quixote*）、斯居代里（Scudéry）㉔的小說、《李爾王》（*King Lear*）㉕以及羅特魯（Jean de Rotrou）㉖或特里斯丹隱士（Tristan l'Hermite）的劇本中的那些形象。

我們首先來看最重要的，也是最持久的（因為十八世紀還在承認它那剛剛被抹掉的形態）浪漫化的瘋顛（madness by romantic identification）。其特徵是由塞萬提斯（Cervantes）確定的。但是，該題材被人們不厭其煩地反覆使用：直接的改編（布斯卡爾〔Guérin de Bouscal〕的《唐吉訶德》〔*Don Quichotte*〕在一六三九年上演；兩年後，他把《潘薩當政記》〔*Le Gouvernement de Sancho Pança*〕搬上舞台），片斷的改寫（皮紹〔Pichou〕的《卡德尼奧愚人記》〔*Les Folies de Cardenio*〕是關於這位莫雷納山〔Sierra Morena〕「衣衫襤褸的騎士」題材的花樣翻新），或者以更間接的方式對幻想小說的諷刺（如在薩布里尼〔Subligny〕的《虛偽的克萊莉婭》〔*La Fausse Clélie*〕中，以及在唐吉訶德的故事中，關於阿爾維阿納的茱麗葉〔Julie d'Arviane〕的片斷中）。這些幻想是由作者傳達給讀者的，但是作者的奇想卻變成了讀者的幻覺。作者的花招被讀者天真地當作現實圖景而接受了。從表面上看，這不過是對幻想小說的簡單批評，但是在這背後隱藏著一種巨大的不安。這是對藝術作品中的現實與想像的關係的憂慮，或許也是對想像力的創造與譫妄的迷亂之間以假當真的交流的憂慮。「我們把藝術的創造歸因於發狂的想像；所謂畫家、詩人和音樂家的「反覆無常」（Caprice）不過是意指

他們的瘋顛的婉轉說法。」㉗正是瘋顛使人對其他時代、其他藝術、其他道德的價值產生懷疑，但是瘋顛也表現出人類的各種想像，包括最漫無邊際的遐想。這些想像是模糊的、騷動的，相互衝突但又奇怪地共存於一種妄想之中。

在第一種瘋顛形式之後接踵而來的是狂妄自大的瘋顛（the madness of vain presumption）。但是，這種瘋人沒有一種文學典型。他通過一種虛妄的自戀而與自身認同。虛妄的自戀使他將各種自己所缺少的品質、美德或權力賦予自己。他繼承了伊拉斯謨作品中那個遠古時代的「自戀」（Philautla）。貧窮卻自以為富有；醜陋卻自我欣賞；帶著腳鐐卻自比作上帝。奧蘇馬（Osuma）那位自以為是海神的文學士便是這種人㉘。德馬雷（Desmarets de Saint-Sorlin）㉙的《幻覺者》（Les Visionnaires）中的七個人物、西拉諾（Cyrano de Bergerac）的《假學究》（Le Pédant joué）中的夏多福（Chateaufort），聖埃弗勒蒙（Saint-Évremond）㉚的《未來的政治家》（Sir Blitik）中的里奇索斯（M. de Richesource）等等的可笑命運都是如此。這個世界有多少種性格、野心和必然產生的幻覺，不可窮盡的瘋顛就有多少種面孔。甚至在其盡頭，也有最輕微的瘋顛症狀。這就是每個人在自己心中所維護的、與自己的想像關係。它造成了人最常見的錯誤。批判這種自戀關係是一切道德批判的起點和歸宿。

屬於道德領域的還有正義懲罰的瘋顛（madness of just punishment）。它在懲罰頭腦混亂的同時還懲罰心靈混亂。但是它還具有其他力量：它所施加的懲罰因其性質而增加，因為藉由懲罰自身，它揭示了真理。這種瘋顛的合理性就在於它是真實的。之所以說它是真實的，原因在於瘋顛者已經在幻覺的旋渦中體驗到，那種將永恆存在的東西乃是自己受到的懲罰的痛苦。在高乃依（Corneille）㉛的《梅麗特》（Mélite）中，埃拉斯特

（Eraste）認為自己早已受到復仇女神的追蹤和米諾斯（Minos）㉜的有罪宣判。之所以說它是真實的，還因為避開一切耳目的罪行從這種奇異的懲罰中暴露出來，正如白天從黑夜中破曉而出；瘋顛用粗野不羈的言辭宣告了自身的意義；它通過自己的幻想說出自身的隱密真理；它的呼喊表達了它的良心。例如，馬克白夫人（Lady Macbeth）㉝的囈語向那些「已經知道了不該知道的事情」的人，吐露了長期以來只對「不會說話的枕頭」說的話。

最後一種瘋顛是絕望的瘋顛（desperate passion）。因愛得過度而失望的愛情，尤其是被死亡愚弄的愛情，別無出路，只有訴諸瘋顛。只要有一個對象，瘋狂的愛情就是愛而不是瘋顛；而一旦徒有此愛，瘋狂的愛情便在譫妄的空隙中追逐自身。讓一種情欲受到如此激烈的懲罰是否太悲慘了？這是毫無疑問的。但是這種懲罰也是一種慰藉；它用想像的存在覆蓋住無可彌補的缺憾；它用反常的欣喜或無意義的勇敢追求彌補了已經消失的形態。如果它會導致死亡的話，那麼正是在死亡中情侶將永不分離。奧菲莉婭（Ophelia）㉞的絕唱便是如此。《聰明誤》（ *La Folie du sage* ）中的阿里斯特（Ariste）的囈語也是如此。李爾王（King Lear）痛苦而甜蜜的瘋顛更是如此。

在莎士比亞（Shakespeare）的作品中，瘋顛總是與死亡和謀殺為伍。在塞萬提斯（Cervantes）的作品中，想像者的意象是被狂妄支配著。這兩人是最卓越的典範，後來的倣效者往往都是東施效顰。無疑，這兩人與其說是表現了自己時代已經發展了的某種批判性的和道義上的無理性經驗，毋寧說是表現了十五世紀剛剛出現的悲劇性瘋顛經驗。他們超越了時空而與一種即將逝去的意義建立了聯繫，那種意義將不會延續存在，除非以隱秘的方式。但是，通過將他們的作品及其所表達的思想，與他們的同時代人和倣效者所展示的意義相比較，我們能夠了解在十七世紀

初文學的瘋顛經驗中發生了什麼變化。

在莎士比亞和塞萬提斯的作品中，瘋顛依然佔據著一種極端的、孤立無援的位置。沒有任何東西能使它回歸真理或理性。它只能導致痛苦乃至死亡。瘋顛雖然表現為一派胡言亂語，但它並不是空幻；填充著它的是馬克白夫人的醫生所說的「超出我的醫術的疾病」；它已經是完全的死亡；一個瘋子不需要醫生，而只需要上帝賜福。奧菲莉婭最後重新嘗到了欣喜的甜蜜，這就使她忘卻一切不幸；她在瘋顛中唱的歌，在實質上近似於馬克白城堡的通道中傳出的「婦人的呼喊」——宣告「王后死了」。誠然，唐吉訶德是死在一片安謐之中。他臨終時已回歸理性和真理。這位騎士突然意識到了自己的瘋顛，在他眼中，瘋顛變成了愚蠢。但是，這種對自己愚蠢的突如其來的認識難道不正是「一種剛剛進入他腦際的新瘋顛」嗎？這種雙關狀態無限地循環往覆，最終只能由死亡來解決。瘋顛的消散只能意味著最後結局的來臨；「而且人們借以發現這個病人垂死的症狀之一，便是他那麼輕易地恢復理智，不再瘋顛。」但是，死亡本身並不能帶來和平；生命的結束使生命擺脫了瘋顛，但是瘋顛仍將超越死亡而取得勝利。這是一個令人啼笑皆非的永恆真理。頗具諷刺意味的是，唐吉訶德一生瘋顛，並因瘋顛而流芳百世；而且瘋顛還使死亡成為不朽：「在此安眠的是一位著名騎士，其英勇無畏，雖死猶生。」

然而，瘋顛很快就告別了塞萬提斯和莎士比亞給它安排的這些極限地位。而且，在十七世紀早期的文學中，它受到優遇而佔據了一個中心位置。這樣它便構成了情節糾紛、戲劇高潮而不是結局。由於在敘事和戲劇結構中的位置發生變化，它便決定了真理的顯示和理性的復歸。

於是，人們不再考慮瘋顛的悲劇現實和使瘋顛通向彼岸世界的絕對痛苦，而僅僅嘲弄其幻覺。這不是一種真正的懲罰，而只

是一種想像懲罰，因此只是一種口頭上的懲罰；它只能與某種罪行表象或死亡的錯覺相聯繫。在特里斯丹隱士的《聰明誤》（*La Folie du sage*）中，阿里斯特得知女兒的死訊而變得瘋顛，但他的女兒其實並沒有死。在《梅麗特》（*Mélite*）中，埃拉斯特覺得自己因雙重罪行而受到復仇女神的追蹤並被拖到米諾斯面前，這種罪行是他可能犯下的或可能想犯下的，但實際上這種罪行並沒有真正導致任何人的死亡。瘋顛失去了令人矚目的嚴重性；它只是因錯誤而受到的懲罰或引起的絕望。只有在我們關注一個虛假的戲劇時，瘋顛才具有令人矚目的功能。而在這種虛構的形式中，只有想像的錯誤、虛假的謀殺，短暫的失蹤。

然而，瘋顛並不因喪失其嚴重性而改變其本質，反而變得更加強烈，因為它使幻覺登峯造極，從而使幻覺不成其為幻覺。瘋顛者的角色被自己的錯誤包裹起來，此時他開始不自覺地解開這個錯誤之網。他譴責自己，並情不自禁地說出真理。譬如，在《梅麗特》中，男主人公使用各種手段欺騙別人，到頭來搬起石頭砸了自己的腳。他成了第一個犧牲品，認為自己對對手和女兒的死亡負有罪責。在昏迷狀態中責備自己編造了全部情節。於是，由於瘋顛而使真相大白。瘋顛是因對某種結局的幻覺引起的，但在實際上解開了真正的情節糾葛。它既是這一糾葛的原因，又是其結果。換言之，瘋顛是對某種虛假結果的虛假懲罰，但它揭示了真正的問題所在，從而使問題能真正得到解決。它用錯誤來掩護真理的秘密活動。《瘋人院》（*L'Ospital des fous*）的作者正是利用了瘋顛的這種既曖昧又關鍵的功能。他描述一對情侶的故事。這兩個人為了逃避人們的追尋而裝瘋弄傻，躲在瘋人中間。少女在假裝痴呆之後裝扮成男孩，但又假裝相信自己是個女孩——其實她本來就是個女孩。通過這兩種假裝的相互抵銷，她說出了最終會取得勝利的真理。

瘋顛是最純粹、最完整的錯覺（qui pro quo）形式。它視

謬誤為真理，視死亡為生存，視男人為女人，視情人為復仇女神
（Erinnys），視殉難者為米諾斯（Minos）。但是，它也是戲
劇安排中最必要的錯覺形式。因為無需任何外部因素便可獲得某
種真正的解決，而只須將其錯覺推至真理。因此，它處於戲劇結
構的中心。它既是一個孕育著某種秘密「轉折」的虛假結局，又
是走向最終復歸理性和真理的第一步。它既是表面上各種人物的
悲劇命運的會聚點，又是實際上導致最終大團圓的起點。透過瘋
顛建立起一種平衡，但是瘋顛用錯覺的迷霧、虛假的混亂掩蓋了
這種平衡；這種構造的嚴整性被精心安排的雜亂無章的外表所隱
匿。生活中的突發事件，偶然的姿態和語言，疾風驟雨般的瘋顛
（這種瘋顛頓時使情節逆轉，使人們震驚，使帷幕皺亂──只要
將幕繩拉緊一點）這就是典型的巴洛克式（baroque）的把戲。
瘋顛是前古典文學的悲喜劇結構中的重要把戲。

　　斯居代里（Georges de Scudéry）懂得這種把戲。他使自己
的《喜劇演員的喜劇》（*Comédie des comédiens*）成為一齣戲中
戲。從一開始，他就用相互呼應的瘋顛錯覺來展開劇情。一組演
員扮演觀眾，另一組演員扮演演員。前者必須假裝認為舞台就是
現實，表演就是生活，而實際上他們是在一個舞台上表演。後者
必須裝作在演戲，而實際上他們就是在演戲的演員。這是一種雙
重表演，其中每個因素都是雙重的。這樣就形成了現實與幻覺之
間的再次交換，而幻覺本身就是瘋顛的戲劇意義。在這個戲的序
幕中，蒙多利（Mondory）說：「我不知道我的伙伴們為何會
如此放縱，但是我不得不承認有某種魔力使他們喪失了理智。糟
糕的是，他們也在設法讓我和你們都喪失理智。他想說服我，讓
我相信我不是站在舞台上，讓我相信，這裡就是里昂（Lyons），
那邊有一個小旅館，那個旅館院子裡的演員與我們不同，他們是
演員，在表演一齣田園戲。」這個戲用這種大膽的形式展示了它
的真理，即它是幻覺，嚴格地說，它是瘋顛。

　　古典的瘋顛經驗誕生了。十五世紀出現的那種重大威脅消退了。博斯繪畫中那些令人不安的力量失去了昔日的威風。那些形式依然保留著，但是現在變得明晰而溫和，成為理智的隨從和必不可免的儀仗隊。瘋顛不再是處於世界邊緣，人和死亡邊緣的末日審判時的形象；瘋顛的目光所凝視的黑暗、產生出不可思議形狀的黑暗已經消散。愚人船上心甘情願的奴隸所航行的世界被人遺忘了。瘋顛不再憑藉奇異的航行從此岸世界的某一點馳向彼岸世界的另一點。它不再是那種捉摸不定的和絕對的界限。注意，它現在停泊下來，牢牢地停在人世間。它留駐了。沒有船了，有的是醫院。

　　瘋人船的時代剛剛過去一個世紀，「瘋人院」的題材便出現了。所有按照人類的真正理性標準屬於頭腦空空的人都說著智慧的雙關語，發表自相矛盾的、具有反諷意味的言論：「……在收容不可救藥的瘋人的醫院裡，男男女女的瘋傻痴呆應有盡有。記錄這些瘋態不僅有趣而且有意義，這是探索真正智慧的一項必要工作。」㉟在這裡，每一種瘋態都找到自己適當的位置，自己的特殊標記和自己的保護神。狂躁症的象徵是一個跨騎椅子的傻子，它在密涅瓦（Minerva）㊱的注視下猛烈掙扎。抑鬱症的象徵是鄉間孤獨而飢渴的狼，其保護神是朱庇特（Jupiter）——各種動物的保護神。接著排下來的是「酒癲」、「喪失記憶和理解力的瘋人」、「昏迷不醒的瘋人」、「輕佻呆傻的瘋人」……。這個無序的世界條理清晰地宣讀了一篇《理智頌》（the Praise of Reason）。在這種「醫院」裡已經開始成功地實行「禁閉」（confinement）。

　　被馴化的瘋顛依然保留了其統治的全部表象。現在它參與對理性的評估和對真理的探索。它在事物的表面，在光天化日之下，通過一切表象的運作，通過現實與幻覺的混淆，通過那整個模糊不清的網——總在編織又總被打破的、既將真理和表象統一

起來又將它們分開的網──發生作用。它既遮遮掩掩又鋒芒畢露，既說真話又講謊言，既是光明又是陰影。它閃爍誘人。這個寬容的中心形象，在這個巴洛克時代早已是不穩定的了。

如果我們經常會在小說和戲劇中見到它，那是不足為奇的。同樣，如果我們發現它在大街小巷中遊蕩，也無須驚訝。科萊特（François Colletet）無數次地在街上見到它：

> 在這條大道上，我看見
> 一羣孩子尾隨著一個白痴。
> ……想想看，這個可憐蟲，
> 這個瘋顛的傻瓜，他如何
> 對付這麼多的小叫花子？
> 我常常見到這種瘋人
> 在大街小巷中高聲叫罵……

瘋顛是社會畫面上一個司空見慣的身影。從歷史悠久的瘋人社會中，從他們的節日、聚會和言談中，人們領略到一種新鮮活潑的愉悅。儒貝爾（Nicolas Joubert）──更為人知的名字是昂古萊萬（Angoulevent），自稱「愚人王」。這是瓦倫梯「伯爵」（Valenti le Comte）和雷諾（Jacques Resneau）所爭奪的頭銜。儒貝爾的擁護者和反對者激烈交鋒，於是出現了各種傳單，一場訟訴和脣槍舌劍的辯論。他的律師證明他是「一個無知的傻瓜、一個空葫蘆、一根木棍、一個大腦不完整的人，他的腦子裡既無發條也無齒輪。」阿爾貝爾的布魯埃（Bluet d'Arbéres）自稱「應允伯爵」（Comte de Permission）。他受到克雷基（Créquis）、萊迪基耶爾（Lesdiguières）、布永（Bouillons）及內穆爾（Nemours）等貴族家族的保護。一六〇二年，他發表了（或者說有人替他發表了）自己的著作。他在

書中告訴讀者：「他不識字，因為從未學習過」，但是「上帝和天使賜予他靈感」。雷尼耶（Régnier）㊲的第六首諷刺詩提到的杜普伊（Pierre Dupuis），按照布拉坎比爾（Brascambille）的說法，是一個「身著長袍的頭號傻瓜」。他在《關於吉約姆先生甦醒的告誡》（ *Remontrance sur le réveil de Maître Guillaume* ）中宣稱他有一個「能弛騁到月亮的頭腦」。在雷尼耶的第十四首諷刺詩中還出現了許多此類人物。

從任何意義上看，這個世界在十七世紀初對瘋顛是特別友善的。瘋顛在人世中是一個令人啼笑皆非的符號，它使現實和幻想之間的標誌錯位，使巨大的悲劇性威脅僅成為記憶。它是一種被騷擾多於騷擾的生活，是一種荒誕的社會騷動，是理性的流動。

然而，新的要求正在產生：

我千百次地舉起燈籠，
尋覓，在那正午時分……㊳

# 註　釋

① 參見勒貝夫（J. Lebeuf）《巴黎城及其敎區史》（ *Histoire de la ville et de tout le diocèse de Paris* ）（巴黎，1754～1758）

② 聖文森（1581～1660），法國人，天主敎辣匝祿會（遣使會）創建人。
　——譯者註

③ 麥笛錫（1573～1642），法國國王亨利四世的王后，1610～1617 年攝政。

④ 勃魯蓋爾（1525～1569），16 世紀佛蘭德斯畫家。——譯者註

⑤ 卡爾瓦里是耶穌被釘死在十字架的地方。——譯者註

⑥ 亞爾古英雄是希臘神話中隨伊阿宋到海外覓取金羊毛的英雄。——譯者註

⑦ 布蘭特（1458？～1521），德國諷刺詩人。《愚人船》是其最有名的寓言。

⑧ 特里斯丹和伊瑟是一個著名的中世紀愛情傳說中的兩個主要人物。——譯者註

⑨ 《特里斯丹與伊瑟》（ *Tristan et Iseut* ），Bossuat 版，第 219～222 頁。

⑩ 朗克爾（Pierre de Lancre），《魔鬼背信棄義錄》（ *Tableau de l'inconstance des mauvais anges* ）（巴黎，1612 年版）

⑪ 奧菲莉婭是莎士比亞（Shakespeare）名劇《哈姆雷特》（ *Hamlet* ）中的女主人公。因父親被哈姆雷特殺死而發瘋，死於水邊。——譯者註

⑫ 羅蕾萊是德國 19 世紀浪漫派作家海涅等人描繪的萊茵河上的女妖。——譯者註

⑬ 海因洛特（1773～1843），德國醫生，生理學家和心理學家。——譯者註

⑭ 傻劇是法國 14～16 世紀的一種諷刺滑稽劇。——譯者註

⑮ 伊拉斯謨（約1466～1536），荷蘭學者。——譯者註

⑯ 就此而言，瘋顛的經歷顯示出與麻瘋病的經歷完全一脈相承。排斥麻瘋病人的習俗表明，麻瘋病人雖然是活生生的人，但却是一種已經死亡的狀態。

⑰ 格呂內瓦爾德（約 1455～1528）德國 16 世紀畫家。——譯者註

⑱ 杜勒（1471～1528），文藝復興時期德國最重要的畫家，具有多方面才能。——譯者註

⑲ 于格（1096～1141），法國經院神學家，後定居於聖維克托隱修院。——譯者註

⑳ 拉貝（Louise Labé）《愚蠢與愛情的辯論》（*Débat de folie et d'amour*）（里昂，1566），98 頁。

㉑ 布蘭特（Sebastian Brant）《愚人船》（*Stultifera navis*），1497 年拉丁文版，第 11 頁。

㉒ 德謨克利特（約西元前 460—約前 370），希臘哲學家。——譯者註

㉓ 邁尼普斯，古希臘哲學家，生卒年月不詳。創作時期在西元前 3 世紀。——譯者註

㉔ 斯居代里（1607～1701），法國女小說家。——譯者註

㉕《李爾王》（*King Lear*），莎士比亞的悲劇。——譯者註

㉖ 羅特魯（1609～1650），法國劇作家。——譯者註

㉗ 聖埃弗勒蒙（Saint-Évremond）《未來的政治家》（*Sir Politik would be*）第 5 幕，第 2 場。

㉘ 塞萬提斯《唐吉訶德》第 2 部，第 1 章。

㉙ 德馬雷（1595～1676），法國作家，法蘭西學院首任院長。——譯者註

㉚ 聖埃弗勒蒙（1613／1614～1703），法國作家。——譯者註

㉛ 高乃依（1606～1684），法國古典主義戲劇大師。——譯者註

㉜ 米諾斯是希臘神話中冥界法官。——譯者註

㉝ 馬克白夫人是莎士比亞戲劇《馬克白》中的女主人公。——譯者註

㉞ 奧菲莉婭是莎士比亞名劇《哈姆雷特》中的女主人公。——譯者註

㉟ 加佐尼（T. Gazoni）《痼疾病院》（*L'Ospedale di passi incurabili*），

（費拉拉版，1586）。參見貝伊（Charles de Beys）《瘋人院》（ *L'Os-pital des fous* ）（1635）。

㊱ 密涅瓦，羅馬智慧女神。——譯者註

㊲ 雷尼耶（1573～1613），法國諷刺詩人。——譯者註

㊳ 雷尼耶（Mathurin Régnier）《諷刺詩》第 14 卷（ *Satire* XIV ）第 7～10 行。

# 第二章 大禁閉

**勉強他們進來。**①

文藝復興使瘋顛得以自由地呼喊，但馴化了其暴烈性質。古典時代旋即用一種特殊的強制行動使瘋顛歸於沉寂。

眾所周知，在十七世紀產生了大量的禁閉所。但鮮為人知的是，在巴黎城中每一百人中至少有一人被禁閉在那裡。眾所周知，專制王權曾使用「密札」（lettres de cachet）和專橫的囚禁手段。但鮮為人知的是，人們的良心會鼓勵這種做法。自皮內爾·圖克（Tuke）、瓦格尼茨（Wagnitz）以來，我們已經知道，在一個半世紀中瘋人受制於這種禁閉制度，他們早晚會被囚入總醫院的病室、監獄的牢房，會被混雜在勞動院或教養院的人羣中。但是很少有人清楚地知道，他們在那裡的處境如何？為窮人、失業者、囚犯和瘋人指定同樣的歸宿，其含義何在？正是在禁閉所的圍牆裡，皮內爾和十九世紀的精神病學將會光顧瘋人；而且讓我們記住，正是在這些地方，它（他）們又遺棄了瘋人，同時卻自吹「解救」了瘋人。從十七世紀中期開始，瘋顛就同這個禁閉的國度聯繫起來，同那種指定禁閉為瘋顛的自然歸宿的行為聯繫起來。

一六五六年是一個標誌。在這一年頒布了在巴黎建立總醫院的法令。乍一看，這不過是一項行政管理方面的改革。若干早已

存在的機構被置於統一管理之下，其中包括在先王在世時被改建為武器庫的薩爾佩特利耶爾（Salpêtrière），路易十三（Louis XIII）曾打算撥給聖路易騎士團作傷員療養所的比塞特爾，「較大的皮梯耶（La Pitié）醫院和較小的位於聖維克托郊區（Faubourg Saint-Victor）的收容院，西皮昂（Scipion）醫院、薩翁涅利（La Savonnerie）醫院、以及它們的全部土地、花園、房屋和建築。」②所有這些地方都被用於收容巴黎的窮人，「不論其性別、年齡、籍貫……出身，不論其身體狀況，即不論健壯或傷殘、患病或正在康復、病情能否醫治。」這些機構必須接納自願來的或被政府和司法機構送來的人，為他們提供食宿，還必須保證維持那些無處安排但符合收留標準的人的最低生活、整潔外表和基本健康。這種責任委託給終身總監。他們不僅在醫院裡，而且在巴黎全城對那些屬於他們管轄的人行使權力：「他們對總醫院內外的巴黎所有窮人行使全權，包括命令、管理、商業、警察、司法和懲治的權力。」總監們還任命一位年薪一仟鋰（livres）的醫生。他住在皮梯耶，但每星期巡視各分院兩次。

有一點從一開始就很清楚：總醫院不是一個醫療機構。可以說，它是一個半司法機構，一個獨立的行政機構。它擁有合法的權力，能夠在法院之外裁決，審判和執行。「在總醫院及其附屬機構裡，總監們應掌握著許多必要的、足以達到目標的火刑柱、練銬、監獄和地牢。在他們制定的醫院條例中不允許上訴。而且因為這些條例是來自外界對醫院的干預，因此在按照這些條例的形式和精神嚴格執行條例時不管是否遭到反對或是否有人上訴。為了維持這些條例，絕不允許破例，任何司法辯護和起訴都無濟於事。」③這是一個準專制的權力、剝奪上訴權的司法權力、無法抗拒的行政命令。總醫院是國王在警察和法院之間、在法律的邊緣上建立的一種奇特權力，是第三種壓迫秩序。皮內爾將在比塞特爾和薩爾佩特利耶爾看到的精神病人就屬於這個世界。

就其功能或目標而言，總醫院與醫療毫無關係。它是該時期法國正在形成的君主制和資產階級聯合的秩序的一個實例。它與王權有直接聯繫。正是王權將它完全置於市政權力之下。王國大賑濟院在過去的救濟活動中起了教會的和精神的調解作用。此時，它突然被取消了。國王宣布：「我們決定成為總醫院的庇護者。該醫院是王室機構。它在各方面均不依賴大賑濟院，也不依賴任何高級官員。它完全不受總改革機構的官員和大賑濟院官員的指揮、巡視和管轄。其他人也不得以任何方式對它進行調查和管轄。」這個方案是由巴黎最高法院提出的。最初任命的兩名行政長官是最高法院院長和首席檢查官。但很快又增補了巴黎大主教、救助法院院長、警察總監和商人總監。從此，「大委員會」只起審議作用。實際的管理和責任則委託給選雇的代理人。他們是實際的統治者，是王權和資產階級財富派到這個貧困世界的代表。法國大革命能夠對此作證：「他們是從資產階級最好的家庭中挑選出來的，……因此他們把公正的觀念和純潔的意圖注入他們的管理。」④

這種結構專屬於法國的君主制和資產階級聯合的秩序，與其專制組織相吻合，因此很快便擴展到全國。一六七六年六月十六日的國王敕令，要求「在王國的每個城市」都建立「一個總醫院」。有些地方，地方當局早已這樣做了。里昂的資產階級早在一六一二年就建立了一個功能相似的慈善機構。圖爾（Tours）的大主教於一六七六年七月自豪地宣布，他的「城市有幸早已預見到國王的虔敬意圖，甚至先於巴黎建立了一所名為慈善院的總醫院，其制度已成為王國內外隨後建立的一切慈善院的樣板。」圖爾的慈善院實際上是在一六五六年建立的，國王曾捐助了四千鋰的收入。法國各地都開設了總醫院。到法國大革命前夕，三分之二的外省城市建立了這種醫院。

雖然由於王權和資產階級的合謀，教會被有意地排斥在總醫

院的組織之外，但是教會對這場運動並未袖手旁觀。它改革了自己的醫院機構，重新分配了自己的基金，甚至創建了其宗旨與總醫院極其相似的組織。聖保羅的味增爵改造了原巴黎最重要的痲瘋病院——聖拉扎爾病院。一六三二年一月二十七日，他以遣使會的名義與聖拉扎爾「修道院」簽訂合同，此時後者正要接收「根據國王命令拘留的人」。虔誠信徒會（The Order of Good Sons）在法國北部開設了這種醫院。一六〇二年出現在法國的聖約翰兄弟會首先在聖日耳曼區建立了巴黎慈善院，後在一六四五年五月十日遷到沙倫敦。他們還掌管著距巴黎不遠的桑利慈善院（Charité of Senlis）。該院是於一六七〇年十月廿七日開設的。幾年前，布伊昂公爵夫人（Duchess of Bouillon）捐贈給他們梯耶里堡（Château–Thierry）瑪拉德列利（La Maladrerie）領地的建築和土地。這塊領地是在十五世紀由香檳的蒂鮑（Thibaut de Champagne）創建的。他們管理著聖永（Saint–You）、彭托松（Pontorson）、卡迪亞（Cadillac）和羅曼（Romans）等慈善院。一六九九年，遣使會會士在馬賽（Marseilles）建立了一個機構，後變為聖彼埃爾醫院（Hôpital Saint-–Pierre）。十八世紀，先後出現了阿門梯耶爾（Armentiéres, 1712 年）、馬萊維爾（Maréville, 1714 年）、康城的真救主（the Good Savior of Caen, 1735 年）等慈善院。法國大革命前不久（1780 年），在雷納（Rennes）開設了聖梅因（Saint–Meins）慈善院。

這種現象在歐洲具有普遍性。專制君主制的形成和反宗教改革時期天主教會的強烈復興，在法國產生了一種十分獨特的性質，即政府和教會既競爭又勾結。在其他地方，這種現象則具有迥然不同的形態，但在時間上是完全同步的。這種大醫院、禁閉所、宗教的和公共團體的機構、救助和懲罰的機構，政府的慈善和福利機構是古典時代的一種現象：不僅這種機構是普遍的，而

且其誕生也幾乎是同時的。在德語國家，是以教養院（Zuch-thäusern）的創建為其標誌的。第一個教養院是於一六二〇年前後在漢堡開設的，先於法國的禁閉所（除了里昂的慈善院）。其它的是在該世紀下半葉開設的：巴塞爾（Basel, 1667 年）、布雷斯勞⑤（Breslau, 1668 年）、法蘭克福（Frankfort, 1684年）、施潘道（Spandau, 1684 年）、科尼斯堡（Königsberg, 1691 年）。在十八世紀，這種教養院成倍增加。萊比錫的第一所教養院是在一七〇一年開設的。哈雷（Halle）和卡塞爾（Cassel）分別於一七一七年和一七二〇年，布里格（Brieg）和奧斯納布呂克（Osnabrück）於一七五六年，托爾高（Torgau）於一七七一年都先後開設教養院。

在英國，禁閉的起源更早。一五七五年一項關於「懲治流浪漢和救濟窮人」的法令就規定，每個郡至少建立一所教養院。為維持它們就需要增加一種稅，因此鼓勵公眾自願捐款。但是，看來這種措施很難付諸實踐，因為幾年後便決定認可私人興辦這種事業，無須官方批准便可開辦醫院或教養院，誰有興趣誰就可以幹。十七世紀初，曾進行一次普遍的整頓：凡未在自己轄區建立教養院的治安官均課以五英鎊罰款；教養院應組織勞動，設置工場、加工廠（磨麵、紡織），以利於維持自身，並使被收容者從事勞動；由一名法官負責決定應該何人送入教養院。這些「感化院」（bridewell）沒有得到很大的發展；它們往往被它們所依附的監獄合併。而且這種措施也從未擴展到蘇格蘭。另一方面，勞動院則獲得更大的成功。它們產生於十七世紀下半葉。一六七〇年的一項法令規定了它們的地位，任命了司法官員監督用於維持它們的稅收和財政開支，並將監督其管理的最高權力委託給一名治安官。一六九七年，布里斯托爾（Bristol）的幾個教區聯合建立了英國第一所勞動院，並指派了管理機構。第二所勞動院是一七〇三年在沃爾塞斯持（Worcester）建立的。第三所是同年

在都柏林（Dublin）建立的。其後，在普利茅斯（Plymouth）、諾里奇（Norwich）、赫爾（Hull）和埃克塞持（Exeter）也相繼設立了勞動院。到十八世紀末，共有一百廿六個勞動院。一七九二年的吉爾伯特法令（The Gilbert Act）使教區更容易建立新的勞動院；同時，治安官的管理權也得到加強；為防止勞動院變成醫院，該法令建議將所有的傳染病患者遷出勞動院。

在若干年的時間裡，一個完整的網絡遍佈了歐洲。十八世紀末，霍華德（John Howard）⑥對其進行了調查。他遍訪英國、荷蘭、德國、法國、意大利和西班牙的各主要監禁中心——「醫院、拘留所、監獄」。他的博愛之心受到極大衝擊，因為他看到，違反習慣法者、家庭浪子、無業遊民和精神病人都被囚禁在同一大牆之中。有證據表明，曾經導致我們稱之為監禁的古典秩序範疇匆忙地、自發地在全歐變成現實的某種意義，甚至早在此時就已經不存在了。在一百五十年間，禁閉已成為各種濫用權力因素的大雜燴。但是，在其起源之初，應該有使禁閉成為必要的某種統一因素；從古典時代到由古典時代所引出的多種禁閉方式，應該有某種一以貫之的原則，而對這種原則我們不能用「（法國）大革命前的醜惡感情」來敷衍塞責。那麼，這一批人在一夜之間就被關押起來，受到比痲瘋病人更嚴厲的排斥，這一事實究竟意味著什麼？我們不應忘記，巴黎總醫院自建立之日起幾年之內就收容了六千人，約為巴黎人口的百分之一。無疑，隨著時光流轉，肯定會悄悄地形成某種貫穿歐洲文化的社會情感，這種情感在十七世紀下半葉突然開始表現出來，而且正是這種情感突然將這類注定在禁閉所占據一席之地的人孤立出來。為了讓早已被痲瘋病人遺棄的領域有人居住，他們選定了一批在我們看來其構成奇特的人。然而，那種在今天看來完全是一種混淆不清的情感，對於古典時代的人來說則是一種清晰表達的感受。我們

應該研究的正是這種感受,這樣才能揭示在我們習慣上所說的理性支配的時代中人們對待瘋顛的感情。透過追尋禁閉的發展軌跡可以看出,那種使禁閉具有隔離作用、並為瘋顛提供一個新的歸宿的行動,雖然可能是一貫的和一致的,但並不簡單。這種行動在權威主義的強制形式內把對待貧困和救助責任的新感情,對待失業和遊手好閒等經濟問題的新態度、新的工作倫理以及對城市將道德義務納入民法的憧憬組成一個複合體。這些情感觀念都是在實行禁閉的城市及其結構形成時期出現的,雖然當時還比較模糊。正是它們賦予這種習俗以某種意義,而且在某種程度上促成了古典時代感受和體驗瘋顛的方式。

禁閉這種大規模的、貫穿十八世紀歐洲的現象,是一種「治安」(police)手段。按照古典時代的嚴格定義,所謂治安就是使所有那些沒有工作就無以生存的人能夠和必須工作的手段的總和;伏爾泰(Voltaire)⑦將要明確提出的問題,早已被科爾伯(Colbert)⑧的同時代人提出來了:「既然你們已經將自己確定為一個民族,難道你們還沒有發現迫使所有的富人為所有的窮人安排工作的秘密嗎?難道你們還不知道這些首要的治安原則嗎?」

在人們賦予禁閉以醫療意義以前,或者說,至少在人們以為它具有這種意義以前,之所以需要禁閉,不是出於治療病人的考慮,而是出於完全不同的考慮。使禁閉成為必要的是一種絕對的勞動要求。在博愛主義想辨認出某種救死扶傷的慈善印記的地方,只存在對遊手好閒的譴責。

讓我們回顧最初的「禁閉」時期。一六五六年四月廿七日國王敕令導致總醫院的創立。從一開始,該機構為自己規定的任務就是制止「成為一切混亂根源的行乞和遊手好閒」。實際上,這是自文藝復興以來為消滅失業、至少消滅行乞而採取的各種重大

措施中的最後一著⑨。一五三二年,巴黎最高法院決定搜捕乞丐,強迫他們在城市的下水道幹活。幹活時,倆倆銬在一起。這種厄運很快擴大到許多人身上;一五三四年三月的一道命令要求「貧困的學者和其他貧民」必須離開該市,並禁止「在街上對著聖像唱讚美詩」。宗教戰爭使這種可疑的人羣成倍增長,其中包括被逐出家園的農民、潰散的士兵或逃兵、失業工人、窮苦學生以及病人(指瘋人——譯者註)。當亨利四世(Henri IV)開始圍困巴黎時,該城居民不到十萬人,其中三萬多是乞丐。十七世紀初開始出現經濟復興。當時決定用強制手段來重新安置社會中漂泊不定的失業者。在一六〇六年最高法院的一項法令中,命令在廣場上鞭打乞丐,在胳膊上打上烙印,剪短頭髮,然後將其逐出該城。為防止他們倒流,一六〇七年的法令規定,在該城各城關設立弓箭手隊,禁止貧民入城。由於發生了三十年戰爭(1618～1648年),經濟復興的成效都喪失了,行乞和遊手好閒問題重新出現。直至該世紀中期,由於捐稅不斷增加,生產受到阻滯,失業愈益嚴重。在這個時期,巴黎、里昂和魯昂(Rouen)先後於一六二一年、一六三九年和一六五二爆發起義。與此同時,由於出現新的經濟結構,原有的勞工社會瓦解了;隨著大製造業的發展,行會的權力和權利日益喪失,「總法規」(General Regulations)禁止一切工人集會、同盟和「協會」。但是,在許多行業裡,行會還是重新組建起來。它們受到起訴,但各地的最高法院似乎不以為然。諾曼底的最高法院就拒絕審判魯昂的暴動者。無疑,這就是教會出面干涉和指控工人的秘密巫術集會的緣故。索爾邦神學院(Sorbonne)⑩於一六五五年頒布一項命令,宣布所有參加這類邪惡團體的人均犯有「瀆聖罪和永罰罪(mortal sin)」。

在嚴厲的教會與寬容的最高法院之間的無聲較量中,總醫院的創立當然是最高法院的一個勝利,至少在開始時是這樣。無論

如何，這是一個新的解決辦法。純粹消極的排斥手段第一次被禁閉手段所取代；失業者不再被驅逐、被懲辦；有人對他們負起責任了，但這是以損害國民利益和其個人自由為代價的。在他們和社會之間建立起一種不言自明的義務體系：他們有被贍養的權利，但是他們必須接受肉體上和道德上的禁閉束縛。

一六五七年⑪的法令所針對的正是這樣一批不加區別的人：一羣沒有生活來源、沒有社會歸宿的人、一個被新的經濟發展所排斥而漂泊不定的階層。該法令在簽發後不到兩個星期便在各街巷宣讀。其中第九條規定：「我們明確禁止一切人（不論其性別、年齡、籍貫、出身，不論其身體狀況，即不論健壯或傷殘、患病或正在康復、病情能否醫治。）在巴黎市區或郊區行乞。無論在教堂內外或居民門前、在街上或其他任何地方，無論是公開的還是秘密的，無論在白天還是黑夜，行乞均受禁止。……初犯者處以鞭刑，再犯者男性處以划船苦役，女性予以驅逐。」一年後，在一六五七年五月十三日（星期日），皮梯耶的聖路易（Saint-Louis）教堂舉行聖靈大彌撒。翌日上午，民兵開始搜捕乞丐，把他們趕進總醫院各機構。在關於大恐怖的神話中，民兵被描繪成「總醫院的弓箭手」。四年後，薩爾佩特利耶爾收容著一千四百六十名婦孺；皮梯耶收容著七——十七歲的男孩九十八人、女孩八百九十七人以及九十五名婦女；比塞特爾收容著一千六百一十五名成年男子；薩翁涅利收著八——十三歲的男孩三百零五人；西比昂（Scipion）收容著五百三十名孕婦、哺乳期婦女及嬰兒。最初，有配偶者即使有困難也不准許被收容。管理部門受命向他們提供救濟，讓他們留在家中。但是，不久，根據馬薩林（Mazarin）⑫的特許令，他們可以住進薩爾佩特利耶爾了。總計起來，共有五千——六千人被收容。

在全歐洲，至少在最初，禁閉都有相同的意義。它是十七世紀波及整個西方世界的經濟危機引起的反應之一。其他的反應

是：工資銳減、失業、通貨緊縮。這些現象的同時發生很可能是西班牙的一次經濟危機造成的。甚至在西歐國家中最不依賴這體系的英國也面臨著同樣的問題。儘管採取了各種措施來避免失業和減薪，貧困依然在英國蔓延。一六六二年出現了一個題為《為窮人而悲鳴》（ *Grievous Groan for the Poor* ）的小冊子。據認為，它出自德克（Thomas Dekker）⑬之手。書中強調上述危險，指責公眾的漠視態度：「儘管窮人的數量日漸增多，但各方面還在給他們雪上加霜；……許多教區開始關注自己教區的窮人，甚至包括那些強壯的勞力，因為他們將失去工作，……將為了生存而去行乞、偷竊。這個國家正不幸地受到他們的搔擾。」該文耽心他們將充斥整個國家，因為他們不能像在歐洲大陸上那樣穿越國境進入其他國家。因此該文建議將他們「驅逐和運往紐芬蘭（Newfound Land）以及東、西印度羣島（the East and West Indies）」。一六三〇年，英國國王設立了一個委員會，負責嚴格執行「貧民法」（Poor Laws）。同年，該委員會發布了一系列「命令和指示」。它建議起訴乞丐、流浪漢以及一切以遊手好閒為生而不為合理的工資工作的人、在小酒館中胡亂度日的人，依法懲治他們，將他們投入教養院。它要求調查那些攜婦挈幼者，查清他們是否舉行過婚禮，其子女是否受過洗禮，「因為這些人像野蠻人那樣生活，不履行婚禮、葬禮和洗禮。正是這種放肆的自由使許多人樂於流浪。」儘管在該世紀中期英國的經濟已始復甦，但是在克倫威爾（Cromwell）⑭時代該問題仍沒有解決。倫敦市長抱怨說：「這些寄生蟲成羣結伙地出現在這個城市中，騷擾公共秩序、襲擊馬車、在教堂和私人住宅門前大喊大叫，要求施捨。」

　　在很長一段時間裡，教養院或總醫院都被用於收容失業者、懶漢和流民。每當危機發生、貧民數量激增時，這些禁閉所都至少暫時地重新具有最初的經濟意義。在十八世紀中期，又發生了

一次大危機。當時魯昂和圖爾各有一萬二千名工人靠行乞為生。里昂的製造業紛紛倒閉。「統領巴黎省和各地法院的」阿爾讓松伯爵（Count d'Argenson）下令「逮捕王國內的所有乞丐；在巴黎進行搜捕的同時，各地法院在農村執行這一任務，以使他們陷入天羅地網，絕無返回巴黎的可能。」

然而，在這些危機之外的時期，禁閉獲得另外一種意義。它的壓迫功能與一種新的用途結合起來。其功能不再僅僅是禁閉不工作的人，而且還包括給被禁閉者提供工作，使他們對民族繁榮做些貢獻。這種周期性功能是很明顯的：在就業充分和工資高漲時期，它提供了廉價勞動力；在失業嚴重時期，它收容了遊手好閒者，發揮了防範騷擾和起義的社會保護作用。我們不應忘記，英國的第一批禁閉所出現在最工業化的地區：沃爾塞斯特、諾里奇和布里斯托爾；法國的第一個總醫院是在里昂開設的，早於巴黎總醫院四十年；德國的第一個 Zuchthaus（監獄）是於一六二〇年在漢堡設立的。漢堡監獄於一六二二年頒布的規章是相當嚴格的。所有的囚徒都必須工作。對他們的工作價值有精確的記錄，按其價值的四分之一給他們付酬。因為工作不僅僅是一種消磨時間的手段，所以它必須是一項生產活動。該院的八名總監制定一個總計劃。工頭為每個人分派一項工作，並在周末檢查完成情況。這種勞動規章直到十八世紀末一直生效，因為霍華德依然看到他們「在編織和紡織，在織襪子、亞麻布、粗毛物和呢絨，在切洋蘇木和鹿茸。每個壯漢每日切碎洋蘇木的定額是四十五磅。一些人和馬圍著一架漂洗機幹活。那裡還有一個鐵匠在不停地幹活。」德國的各禁閉所都有各自的專業：不來梅（Bremen）、不倫瑞克（Brunswick）、慕尼黑（Munich）、布雷斯勞（Breslau）和柏林（Berlin）的禁閉所以紡紗為主，漢諾威（Hanover）的禁閉所以織布為主。在不來梅和漢堡，囚徒切碎洋蘇木。在紐倫堡（Nuremberg），囚徒打磨光學玻璃。在梅

因茲（Mainz），主要工作是磨麵。

英國的第一批教養院是在一次全面的經濟衰退時期開設的。一六一〇年的法令僅要求所有的教養院應附設磨坊和織布、梳毛工作間，以使這些吃救濟的人有事可做。但是在一六一五年以後，因航海條例的實行和商業貼現率的下降，經濟形勢恢復正常，原來的道德要求就變為經濟策略。所有的強壯勞力都被用於實現最大的效益，即都被最便宜地加以利用。當凱里（John Carey）制定布里斯托爾勞動院的方案時，首先提出工作的必要性：「男女貧民……可以用於剝大麻纖維、梳紡亞麻、梳理羊毛或棉花。」在沃爾塞斯特，他們生產棉布和呢絨，另外還有一個重工工作間。這一切都不是一帆風順的。有人建議，勞動院可以加入當地的工業和市場，理由是其低廉的產品會對銷售價格有制約的作用。但是製造商們表示抗議。狄福（Daniel Defoe）⑮注意到，由於勞動院有強大的競爭力，結果是打著在一個領域裡制止貧困的幌子在另一個領域裡造成貧困；「這是在剝奪一部分人而給了另一部分人，是在誠實者的工作崗位上安排了一個懶漢，是在迫使勤奮者惶惶然地尋找其他工作來維持家庭。」面對這種競爭的危險，當局迫使這種勞動逐漸消亡。靠救濟金生活的人甚至再也不能掙到足以維生的報酬；而且常常有必要把他們投入監獄，以使他們至少有免費的口糧。正如霍華德所目睹的，在這些監獄裡，幾乎「不幹活，或無活可幹。囚犯既無工具又無原料，僅僅在懶散、粗野和放蕩中打發時間。」

當巴黎總醫院創立時，其意圖首先是制止行乞，而不是給被拘留者提供某種職業。但是，科爾伯似乎與當時某些英國人一樣，把勞動自救視為一項消除失業的措施和一種對製造業發展的刺激。在外省，總監們都以為慈善院有某種經濟意義。「凡是有勞動能力的窮人都必須在工作日幹活。這樣才能避免萬惡之源——遊手好閒，同時也使他們習慣於誠實的勞動，並能掙得維持

生活的一部分衣食。」

　　有時候，甚至有某些協定允許私人企業家使用收容院的勞動力來為他們牟利。譬如，根據一七〇八年的一項協議，某企業家應向蒂勒（Tulle）慈善院提供羊毛、肥皂和煤，而該院則回報以梳紡好的羊毛。其利潤由該企業家和該院分享。在巴黎，人們甚至幾次試圖把總醫院的建築改造成工廠。如果一七九〇年的一部匿名《回憶錄》（*Mémoire*）的內容屬實的話，那麼，在皮梯耶，曾經試著生產「各種能向首都提供的產品」；最後，「萬般無奈，只得生產成本最低的一種花邊縧帶」。在其他地方，這種努力也同樣很少收到成效。在比塞特爾曾做了各種嘗試：生產細線和粗繩，磨光鏡面等。尤其著名的是一七八一年所嘗試的「大井（great well）」，即用囚徒代替馬來車水，幾組囚徒從早晨五點輪流幹到晚上八點。「人們出於什麼理由決定進行這種不可思議的工作？是為了節約還是僅僅為了讓囚徒忙碌？如果出於後一種考慮，讓他們從事既有益於他們又有益於醫院的工作不是更好嗎？如果是為了節約，我們難以理解。」⑯在整個十八世紀，科爾伯想賦予總醫院的那種經濟意義愈益減弱了。這個強制勞動中心日益變為遊手好閒的特權場所。大革命時期的人會一再質問：「是什麼造成了比塞特爾的混亂？」他們也會提供十七世紀已經給出的答案：「是遊手好閒。消除它的手段是什麼？是工作。」

　　古典時代以一種含混的態度來使用禁閉，使其具有雙重作用。一方面，它被用於吸收失業，至少消除其最明顯的社會後果。另一方面，在成本可能變得太高時，它被用於控制成本。也就是說，它對勞動力市場和生產成本交替發生作用。但是，從結果上看，禁閉所似乎並不能有效地發揮人們所期待的雙重作用。如果它們吸收了失業者，這主要是為了掩蓋他們的貧困，以避免造成惡劣的社會或政治後果的騷動。但是當失業者被趕進強制勞

動工作間時，在相同或鄰近領域裡的失業就會激增。至於對生產
成本的影響也只能是虛假的，因為按照禁閉本身的費用來計算，
這種產品的市場價格與製造成本是不成比例的。

如果單純按照禁閉所的實用價值來衡量，那麼禁閉所的創立
應視為一種失敗。在十九世紀初，作為窮人收容中心和窮人監
獄，它們在歐洲普遍消失了。這就證明了它們的徹底失敗，表明
它們是工業化初期很笨拙地提出的一種暫時性的、無效的救治措
施和社會防範措施。然而，正是在這種失敗中，古典時代進行了
一項不可化約的實驗。今天看來是某種生產與成本的笨拙的辯證
關係的東西，在當時則具有其現實意義，即包括著某種勞動倫理
意識。在這種意識中，經濟機制的困境變得無足輕重，反而有利
於肯定某種價值。

在工業世界的這個最初階段，勞動似乎同它將引起的問題毫
無關聯；相反，它被視為一種消除各種貧困的通用辦法，一劑萬
應靈藥。勞動和貧困被置於一種簡單的對立關係和反比例關係
中。按照古典的解釋，勞動所具有的消除貧困的力量和特點，與
其說是源於其生產能力，不如說更多地源於某種道德魅力。勞動
的效力之所以被承認，是因為它以某種道德昇華為基礎。自從人
類墮落⑰以後，人類就把勞動視為一種苦修，指望它具有贖罪的
力量。不是某種自然法則，而是某種詛咒的效力迫使人們勞動。
如果人類遊手好閒，致使大地沈睡不醒、毫無奉獻，那就怪罪不
得大地。「土地沒有犯下原罪。如果它受到咒罵，那是耕作它的
墮落的人造成的。除非投入力量和持續不斷地勞動，否則不可能
從它那裡獲得果實，尤其是最必需的果實。」⑱

勞動的義務與任何對自然的信念毫無關聯；甚至與那種模糊
地相信土地會報答人的勞動的信念也無關係。天主教思想家以及
新教徒們經常重複的主題是，勞動並不產生自己的果實。喀爾文
（Calvin）⑲告誡說：「我們絕不可認為，如果人們警覺而靈

巧，如果人們忠實地履行了義務，那麼人們就能使自己的土地物產豐富。那是萬物之主——上帝的恩惠。」如果上帝不以無限的仁慈插手其中的話，勞動會一無所獲。對此，鮑須埃（Bossuet）也予以承認：「我們對勞動後的豐收和獨特果實的希望，每時每刻都可能落空。我們指靠著變化無常的上天發慈悲，普降甘露滋潤禾苗。」如果沒有上帝的特殊恩惠，大自然絕不必然給勞動以回報。儘管如此，不可靠的勞動依然是十分嚴格的義務：這種義務不是自然的綜合體，而是道德綜合體。窮人不想「折磨土地」，而是坐等上帝的幫助，因為上帝曾允諾供養天上的飛禽。這種窮人是在違抗聖經的戒律：「不可試探上帝」。不願工作不就意味著喀爾文所說的「妄圖試探上帝的力量」嗎？這是在強求出現奇蹟⑳。其實，作為對人的勞動的獎賞，奇蹟每日都在降臨人間。如果勞動並非銘刻在自然法中，那麼它就是在人世的秩序中發展起來的。這就是為什麼說遊手好閒就是造反的理由。在某種意義上，遊手好閒是最惡劣的行為，因為它像在伊甸園裡那樣等待著自然的施捨，強求某種仁慈，而人類自亞當以來已無權提出這種要求。在墮落之前，傲慢是人類犯下的罪孽。自墮落之後，遊手好閒是人類傲慢的最極端表現。這是荒唐地以貧困為自豪。在我們這個世界中，凡是野草叢生的土地，遊手好閒乃最大的禍根。在中世紀，最大的罪孽是傲慢（Superbia）。按照赫伊津哈（John Huizinga）㉑的說法，在文藝復興初期，最大的罪孽是貪婪，即但丁（Dante）所說的 cicca cupidigia。而十七世紀的全部正文（text）則宣告，懶散取得該死的勝利，懶散領導和壓倒了一切惡習。我們不應忘記，按照創辦總醫院的敕令，總醫院應該制止「成為一切混亂根源的行乞和遊手好閒」。布爾達羅（Louis Bourdaloue）支持那些對懶散——墮落的人類的可悲傲慢——的譴責。他說：「那麼，混亂的遊手好閒生活意味著什麼呢？聖安布羅斯（Saint-Ambrose）㉒回答道，它的真正含

義是這個創造物對上帝的第二次反叛。」這樣，禁閉所的勞動便
獲得了道德意義：因為懶散已成為一種確定無疑的反叛，所以必
須強制遊手好閒者工作，用一種無休止的、不帶來任何利益或利
潤的勞動來打發時間。

正是在某種勞動體驗中，形成了這種經濟和道德交融的禁閉
要求。在古典世界裡，勞動和遊手好閒之間劃出了一條分界線。
這種劃分取代了對痲瘋病的排斥。不論是在地理分布圖上還是在
道德領域中，貧民收容院取代了痲瘋病院。舊的社會排斥習俗復
活了，但轉到生產和商業領域裡。正是在這些必然產生和蔑視
遊手好閒的地方，在從勞動法則中提取出道德昇華的社會所發明
的空間，瘋顛將要出現，而且很快便會擴展開，將這些地方吞
併。總有一天，它會憑藉某種非常古老、非常模糊的繼承權，占
有這些不毛的遊手好閒領域。十九世紀的人將會同意、甚至會堅
決主張，把一五○年前人們力圖用以關押貧民、流浪漢和失業者
的地方轉讓給瘋人，而且僅僅轉讓給他們。

在取締遊手好閒時將瘋人也包容在內，這一點並非無足輕
重。從一開始，瘋人就與貧民並列（不論貧民是否應置於這種境
地），與遊手好閒者並列（不論遊手好閒是自願的還是被迫
的）。同那些人一樣，瘋人也要服從強制勞動的規章。而實際
上，在這種統一的強制中，他們一再地表現出他們的獨特之處。
在工作間裡，他們明顯地與眾不同，因為他們沒有工作能力，不
能跟上集體生活的節奏。十八世紀，人們發現必須為精神不健全
者提供一種特殊制度。這種必要性和大革命前夕發生的禁閉大危
機，是同對勞動的普遍要求中所獲得的瘋顛經驗相聯繫的。人們
並不是到了十七世紀才「關押」瘋人，但是，正是在這個時期人
們才開始把他們和一大批被認定屬於同類的人「禁閉」和「拘
留」在一起。直至文藝復興時期，對瘋顛的情感還是與天馬行空
的想像聯繫在一起。到了古典時代，人們第一次通過對遊手好閒

的譴責和在一種由勞動社會所擔保的社會內涵中來認識瘋顛。勞動社會獲得了一種實行隔離的道德權力，使它能夠驅逐各種社會垃圾，就像是把它們驅逐到另一個世界。正是在勞動的神聖權力的所圈定的「另一個世界」裡，瘋顛將取得我們現在認為屬於它的地位。如果說，在古典時代的瘋顛中有什麼指涉著另外的地方，「另外的東西」，那麼其原因已不在於瘋人是來自那個非理性的世界，帶有非理性的烙印，而在於他自願地越出資產階級秩序的雷池，置身於其神聖的倫理界限之外。

實際上，禁閉的實踐與必須工作的主張之間的關係不是由經濟條件所規定的。遠非如此。是一種道德觀念維繫和推動著這種關係。當（英國——譯者註）商業部發表關於貧民問題的報告、提出「使之變成對社會有用之人」的措施時，報告清楚地指出，貧困的根源既不是商品匱乏也不是失業，而是「紀律鬆懈和道德敗壞」。一六五七年的敕令也充滿了道德譴責和驚恐不安。「由於對各種犯罪的過分寬容，乞丐的自由放任已超過了限度。如果他們依然不受懲罰的話，上帝就會咀咒這個國家。」這種「自由放任」不是與那種與偉大的勞動法則相關的東西，而是一種道德上的自由放任：「從事慈善工作的人從經驗中得知，他們之中許多人未婚而同居，他們的子女有許多未受過洗禮，他們中的大多數都昧於宗教，蔑視聖事、屢屢犯罪。」因此，總醫院從外表上並不僅僅是老弱病殘者的收容所。它後來也不僅僅是強制勞動集中營。它還是一個道德機構，負責懲治某種道德「阻滯」（abeyance），這種「阻滯」既不能受到法庭審判，也不能單純靠苦修來醫治。總醫院具有一種道德地位。它的總監們負有道德責任，同時被授權掌有各種司法機構和壓迫手段。「他們有命令、管理、商業、警察、司法和懲治的權力」；為了完成這一任務，他們可以使用「火刑柱、鐐烤、監獄和地牢」㉓。

正是在這種背景下，工作義務就取得了既是倫理實踐又是道

德保障的意義。它將成為禁欲苦行（askesis）、成為懲罰，成為某種心態的表徵。凡是能夠和願意工作的囚徒都將獲釋，其原因與其說是他已再度成為對社會有用之人，不如說是他再次在人類生存的偉大道德公約上簽了字。一六八四年四月的一項法令規定，在總醫院內設立一個收容二十五歲以下少男少女的部門，在該部門裡，每日大部分時間必須工作，還必須輔以「讀講宗教著作」。但是，按照規定，這種工作完全是約束性的，沒有任何生產的考慮：「應該在他們的體力和狀況所允許的限度內讓他們盡可能長時間地、辛苦地工作。」根據他們在這最初活動中的積極態度「判斷他們改過自新的願望」。然後才能教他們學習一門「適合他們性別和稟賦」的職業。最後，凡有過失「都將受到總監認為適當的懲罰，如減少粥食、增加勞動、禁閉以及該醫院通用的其他懲罰手段。」讀了《薩爾佩特利耶爾聖路易醫院日常生活條例》（*General regulations for daily life in the House of Saint-Louis*）後，就完全能夠懂得，勞動規定是作為道德改造和約束的一種練習而被制度化。如果說這種規定沒有揭示出禁閉的根本意義的話，那麼它至少揭示了禁閉的基本理由。

發明一個強制場所，使用行政措施進行道德訓誡，這是一個很重要的現象。在歷史上第一次出現了一批將道德義務和民法組合在一起的、令人瞠目的道德機構。各國的法律將不再容忍心靈的混亂。雖然，在歐洲文化中，道德錯誤，甚至完全是私人的錯誤，被視為對社會成文法或習慣法的冒犯，這並不是第一次。但是，在古典時代的大禁閉中，最基本的也是最新的特點在於，人們被禁閉在純粹道德的城市中，在那裡，毫不妥協、毫無保留地用嚴厲的肉體強制來實行統治心靈的法律。道德自願地像商業或經濟那樣接受行政管理。

於是我們便看到，在專制君主制的機構中——在這些長期以來一直成為其專橫權力的象徵的機構中，銘刻著資產階級和繼之

而來的共和主義的重要思想：美德也是一種國家大事，可以用法令來振興美德，可以設立權力機構來確保美德受到尊重。禁閉的圍牆實際上是把十七世紀資產階級的良心開始憧憬的道德城市中的消極因素圈封起來。這種道德城市是為那些從開始便唯恐避之不及的人設立的，因為在那裡正當的統治完全憑藉著不許上訴的暴力來維持。這是一種美德的統治，在那裡人人自危，只有以美德作回報（美德本身也就是報酬）才能逃避懲罰。在這個資產階級城市的陰影籠罩之下誕生了這種奇怪的美德共和國。它是用暴力強加給所有被疑為有罪的人的。它是古典時代資產階級的偉大夢想和嚴重偏見的底面：國家法律和心靈法律最終合二為一。「讓我們的政治家們停止他們的計算吧，……讓他們徹底懂得，金錢可以支配一切，但不能支配道德和公民。」[24]

看上去，難道不正是這種夢想縈繞在漢堡禁閉所的創建者們的心頭嗎？有一位董事希望看到「在這所教養院所教導的一切都完全符合宗教和道德義務。……教師應該用宗教來教誨兒童，在合適的時候鼓勵他們學習和背誦聖經的段落。他還應教他們學習讀寫和計算，教他們學會用文雅舉止對待參觀者。他應該負責讓他們井然有序地參加宗教儀式。」[25]在英國，勞動院的條例用很大篇幅規定道德監督和宗教教育。譬如，普利茅斯勞動院指定一名教師來貫徹「虔誠、莊重和謹慎」三項要求。在每日早晚的規定時間，由他主持禱告。每個星期六下午和節假日，他要向被收容者們發表講話，「根據英國國教教義，用新教的基本內容」規勸和教誨他們。不論在漢堡還是在普利茅斯，不論是教養院還是勞動院，在整個歐洲的新教地區都建立起道德秩序的堡壘。在那些地方灌輸著宗教和任何有利於國家安寧的東西。

在天主教國家，目標是同樣的，但是正如聖保羅的味增爵的工作所顯示的，其宗教烙印較為明顯一點。「將這些人遷移至此，避開世界風暴，與世隔絕，成為被救濟者，其主要目的完全

是為了使他們不受罪惡支配，不致成為遭受天罰的罪人，完全是為了使他們在這個世界和來世心滿意足地享受歡樂，使他們在這個世界中盡其所能地禮拜上帝。……我們沈痛地從經驗中得知，今日的青年人之所以迷亂，其原因在於缺乏宗教教育和宗教謙卑，他們寧願順從自己的邪惡意願而不服從上帝的神聖啟示和父母的諄諄教誨。」㉖因此，必須將這些人從那個誘使其弱點發展為罪惡的世界中拯救出來，召回到一個與世隔絕、只有「護衛天使」陪伴的地方。護衛天使的化身就是每日出現的監護者。監護者「給了他們像護衛天使在冥冥中給予的那種幫助，即教誨他們，安慰他們，拯救他們。」在（法國）天主教會慈善院裡，主要精力放在生活和良心的整頓上。在十八世紀，這一點愈益明確地成為禁閉的理由。一七六五年，梯耶里堡的慈善院制定了新的規章，明確規定「副院長每星期至少逐個會見所有的被救濟者一次，安慰他們，鼓勵他們，並了解他們是否受到應有的待遇。下屬官員則每日這樣做。」

　　所有這些道德秩序監獄都會有霍華德在美因茨教養院還能看到的警言：「野獸尚且能被鎖鏈制服，管教迷途的人更不必悲觀失望。」正如在新教國家中那樣，對於天主教會來說，禁閉以一種權威主義模式體現了社會幸福的神話：這是一個浸透宗教原則的治安秩序，也是一種用治安條例及其強制手段來使自己的要求得到無限滿足的宗教。在這些機構中，人們力圖證明這種秩序足以實現美德。在這個意義上，禁閉既掩蓋了政府的非世俗意圖，又掩蓋了宗教的現世政治活動。作為專制綜合體的一個成果，它被置於一個廣闊的空間中，這個空間將上帝的花園同被逐出天堂的人們自己建成的城市隔開。古典時代的禁閉所成為「治安」的一個濃縮的象徵。「治安」認為自身就是建設完美城市的世俗宗教。

　　禁閉（confinement）是十七世紀創造的一種制度。它從一

開始便獲得一種重要意義，從而使它與中世紀的囚禁（imprisonment）毫無關聯。作為一種經濟措施和一種社會防範措施，它是一項發明。然而，在瘋顛的歷史上，它標誌著一個決定性時刻：此時人們開始貧困、沒有工作能力、沒有與羣體融合的能力的社會角度來認識瘋顛；此時，瘋顛開始被列為城市的問題。貧困的新意義，工作義務的重要性以及所有與勞動相關的倫理價值，最終決定了人們對瘋顛的經驗，改變了其歷程。

　　有一種情感誕生了。它劃出一道界限，安放下一塊基石。它選擇了唯一的方案：放逐。在古典社會的現實空間裡保留了一個中立區，一個中止了現實城市生活的空白地。在這裡，秩序不再會隨便地遇到混亂，理智也不用試著在那些會躲避它或力圖拒絕它的人中間取得進展。在這裡，理智通過一次預先為它安排好的對狂暴的瘋顛的勝利，實行著絕對的統治。這樣，瘋顛就被從想像的自由王國中強行拖出。它曾憑藉想像的自由在文藝復興的地平線上顯赫一時。不久前，它還在光天化日之下——在《李爾王》和《唐吉訶德》中——跟蹌掙扎。但是，還不到半個世紀，它就被關押起來，在禁閉城堡中聽命於理智、受制於道德戒律，在漫漫黑夜中度日。

# 註　釋

① 《路加福音》第 14 章。——譯者註

② 1656 年法令第 4 條。後來又增添了聖靈宮（Saint-Esprit）和兒童勞動院（Enfants-Trouvés），薩翁涅利醫院被撤銷。

③ 1656 年法令第 12 條。

④ 羅歇福科——利昂庫爾（La Rochefoucauld-Liancourt）代表乞丐問題委員會向國民大會提交的報告（載《國民議會記錄》〔Procès verbaux de l'Assemblée nationale〕），第 21 卷。

⑤ 布雷斯勞，今波蘭的弗羅夫瓦夫。——譯者註

⑥ 霍華德（1726～1790），英國慈善家，監獄管理及公共衛生領域的改革者。——譯者註

⑦ 伏爾泰（1694～1778），法國啟蒙思想家。——譯者註

⑧ 科爾伯（1619～1683），法國路易 14 時期的財政大臣。——譯者註

⑨ 按照一種宗教觀點，16 世紀末和 17 世紀初的貧困是一種末日審判的體驗。「聖子和末日來臨的最明顯的標誌之一，就是世界在靈俗兩個方面都陷於極端貧困。這是邪惡的歲月，……犯罪滋生，災難頻仍，痛苦相隨。」（卡繆〔Jean-Pierre Camus〕《論窮人行乞的合法性》〔De la mendicité légitime des pauvres〕）（杜瓦〔Douai〕，1634，第 3～4 頁）

⑩ 索爾邦神學院是巴黎大學的前身。——譯者註

⑪ 原文如此，疑係 1656 年之誤。——譯者註

⑫ 馬薩林（1602～1661），又譯馬扎冉，法國紅衣主教，在路易 14 年幼時攝政。——譯者註

⑬ 德克（約 1572～約 1632），英國劇作家和散文小冊子作者。——譯者註

⑭ 克倫威爾（1599～1658）英國清教革命時期的軍事家、政治家。1653～1658 年任護國公。——譯者註

⑮ 狄福（1660～1731），英國小說家，最著名的作品是《魯濱遜漂流記》。
——譯者註

⑯ 巴尼（Musguinet de La Pagne）《改革後的比塞特爾——一個教養院的建立》（ *Bicêtre réformé on etablissement d'une maison de discipline* ）（巴黎，1790），第 22 頁。

⑰ 人類墮落指亞當和夏娃吃了禁果後，被逐出伊甸園，墮入塵世。——譯者註

⑱ 鮑須埃（Bossuet）《聖餅捧戴的奧義》（ *Élevations sur les mystères* ），第 6 周，第 12 次聖餅捧戴。

⑲ 喀爾文（1509～1564），法國神學家，16 世紀宗教改革領袖之一，新教喀爾文宗創始人。——譯者註

⑳「我們想讓上帝滿足我們瘋顛的欲望，讓祂似乎聽命於我們。」喀爾文（Calvin）《關於申命論的第四九篇佈道詞》（ *Forty-ninth Sermon on Deuteronomy* ），1555 年 7 月 3 日。

㉑ 赫伊津哈（1872～1945），荷蘭歷史學家。——譯者註

㉒ 聖安布羅斯（約 339～397），古代基督教拉丁教父。——譯者註

㉓ 總醫院條例，第 12、13 條。

㉔ 盧梭（Jean-Jacques Rousseau）《論科學與藝術》（ *Discours sur les sciences et les arts* ）

㉕ 霍華德（John Howard）《英格蘭和威爾斯的監獄狀況》（ *The State of fhe Prisons in England and Wales* ）（倫敦，1784），第 73 頁。

㉖ 轉引自科萊（Pierre Collet）《聖味增爵的生平》（ *Vie de Saint Vincent de Paul* ）（巴黎，1818）。

# 第三章　瘋人

　　從總醫院創立，德國和英國的第一批教養院開設，直至十八世紀末，這個理性的時代是有所限制的。這個時代限制著道德敗壞者、揮霍家產的父輩、放蕩的不肖子孫、褻瀆神明的人、「想放縱自己」的人和自由思想者。而通過這些相似的形象，這些奇特的同謀犯，這個時代勾畫出自己的非理性經驗的輪廓。

　　但是，我們在每一個城市中還發現了一大批瘋人居民。在巴黎，被拘捕送交總醫院的人中有十分之一是「瘋子」、「痴呆者」、「精神錯亂」者、「完全瘋顛」者。對他們和對其他人沒有任何區分。從登記簿看，人們以同樣的情感來收容他們，以同樣的態度來隔離他們。那些因「道德敗壞」或因「虐待妻子」和幾次自殺未遂而被送入該院的人，究竟是病人，還是罪犯，還是瘋子，這個問題我們留給醫學考古學去研究。

　　然而，不應忘記的是，這些「瘋子」在禁閉世界中占據著一個特殊位置。他們的地位不僅僅是囚徒。在一般的對待非理性的情感中，對待瘋顛似乎有一種特殊的柔和調子。這種情調被用予所謂的瘋子、精神錯亂者、神志不清者、痴呆者和不能自制者（這些稱呼沒有嚴格的語義差異）身上。

　　這種特殊情感描繪出這個非理性世界中的瘋顛的特徵。它首先涉及到醜聞。在最一般的情況下，禁閉是出於避免醜聞的願望，至少可以以此為理由。由此也表明了罪惡意識的某種重要變

化。在文藝復興時期,人們允許各種無理智自由地展示於光天化日之下。這種公然的肆無忌憚使罪惡具有榜樣和贖罪的力量。在十五世紀,雷斯（Gilles de Rais）①被指控為「異端、叛教者、巫師、雞姦者、召喚魔鬼者、占卜者、謀殺無辜者、偶像崇拜者、離經叛道者」。他本人在法庭外的懺悔中承認自己犯下「足以造成血流成河」的罪行。他在法庭上用拉丁文重覆了自己的供詞,然後主動要求:「該自白書應用世俗語言公之於眾,因為大多數人不懂拉丁文。讓公眾知道他因上述過失而羞愧,以使他更容易獲得寬恕、獲得上帝的慈悲。」在公開審判時,他被要求當眾做出同樣的自白:「法庭庭長要求他詳細陳述案情,他因此受到的羞辱將能減輕以後受到的懲罰。」直至十七世紀,既使是最粗暴最殘忍的罪惡,也不會不公之於眾便加以處置和懲罰。光明正大的懺悔和懲罰完全可以抵銷產生罪惡的黑暗。在實現制止罪惡的結果之前,必須使罪惡受到公開的供認和展示。這樣才能完成罪惡的全部歷程。

相反,禁閉顯示了某種將非人的罪惡完全視為恥辱的良心。罪惡在某些方面具有傳染力,具有製造醜聞的力量,公之於眾反而使其無限繁衍。只有遺忘才能制止它們。譬如,在一個下毒案件中,龐恰特雷恩（Pontchartrain）不是命令進行一次公開的審訊,而是指示設立一個秘密收容所。「由於該案涉及巴黎的許多人,國王認為不應該如此之多的人送交審判,其中許多人並不知道自己在犯罪,另外有些人只是因為好玩才這樣做。陛下如此決定是因為他相信有些罪行應完全被人遺忘。」②除了防止帶壞世風外,為了家族或宗教的名譽也足以將一個人送進禁閉所。譬如,有一名教士被送進聖拉扎爾:「人們如此熱衷於維護宗教和僧侶的名譽,因此絕不會放過這樣的教士。」③甚至到十八世紀末,馬爾塞布（Malesherbes）④還認為,禁閉是家庭設法避免恥辱的一種權利。「人們所說的卑鄙行為存在於公共秩序所不能

容忍的那些人之中。……看來，家庭名譽要求從社會中除去因其
惡習而使親屬蒙受恥辱的人。」相反，當造成醜聞的危險消失、
家族或教會的名譽不會受到沾污時，就可以將人釋放。修道院長
巴爾日德（ Abbé Bargedé ）受到長期禁閉。他百般懇求，也不
能獲釋。但到了年老體衰時，便不會有醜聞了。德阿爾讓松
（ d'Argenson ）寫道：「此外，他已多年癱瘓，不能寫作，甚
至不能簽名。我認為，出於公正和仁慈，應該將他釋放。」所有
與非理性沾邊的罪惡，都應密藏起來。古典時代因這種非人性存
在而感到恥辱，而這種感情是文藝復興時期所沒有的。

　　然而，在這種掩蓋之中有一個例外，即對瘋人例外⑤。毫無
疑問，展示瘋子是中世紀的一個非常古老的風俗。德國的某些瘋
人塔（ Narrtürmer ）裝有柵窗，讓人們可以看到鎖在裡面的瘋
人。這些瘋人成為城關的一景。奇怪的是，當收容院的大門緊閉
之後，這種風俗並沒有消失。相反，它繼續發展，幾乎成為巴黎
和倫敦的一種有特色的制度。遲至一八一五年，據一份提交（英
國）國會下院的報告說，伯利恆（ Bethlehem ）醫院每個星期日
展覽精神病人，參觀費為一便士。展覽收入每年高達近四百鎊。
這就是說每年參觀者多達九萬六千人次⑥。在法國，迄大革命為
止，遊覽比塞特爾、參觀瘋子一直是巴黎波希米亞區資產階級的
周末娛樂項目之一。米拉波（ Mirabeau ）在《一個英國人的遊
記》（ Observations d'un voyageur anglais ）中報道，比塞特爾
的瘋人「像稀有動物一樣」展示給「願意付一個硬幣的大傻
瓜」。管理員展覽瘋人就像聖日耳曼區市場上耍猴人讓猴子做各
種表演一樣⑦。有些管理員因善於使瘋人表演舞蹈和雜技而聞
名，當然也稍稍揮舞鞭子。十八世紀末，唯一的改善是：允許瘋
人展覽瘋人。似乎瘋顛負有證實自己的責任。「我們不必責備人
性。這位英國旅遊者的看法是對的：展覽瘋人的作法超出了最冷
酷的人性。我們也早就這樣說過。但是，凡有困境必有出路。正

是瘋人自己在清醒的片刻受託展示自己的同伴。後者也表示贊同。於是這些不幸者的管理人便坐收表演的盈利，而自己卻從未降低到冷酷無情的水準⑧。在這裡，瘋顛打破了收容所的沉寂而成為一種表演，從而變成一種娛樂公眾的公開醜聞。非理性被隱匿在禁閉所的沉寂中，但瘋顛繼續出現在這個世界的舞台上，而且比以往更聳人所聞。在法蘭西第一帝國時期，它很快達到了中世紀和文藝復興時期從未達到的地步。過去藍艦兄弟（Brother-hood of the Blue Ship）曾摹仿瘋人進行表演，而現在有血有肉的瘋顛自己登台表演。在十九世紀初，沙倫敦的總監庫爾米埃（Coulmier）組織了引起轟動的演出，有時讓瘋人擔當演員的角色，有時讓他們擔當觀眾的角色。「這些參加業餘演出的瘋子成為輕浮的、不負責任的、甚至惡毒的公眾的觀賞對象。這些不幸者的古怪表現及其境遇引起觀眾的嘲笑和侮辱性憐憫。」⑨瘋顛變成這個世界的純粹景觀。這個世界正愈益受到薩德的影響，正成為某種信心十足的理性的戾知的一種消遣，直至十九世紀初，使魯瓦耶‧科拉爾（Royer-Collard）⑩大為憤慨的是，瘋人依然是怪物，就詞源意義而言，是被展示的東西。

　　禁閉將非理性隱匿起來，從而洩露了非理性的恥辱。但是它公開地把人們的注意力引向瘋顛，集中於瘋顛。如果說，在對待非理性時，其主旨是避免醜聞，那麼在對待瘋顛時，其目的則是將其組織起來。這裡有一個奇怪的矛盾：古典時代用一種全面的非理性經驗把瘋顛包圍起來，重新接納了它的各種特殊形態。（這些特殊形態是中世紀和文藝復興時期明確地加以區分的，並使之進入普遍意識，在這種意識中瘋顛可以同任何一種非理性形態相結合。）與此同時，古典時代給瘋顛打上了一個特殊的記號：這個記號不是疾病的記號而是受到讚美的醜聞的記號。然而，在十八世紀有組織地展覽瘋顛與文藝復興時期自由地顯示瘋顛之間毫無共同之處。在文藝復興時期，瘋顛無所不在，透過它

的形象或它的威脅與各種經驗混合在一起。在古典時代，瘋顛被隔著柵欄展示。凡是在它出現的地方，它都被隔開一段距離，受到某種理性的監督。這種理性不再認為自己與之有任何聯繫，不允許自己與之有過於相似之處。瘋顛變成某種供觀看的東西，不再是人自身包含的怪物，而是具有奇特生理機制的動物，是人類長期受其壓制的獸性。「我很容易想像一個無手、無腳、無頭的人（說頭比腳更不可或缺只是經驗之談）。但是我無法想像一個沒有思想的人。那樣的人應該是一塊石頭或一隻野獸。」⑪

德波爾特（Desportes）在《關於照看瘋人問題的報告》（*Report on the Care of the Insane*）中描述了十八世紀末比塞特爾的單人囚室：「這些不幸者的全部家俱就是這個草墊。他躺下時，頭、腳和身子都貼著牆。石縫裡滴出的水浸透他全身，使他不能安睡。」關於薩爾佩特利耶爾的單人囚室，他寫道：「冬天一到，這個地方更可怕，更經常地造成死亡。當塞納河水上漲時，這些與下水道處於同一水平的小囚室不僅更有損健康，而且更糟糕的是，它們變成大批老鼠的避難所。每到夜晚，它們就襲擊在此禁閉的不幸者，咬能咬到的任何人。那些瘋女人的手、腳、臉都被咬破。這種傷害很嚴重，已有幾人因此而死亡。」不過，這些地牢和單人囚室長期以來都是為最危險、最狂暴的瘋子準備的。如果他們安靜下來，如果他們不使其他人感到恐懼，他們就塞進大小不同的病室。圖克（Samuel Tuke）⑫最活躍的追隨者之一希金斯（Godfrey Higgins）作為一個志願檢查員，花了二十鎊獲得參觀約克（York）收容所的權利。在參觀時，他發現一個被精心遮蔽的門，在門後發現一個長寬均不足八英尺的房間。晚上這裡擠住著十三個婦女。白天她們在另一間並不大多少的房間活動。

特別危險的瘋子會受到某種方法的約束。這種方法不具有懲罰性質，而僅僅旨在將狂暴的瘋人固定在很小的活動範圍裡。受

難者一般被鎖在牆邊或床上。在伯利恆醫院，狂暴的瘋女人被套上腳鐐，固定在一個長廊的牆邊。她們只穿一件土布長袍。在貝斯納爾格林（Bethnal Green）醫院，一個亂打亂鬧的女人被放在豬圈裡，手腳都被捆住。發作平息後，她被捆在床上，身上只蓋一條床單。當允許她稍微行動時，在她兩腿間放了一根鐵條，一頭連著腳鐐，一頭連著手銬。圖克在《關於窮苦瘋人狀況的報告》（*Report on the Condition of the Indigent Insane*）中詳細描述了伯利恆醫院發明的控制以危險著稱的瘋人的複雜方法：瘋人被鎖在一根從牆的另一側伸過來的長鏈上，這樣管理員就可以從外面指揮他的活動。他的脖頸也套上一個鐵環，這個鐵環由一根短鏈與另一個鐵環聯在一起，後一個鐵環套在一根垂直固定在地面和天花板的鐵棍上。當伯利恆醫院開始改革時，人們發現在這間囚室裡有一個人被這樣關了十二年。

　　當習俗達到如此極端的程度時，事情就很清楚了：這些做法既不是懲罰的慾望所激發的，也不是改造的職責所導致的。「悔過自新」的觀念與這種制度毫不沾邊。但是，有某種獸性形像困擾著這個時期的醫院。瘋顛借用了野獸的面孔。那些被鐵鏈拴在囚室牆邊的人不再是精神錯亂的人，而是被某種狂暴本性攫住的野獸：似乎瘋顛發展到了極點便越出了包容其最脆弱形態的道德失常範圍，而借助於某種突發的力量與純粹的獸性發作結合在一起。這種獸性模式在收容院很流行，從而使收容院具有一種囚籠的形象，一種動物園的外觀。科蓋爾（Coguel）在描述十八世紀末的薩爾佩特利耶爾時寫道：「狂暴發作的瘋女人像狗一樣拴在囚室門上。有一個鐵柵長廊將其與管理員和參觀者隔開。通過鐵柵給她們遞進食品和睡覺用的稻草。用扒子把她們周圍的污物清掃出來。」在南特（Nantes）的醫院裡，這種動物園是由一個個獸籠組成的。埃斯基羅爾（Esquirol）⑬以前從未見過「用這麼多的鎖、門栓、鐵條來鎖囚室的門。……門旁的一個小窗口

也裝有鐵條和窗板。小窗口旁有一根固定在牆上的鐵鏈。鐵鏈的一端有一個木鞋形狀的鐵容器。這是用於透過鐵窗遞送食品的。」一八一四年，福德雷（François-Emmanuel Fodére）在斯特拉堡醫院發現了一種精心製造的囚籠：「為了對付惹事生非和污穢不堪的瘋人，在大病室的角落設置了一種只能容下一個中等身材的人的囚籠，或者說是小木屋。」這種囚籠以木柵為底，底部與地面間隔十五厘米，木柵上鋪了一些草，「瘋人赤裸著或幾乎赤裸著躺在上面，進食和大小便。」

可以肯定，這是一種對付瘋子狂亂發作的完全安全的制度。這種發作主要被看作一種對社會的威脅。但是，十分重要的是，這是根據動物的自由來考慮的。「不把瘋人當作人來對待」這一否定性事實卻有著肯定性內容：這種非人道的冷漠實際上包含著某種縈繞於懷的價值，它植根於傳統的恐懼。自古代以來，尤其自中世紀以來，這種恐懼就使動物界具有不可思議的日常特徵、令人戰慄的怪異形象和無法傾吐的焦躁。但是，這種在想像中與瘋顛觀念形影不離的對動物的恐懼，其含義已與兩三個世紀前大不相同。動物的變形形象不再是地獄權力的的顯性標誌，也不再是某種旁門左道的煉丹術的產物。人身上的動物性不再具有作為另一個世界標誌的價值。它已變成人的瘋顛，人處於自然狀態的瘋顛，只與自己有關。這種以瘋顛形式發洩出來的獸性使人失去其特有的人性。它並不把人轉交給其他力量，而只是使人完全處於自己的自然狀態（本性）。對於古典主義來說，最徹底的瘋顛乃是人與自己的獸性的直接關係，毫不涉及其他。

從進化的遠景來看，表現為瘋顛的獸性總有一天會被視為疾病的徵狀、甚至疾病的本質。但是在古典時代，它所表現的是這樣一個事實，即瘋人不是病人。實際上，獸性使瘋人免於人身上脆弱、不穩定、不健康因素的傷害。瘋顛的堅實獸性，從野獸界獲得的愚鈍，使瘋人能夠忍受飢餓、高溫、寒冷和疼痛。直至十

八世紀末，一般人都認為，瘋子能夠承受生活中不可想像的苦難。他們不需要保護，不需要保暖禦寒。一八一一年，圖克參觀（英國）南部的一個勞動院時看到，單人囚室僅在門上有很小的柵窗讓陽光投射進來。囚室中的婦女均赤身裸體。當時「氣溫很低。頭天晚間溫度計的讀數是零下十八度。其中有一名婦女躺在疏稀的麥草上，身上沒有蓋任何東西」。瘋人的這種野獸般的耐寒能力也是皮內爾所信奉的一個醫學定論。他經常稱讚「某些男女瘋子能夠持續地和泰然地承受長時間的嚴寒。共和三年雪月（Nivôse）⑭的若干天，溫度計的讀數是零下十度、十一度，甚至零下十六度。而比塞特爾醫院的一個瘋人竟然不願蓋毛毯，一直坐在結冰的囚室地面上。早上有人剛剛打開他的門，他就穿著襯衫跑到院子裡，抓起一大把冰雪壓在胸部，高興地看著冰雪融化。」當瘋顛發展到野獸般的狂暴時，它能使人免受疾病的傷害。它賦予人某種免疫力，就像大自然預先賦予野獸某種免疫力一樣。有意思的是，瘋人的理智紊亂使之恢復了獸性，但因此而受到大自然的直接恩惠。

這就是為什麼極端的瘋顛從來很少與醫學相聯繫。它也不可能與改造教養領域有關聯。擺脫束縛的獸性只能用紀律和殘忍來駕馭。十八世紀，獸性瘋人的觀念在個別人的嘗試中得到實際體現。這些人試圖對瘋子進行某種強制教育。皮內爾舉了「法國南部一所非常著名的修道院」的例子。在那裡，對狂躁的瘋人下達「改邪歸正的嚴格命令」。如果他拒不上床睡覺或吃飯，他將「受到警告：他若堅持錯誤將在第二天受到鞭打十下的懲罰。」相反，如果他順從的話，他就被允許「在懲戒室旁的餐廳用餐」，但是他若稍有不規矩之處，便會立刻受到警告，「會被用教鞭打手指」。這樣，由於使用了某種奇怪的辯證法，這種辯證法可以解釋所有這些「不人道」的監禁實踐，瘋顛的自由獸性只能被這樣的紀律來馴服，即不是把獸性提高到人性，而是使人回

到自己身上的純粹獸性。瘋顛洩露了獸性的秘密：獸性就是它的
真相，在某種程度上，它只能再回到獸性中。將近十八世紀中
期，蘇格蘭北部的一個農夫曾名揚一時。據說他能醫治精神錯
亂。皮內爾曾附帶說到，這位教皇式人物具有赫克力士（Hercu-
les）⑮的體魄：「他的方法是強迫瘋人從事最艱難的農業勞動，
像使用牲畜，使用僕人一樣使用他們。他們稍有反抗便會遭到一
頓毒打，從而迫使他們最終徹底屈服。」瘋顛在還原為獸性的過
程中既發現了自己的真相，又獲得了治療。當瘋人變成一隻野獸
時，人身上獸性的顯現——這種顯現構成瘋顛的醜聞——被消滅
了。不是獸性被壓制了，而是人本身被消滅了。在變成牲畜的人
那裡，非理性聽從著理智及其命令，於是瘋顛被治癒了，因為它
已異化為某種東西，這種東西就是它的真相。

　　將來總有一天會以這種瘋顛的獸性中推導出一種機械心理學
的觀念，即認為瘋顛的種種形態可以歸因於動物生命的偉大結
構。但是在十七和十八世紀，將自己的面孔借給瘋顛的獸性絲毫
沒有使自己的表現形態具有一種決定論性質。相反，它將瘋顛置
於一個可以無所限制地狂亂的不可預知的自由領域。如果說決定
論能對它有所影響的話，那麼這種影響是在限制、懲罰和紀律的
形態裡。瘋顛通過獸性不是與偉大的自然法、生命法結合起來，
而是與千姿百態的寓言動物結合起來。但是，與中世紀流行的那
種寓言動物不同。後者用很多象徵形象來圖解邪惡的各種形態，
而前者是一羣抽象的寓言動物。在這裡，邪惡不再有奇異的身
軀，我們能領悟到的只是它的最極端形式，即野獸的真相。這是
一種沒有內容的真理。邪惡擺脫了它的豐富肖像，目的在於只保
存一種普遍的威攝力，這是一種獸性的隱祕威脅。它潛伏著，在
某個時刻突然釋放出狂暴的理由、瘋人狂亂的真相。儘管當時有
人試圖建構一種實證的動物學，但是這種認為獸性是瘋顛的自然
巢穴的念頭始終籠罩著古典時代的那個角落。正是這種念頭造成

了導致所有的禁閉實踐及其種種野蠻的意象。

　　毫無疑問，將瘋顛觀念，同肖象式的人與獸的關係聯繫起來，對於西方文化一直是絕對必要的。從一開始，西方文化就不認為動物參與了全部自然、參與了它的理智和秩序。那種觀念是後來才有的，而且長期以來只存留在西方文化的表面。或許它從未進入深層的想像領域。實際上，經過認真的研究就會發現，動物屬於一種反自然，一種威脅著自然秩序、以其狂亂威脅著自然的積極理智的消極否定方面。勞特列阿蒙（Lautréamont）⑯的著作就證明了這一點。按照西方人的定義，西方人兩千多年來作為一種理性動物生活著。為什麼這個事實就應該必然意味著他們承認理性和獸性可能有一個共同的秩序？為什麼按照這個定義他們應該必然把自己放在自然的肯定方面？如果拋開亞里士多德的本意，難道我們不能認為，對於西方來說，這種「理性動物」長期以來一直是一種尺度，用以衡量理性的自由在非理性的巢穴運作的方式——那種非理性偏離理性直至構成理性的反義？從這時起哲學變成了人類學，人們力求在一種完整的自然中確認自己，動物也失去了其否定力量，以使自己成為自然的決定論和人的理性方向的一種積極的進化形式。「理性動物」的公式現在已經完全改變了其含義。它所暗示的作為各種理性根源的非理性完全消失了。從此，瘋顛必須服從人的決定論，人則被視為其獸性的自然存在。在古典時代，如果說使科學和醫學分析確如下文將談到的那樣力求使瘋顛立足於這種自然機制中，那麼，對待瘋人的實際做法則足以證明，瘋顛依然被包容在反自然的狂暴獸性中。

　　總之，禁閉加以誇大的正是這種瘋顛的獸性，同時它又力求避免非理性的非道德（immorality of the unreasonable）所固有的醜聞。這就揭示了古典時代在瘋顛和其他非理性形態之間所規定的距離，雖然從某種觀點看，它們以前是被視為同一的或相通

的。如果一系列的非理性都被壓制，唯有瘋顛可以自由表達其醜聞，那麼無理性的整體所不能表達的而它能告訴人們的是什麼呢？瘋人的各種狂亂的意義——不可能在其他被收容者的、或許更明智的言談中找的意義——是什麼呢？也就是說，在哪些方面瘋顛具有更獨特的意義呢？

　　從十七世紀起，最一般意義的非理性就不再具有更多的啟迪價值。文藝復興時期仍很常見的理性的那種危險的可轉換性正在被遺忘，它的醜聞正在消失。屬於文藝復興時期基督教經驗的十字架上的瘋顛的重大主題，在十七世紀開始消失，儘管還有詹森主義（Jansenism）⑰和帕斯卡的著作。更確切地說，它繼續存在著，但是改變了甚至在某種意義上顛倒了自己的含義。它不再要求人類理性放棄驕傲和自信以沈湎於犧牲的的偉大非理性之中。當古典時代的基督教談到十字架上的瘋顛時，僅僅是為了羞辱虛假的理性，給永恆的真理之光增添光輝。肉身顯靈的上帝的瘋顛只不過是塵世間非理性的人所不能辨認的一種智慧。「被釘在十字架上的耶穌……是這個世界的恥辱，在當時人們的眼中他是愚昧和瘋顛的體現。」但是，這個世界後來被基督教征服了，上帝的意旨通過這種歷史的曲折和人們的瘋顛顯示出來。現在完全可以說：「基督已成為我們智慧的頂峯。」⑱基督教信仰和基督徒謙卑的這一恥辱——其啟示的力量和價值仍為帕斯卡所維護——很快將不再對基督教思想有更多的意義。它可能將只有一種意義，即在這些因這一恥辱而羣情激憤的良心中揭示出眾多盲目的靈魂：「不要讓你的十字架——它已為你征服了世界——依然成為傲慢者的瘋顛和恥辱。」基督教的非理性被基督徒自己放逐到理性的邊緣，因為理性已被等同於肉身顯靈的上帝的智慧。自波爾羅亞爾女隱修院（Port-Royal）⑲直至杜斯妥也夫斯基和尼采的兩個世紀裡，人們將不得不等待著基督重新獲得對其瘋顛的讚美，等待著恥辱恢復其啟示的力量，等待著非理性不再僅僅

是理性的公共恥辱。

　　但是，在這個時候，基督教的理性擺脫了長期以來作為自身組成部分的瘋顛，瘋人用其被拋棄的理性、用其獸性發作，獲得了獨一無二的證明力量。從與上帝相聯繫的、上帝肉身顯靈的超人領域中被驅逐出來的恥辱似乎重新出現了。它以巨大的力量和新的啟示出現在人與自然、與自身的獸性相聯繫的領域裡。啟示的適用對象轉向較低的瘋顛領域。十字架不再具有恥辱的意義；但是不應忘記，基督在塵世生活時始終讚美瘋顛，使之變得聖潔，正如他治癒疾病，寬恕罪孽，用永恆的富有安慰貧困，從而使疾病、罪孽和貧困變得聖潔。聖保羅的味增爵提醒那些受命照看禁閉所中瘋人的人，說：「在這裡主宰他們的是我們的主，他決定讓精神錯亂者、魔鬼附體者、瘋人、受引誘者和迷狂者圍在他身邊。」這些受非人力量支配的人在那些代表了永恆智慧的人周圍，在這個體現了永恆智慧的人周圍，組成一個永恆的禮讚場面：他們用簇擁來讚美他們所拒絕的理性，同時又給理性一個羞辱自身的口實，承認自己只是得自於恩惠的口實。進一步說，基督並不僅僅讓精神錯亂者聚在自己周圍，而且他決定讓自己在他們眼中成為一個瘋人，通過自己的化身來體驗人類所遭受的一切不幸。瘋顛因此而成為在被釘上十字架和從十字架上抬下來之前上帝人形的最終形態：「噢，我的主，你喜歡成為猶太人眼中的一個恥辱，異教徒眼中的瘋顛。你喜歡看上去像是失去了理智，正像聖經中所說的，人們以為我們的主精神錯亂了。Dicebant quoniam in furorem versus est.（他們說他瘋了）。他的使徒有時仰望著他，好像仰望著一個雷霆震怒的人，他讓他們有這種印象，是為了讓他們證明，他曾承受了我們的全部疾病和痛苦，是為了教誨他們和我們對那些陷於這些不幸的人應報以同情。」[20]基督來到人世時應允要在自己身上打上人類狀況的一切記號和墮落本性的各種污點。從貧困到死亡，他走完受難的漫長歷程。這

也是情欲的歷程，被遺忘的理智的歷程和瘋顛的歷程。因為瘋顛是受難的一種形式，在某種意義上是臨終前的最後形式，所以它現在對於那些正承受它的人來說，就將成為一個受尊敬和同情的對象。

尊敬瘋顛並不是把它解釋成非自願的、必然突發的疾病，而是承認這個人類真理的最低界限。這個界限不是偶然的，而是本質性的。正如死亡是人類生命在時間領域的界限，瘋顛是人類生命在獸性領域的界限。正如基督的死使死亡變得聖潔，最充分體現獸性的瘋顛也同樣因此而變得聖潔。一六五四年三月二十九日，聖保羅的味增爵通知一個教友巴羅（Jean Barreao），他的兄弟因精神錯亂被收容進聖拉扎爾：「我們應該榮耀我們的主。那些想捆綁他的人說『他是瘋子』。這是主的榮耀，他想以此來使他的意旨給那些人安排的同樣狀況變得聖潔。」㉑瘋顛是上帝在其肉身中所承受的最低人性，他藉此表明在人身上沒有任何非人性是不能得到救贖的；這個墮落的極點因基督的存在而受到讚美。這就是瘋顛在十七世紀依然傳授的啟示。

我們看到了當其他形式的非理性被精心掩蓋起來時，瘋顛的醜聞卻能受到讚揚的原因。非理性的醜聞只能產生具有傳染性的離經叛道的榜樣，而瘋顛的醜聞則向人們展示，人類的墮落如何使他們接近獸性，上帝拯救人類的仁慈能遠及何處。對於文藝復興時期的基督教來說，非理性及其恥辱的全部教益都體現在上帝化身的瘋顛中。對於古典主義來說，這種化身不再是瘋顛，而瘋顛是人的野獸化身，是人類墮落的極點，是人的罪惡和最明顯記號，是上帝仁慈的最遠對象，是重新獲得普遍寬恕和清白的象徵。因此，瘋顛的全部教益及其力量必須在這個模糊不清的領域，這個人性的低級範圍中尋找。在這個領域中人聽命於自然，既是徹底的墮落又是絕對的無辜。聖保羅的味增爵及其遣使會、慈善兄弟會以及所有留意瘋顛並將其向世界展示的教團，不正是

突出體現了古典時代教會對瘋人的關注嗎？不正表明教會在瘋顛中發現了一種難以理解卻十分重要的啟示——人的獸性是無辜的罪孽？這種啟示需要在瘋顛的公開展示中解讀。在那種展示中瘋人所體現的人的獸性發作受到頌揚。似乎很矛盾的是，基督教的獸性意識為後來把瘋顛視為一種自然現象做了準備；而到了那個時候，這種「自然」在古典主義思想中的含義則會很快被遺忘。那種含義是，這種「自然」並不是一個隨時能夠接近的客觀分析領域，而是一個對人來說時時可能出現某種瘋顛的醜聞的領域——那種瘋顛既是人的終極真理，又是廢除人的形式。

所有這些現象，這些圍繞著瘋顛進行的奇異活動，這些對瘋顛既讚美又懲治、將其歸結為獸性、使其成為贖罪的教訓的做法，把瘋顛置於一個有別於整個非理性的奇怪地位。在禁閉所裡，瘋顛與各種非理性共居一室。後者包圍著它，確定它的最一般的真理。但是瘋顛又遭到孤立，受到特殊對待，而顯示其獨特性，似乎它雖然屬於非理性，但是它以一種特有的運動穿越了這個領域，不停地將自己與最乖謬的非理性極端聯繫起來。

我們現在已習慣於認為，瘋顛中有某種決定關係，在那種決定關係中，一切自由都逐漸受到壓制；瘋顛向我們展示的不過是某種決定論的自然常數，這種決定論有一定的因果關係及其形式的推導運動；因為瘋顛用於威脅現代人的僅僅是使其回到野獸和非生物的淒涼世界，回到自由受束縛的狀態。在十七和十八世紀，人們不是從這種自然觀而以非理性為背景來認識瘋顛；瘋顛不是暴露了某種生理機制，而是揭示了某種以荒誕的獸性形態肆意橫行的自由。今天我們已經不能理解什麼是非理性（ unreason ），只能理解用形容詞表示的形態：無理智的（ unreasonable ）。這是一個修飾行為或言語的符號。它向一般人顯示了瘋顛的存在及其各種病理症狀。對於我們來說，「無理智的」只是

瘋顛的表現形式中的一種。但是，對於古典主義來說，非理性具有一種名義價值，它構成某種基本功能。瘋顛只有相對於非理性才能被理解。非理性是它的支柱，或者說，非理性規定了瘋顛的可能範圍。對於古典時代的人來說，瘋顛不是自然狀態，不是「非理性」的人性和心理根源。它僅僅是「非理性」的經驗形式。瘋人描繪了人墮落到獸性狂亂的極點的歷程，暴露了潛在的非理性領域。這個領域威脅著人，在極大的範圍內包圍著人的各種自然存在。這不是一個是否傾向某種決定論的問題，而是一個關係到是否正在被某種黑暗所吞噬的問題。與其他類型的理性主義和今天的實證主義相比，古典理性主義能夠更有效地防範威脅著絕對自由空間的、非理性的隱秘危險。

# 註　釋

① 雷斯（1404～1440），法國元帥，因鼓吹撒旦崇拜而被處死。——譯者
註

② 拉韋松（François Ravaisson）《巴士底檔案》（ *Les Archives de la Bastille* ）（巴黎，1866～1904），第 13 卷，第 161－162 頁。

③ 《國立圖書館館刊》（ *Bibliothèque national* ），克萊朗波特基金會
（ Fonds Clairambault ），986。

④ 馬爾塞布（1721－1794），法國律師和行政官。——譯者註

⑤ 展覽性病患者的情況也有，但出現較晚，而且肯定是受展覽瘋人的做法
的影響。理查德（Père Richard）在其《回憶錄》中談到，孔代親王
（ Prince de Condé ）帶著當甘公爵（ Duke d'Enghien ）參觀性病患
者，旨在「激起他對罪惡的恐懼」。（《理查德神甫回憶錄》〔 *Mémoires
du Père Richard* 〕手稿，存巴黎市圖書館〔Bibliotheque de la Ville de
Paris〕）。

⑥ 沃德（Ned Ward）在《倫敦間諜》（ *The London Spy* ）（倫敦，1700）
一書中，說參觀費是兩便士。

⑦ 「任何人都可以參觀比塞特爾。天氣好時，每天至少有二千名參觀者。
只要付了錢就會有一名導遊帶你到瘋人區。」（《理查德神甫回憶錄》）
參觀內容包括：一名「在稻草上睡覺」的愛爾蘭牧師，一名船長——人
們的觀看目光就會使之狂怒，「因為他正是因受到不公正待遇而變瘋
的」，還有一個「以動人方式唱歌」的年輕人。

⑧ 米拉波（Mirabeau〔H〕）《一個英國人的遊記》（ *Observations d'un
voyageur anglais* ），（巴黎，1788，第 213 頁，註釋 1。

⑨ 埃斯基羅爾（Jean-Étienne-Dominique Esquirol）「關於沙倫敦行宮
的歷史和統計資料」（Mémoire historique et statistique sur la Maison Royale de Charenton），載《精神疾病》（ *Des maladies menta-*

les）（巴黎，1838），第 2 卷，第 212 頁。

⑩ 魯瓦耶——科拉爾（1763～1845），法國政治家和哲學家。——譯者註

⑪ 帕斯卡（Pascal）《沉思錄》（Pensées）（不倫瑞克版）第 339 節。

⑫ 圖克（1784～1857），英國慈善家，後遷居美國。——譯者註

⑬ 埃斯基羅爾（1772～1840），法國早期精神病學家。——譯者註

⑭ 雪月是法國大革命時期實行的共和曆法的第 4 月，相當於公曆 12 月 21
日、22 日或 23 至 1 月 19、20 日或 21 日。——譯者註

⑮ 赫克力士，希臘神話中的大力神。——譯者註

⑯ 勞特列阿蒙（1846～1870），法國詩人。——譯者註

⑰ 詹森主義，17、18 世紀天主教的非正統派別。——譯者註

⑱ 鮑須埃（Bossuet）《聖貝爾納讚》（Panégyrique de Saint Bernard），
前言。

⑲ 波爾羅亞爾女隱修院，17 世紀法國詹森主義和文學活動中心。——譯
者註

⑳ 聖味增爵在此暗指聖保羅的經文（《哥林多前書》第 1 章第 23 節〔I Cor.,
I,23〕）：「在猶太人看來是一個恥辱，在異教徒看來是荒唐。」

㉑《聖味增爵書信集》（Correspondance de Saint Vincent de Paul）科斯
特版，（巴黎，1920～1924），第 5 卷，第 146 頁。

# 第四章　激情與譫妄

瘋顛的野性危害是與激情的危害、激情的一系列致命後果相聯繫的。

索瓦熱（Sauvages）早就概述了激情的基本作用，認為它是導致瘋顛的更恆在、更頑固、在某種程度上更產生作用的原因：「我們頭腦的錯亂是我們盲目屈從我們的欲望、我們不能控制和平息我們感情的結果。由此導致了迷狂、厭惡、不良嗜好、傷感引起的憂鬱、遭拒絕後的暴怒，狂飲暴食、意志消沉以及引起最糟糕的疾病──瘋顛的各種惡習。」①但是，這裡所說的僅僅是激情在道德上的重要性和責任，而且表述得很含混。而這種批評實際上是針對著瘋顛現象與感情變化之間的根本聯繫。

在笛卡兒（Descartes）之前和在他作為哲學家和生理學家的影響減弱之後，激情一直是肉體和靈魂的聚合點。在這裡，主動的靈魂與被動的肉體發生接觸，同時每一方都限制著對方並限制著相互交流的範圍。

體液（humors）醫學理論認為這種結合主要是一種相互作用：「激情必然引起體液的某種運動：憤怒刺激膽汁，悲傷刺激憂鬱液（黑膽汁）。體液運動有時非常強烈，以致引起整個身體系統的紊亂，甚至造成死亡。此外，激情使體液增多。憤怒使膽汁增多，悲傷使憂鬱液增多。體液通常是受到某些感情的刺激。反過來，體液又使那些體液豐富者聽命於這些感情，專注於通常

刺激他們的對象。膽汁質的人易於憤怒和專注於人們所痛恨者。憂鬱質的人易於感傷和專注於令人討厭的事物。多血質的人易於快樂。」②

　　元氣（spirits）醫學理論用較嚴密的物理機械的傳送運動觀念取代了上述含混的「氣質」觀念。如果說激情只能出現於有肉體的存在物中，而這一肉體並不完全聽命於它的大腦的信號和它的意志的直接指揮，那麼這是因為大腦的運動服從於某種機構結構，即元氣運動結構。這是不依我們的意志為轉移的，並且通常會違背我們的意志的。「在看到激情的對象之前，動物元氣散布在全身以維繫身體的各部分；但是當新的對象出現時，整個系統就被打亂了。大多數元氣被送到手臂、腿、面部和身體各個外表部分的肌肉裡，使身體狀況適應這種主要感情，具有趨善避惡所需要的沉穩和運動。」③激情就是這樣指揮著元氣，而元氣則聽命於激情。也就是說，在激情的作用下，在激情的對象出現時，元氣根據一種空間設計而循環，分散和集中。這種空間設計批准對象在大腦中的軌道和在靈魂中的圖象，從而在身體中形成一種激情的幾何圖形。這種圖形僅僅是激情的表達轉換。但是它也構成激情的基本原因基礎。因為當全部元氣聚合在這種激情對象周圍時，至少可以說是聚合在它的圖象周圍時，大腦就再也不能無視它，並因此而服從激情。

　　再向前發展一步，這整個系統變成一個統一體，肉體與靈魂直接以共同品質的象徵價值相互交流。就是支配著十八世紀實踐的固體和流體醫學。緊張和放鬆，堅硬和柔軟，僵硬和鬆弛，充盈和乾癟，這些性質狀態既用於描述靈魂也用於描述肉體，但根本地是指某種模糊的、複雜的激情狀態。這種激情狀態能夠主動地影響觀念的聯想過程、情感過程、神經狀態和液體循環。因果關係的觀念在這裡顯得太生硬了，這裡所歸納的因素互不聯結，無法應用到因果關係的圖式中。「積極的激情，如憤怒、高興和

貪欲」是「精力過度、緊張過度、神經纖維過分靈活、神經液過分活躍」的原因還是結果？反過來說，難道不能認為「惰性激情，如恐懼、沮喪、怠倦、沒有食欲、因思鄉而冷漠，古怪的偏食、愚鈍、健忘、」是「腦髓和分布在各器官的神經纖維虛弱、神經液供應不足和阻滯」的原因或結果嗎？④我們確實不應再試圖將激情置於某種因果關係中，或置於肉體和精神之間。激情在一種新的更深刻的層次上標誌著靈與肉具有一種持久的隱喻關係。在這種關係中，無須交流其性質，因為二者的性質是共同的。在這種關係中，表現的現象不是原因，因為靈肉一直是彼此的直接表現。激情不再嚴格地處於肉體和靈魂複合體的幾何中心，而是處於二者的對立尚未形成，但二者的統一和差別都已明確的區域中。

但是，在這個層次上，激情不再簡單地是瘋顛的重大原因之一，而是成為瘋顛發生的基礎。如果說存在著一個領域，即在靈與肉的關係中原因和結果、決定性和表現仍然盤根錯節，因而在實際上構成同一個不可分解的運動；如果說在肉體劇烈活動和靈魂急速活躍之前，在神經和大腦放鬆之前，存在某些先驗的、靈魂和肉體尚未分享的性質，這些性質隨後將把同樣的價值賦予機體和精神，那麼我們就會看到，諸如瘋顛之類的疾病，從一開始就是肉體和靈魂的疾病，在這些疾病中，大腦的疾病具有同樣的特點、同樣的起因、同樣的本質，總之同靈魂的疾病一樣。

因此，瘋顛的可能性也就隱含在激情現象之中。

誠然，在十八世紀前的很長時間裡，在現代人出現之前的許多世紀裡，激情和瘋顛之間就保持著密切聯繫。但是，我們還是將古典時代定為它的起始時期。希臘──拉丁傳統的道德家們一直認為瘋顛是對激情的懲罰。為了更進一步肯定這一點，他們寧願說熱烈的激情就是暫時的、輕微的瘋顛。但是，古典主義思想不是基於某種虔誠的希望、某種有教益的威脅、某種道德體系來

規定激情和瘋顛的關係。它甚至與傳統決裂，顛倒了傳統的邏輯關係。它把激情本性作為瘋顛妄想的基礎。它認為激情的決定作用僅僅是提供了使瘋顛進入理性世界的機會。而且，如果說靈與肉的無可懷疑的結合顯示了人的激情的限度，那麼它也同時使人面臨著摧毀他的無限運動。

於是，瘋顛就不僅僅是靈與肉的結合所提供的多種可能性中的一種。它也不完全是激情的後果之一。靈與肉的統一造就了瘋顛，但瘋顛卻轉而反對這個統一體，並一再地使之受到懷疑。激情使瘋顛成為可能，但瘋顛卻以一種特有的運動威脅著使激情本身成為可能的條件。瘋顛屬於這樣一類統一體：其規律受到損害、歪曲和破壞，從而表明這種統一體既是明顯的和確定的，又是脆弱的和已註定要毀滅的。

在激情的歷程中有這樣一個時刻：規律似乎由於自己的緣故而暫停發揮作用，激情運動要麼在沒有任何能動力量衝撞或吸引的情況下戛然中止，要麼被延長，停留在激情爆發的高潮點。懷特（Whytt）承認，正如衝擊能引起運動，強烈的情緒也能引起瘋顛，因為情緒既是靈魂中的衝擊，又是神經纖維的震顫：「淒慘的或動人心弦的故事、可怕而意外的場面、極度悲痛、大發脾氣、恐怖以及其他效果強烈的感情，常常會引起突然而強烈的神經症狀。」嚴格地說，瘋顛便由此開始。但是，這種運動有時也會因過於強烈而立即消失，突然引起某種停滯而導致死亡。在瘋顛的機制中，平靜似乎不一定就是沒有症狀，也可能是與平靜相反的劇烈運動，這種運動因過於強烈而突然產生矛盾而無法繼續下去。「人們有時會聽到這種情況：十分強烈的激情產生一種強直性痙攣或強直性昏厥，使人變得像一座雕像，似乎不是一個活人。更有甚者，過度的恐懼、苦惱、歡樂和羞愧也會導致死亡。」⑤

反過來看，有時候，從靈魂到肉體和從肉體到靈魂的運動會

在某種焦慮的場所無限地擴散，這種場所更接近於馬勒伯朗士（Malebranche）⑥所謂的安放靈魂的空間，而不是笛卡兒安放肉體的空間。這些往往由外界的輕微衝擊所引起的細微運動不斷積聚和強化，最後爆發為強烈的痙攣。蘭奇西（Giovanni Maria Lancisi）⑦早已解釋了羅馬貴族經常患憂鬱症的原因。他指出，他們經常歇斯底里地發作，自疑患病，其原因在於，在宮廷生活中「他們的頭腦不斷地受到恐懼和希望的交替刺激，從無片刻安寧。」許多醫生都認為，都市生活、宮廷或沙龍生活，使人瘋顛，因為大量的刺激不斷地積累、拖長和反覆，從不減弱。但是，在這種運動圖象中，在其較強烈的形態中，在構成其有機型式的事件中，有一種不斷增強的，能夠導致譫妄（delirium）的力量，似乎運動不僅沒失去傳送本身的力量，而且能帶動其他的力量，並從其他力量那裡吸取新的活力。索瓦熱正是這樣解釋瘋顛的起源的：某種恐懼的印象與某種髓纖維的腫脹或受到的壓迫有關。因為這種腫脹完全是局部的，所以這種恐懼只限於某個對象。這種恐懼持續得越久，靈魂就越發注意它，愈益使它孤立和偏離其他東西。但是，這種孤立更強化了恐懼。給予恐懼以特殊地位的靈魂漸漸傾向予將一些間接的觀念附加在恐懼上：「它使這種簡單的思想同所有可能使之強化的觀念結合在一起。譬如，一個人在睡夢中以為自己受到犯罪指控，他就會把這種想法與其他有關的東西——法官、劊子手、絞刑架聯繫起來。」這種想法由於增添了新的因素，使這些因素加入自己的進程，因此便具有了附加的力量。這種新力量最終甚至使它能夠壓倒意志的最大努力。

在激情現象中，在雙重因果關係——從激情本身出發既向肉體擴展又向靈魂擴展——的展示中，瘋顛找到了自己的首要條件。同時，瘋顛又是激情的中止、因果關係的破裂、統一體的解體。瘋顛既參與激情必然性的運動、又參與由這種激情所釋放出

來的，但又超越激情、最終向激情的全部含義挑戰的東西的混亂
狀態。瘋顛最終成為一種神經和肌肉運動。其程度之強烈，在心
象、思想和意志的活動中似乎沒有任何東西可與之相比。躁狂症
的情況便是如此。它要麼突然加劇形成驚厥，要麼變成持續的狂
亂。反之，瘋顛也能在身體處於平靜和遲鈍的情況下造成和維持
靈魂無休無止的、無法平復的騷動。憂鬱症的情況便是如此。這
種病人對外部對象的印象不同於健康人。「他的印象很淡薄。他
對它們幾乎視若罔聞。他的頭腦幾乎完全專注於某些思想。」⑧

　　誠然，肉體的外部運動和思想活動二者之間的脫節並不意味
著靈與肉的統一體必然瓦解，也不意味著它們各自在瘋顛中獨立
地產生作用。無疑，這個統一體的活力和完整性會受到損害，但
是，它最終表明，它的分裂並不是導致廢除它，而是使它被武斷
地分割。譬如，當憂鬱症偏執於某個離軌的思想時，牽涉的不僅
僅是靈魂，而是與大腦相連的靈魂，與神經、神經起端、神經纖
維相連的靈魂。總之，靈與肉統一體的一個完整部分脫離了整
體，尤其脫離了藉以感受現實的器官。驚厥和激動不安時的情況
也是如此：靈魂並未脫離肉體，而是受到肉體的急速衝擊，以致
於不能維持自己的全部思想功能；它脫離了自己的記憶、自己的
意向、自己最根深柢固的觀念，從而脫離了自身，脫離了肉體中
所有穩定的因素，而聽命於變化無常的神經纖維；因此它的反應
絲毫不顧及現實、真理，沒有任何審慎的考慮；儘管神經的顫動
可能是對知覺變化的模擬，但是病人不能分辨二者的差別。「急
速混亂的脈衝或其他方面的失調使神經感受到（與知覺中）相同
的運動；它們就像呈現客觀對象（其實這些客觀對象並非如此）
一樣把幻想當真地表現出來。」⑨

　　在瘋顛中，靈與肉的整體被分割了：不是根據在形而上學上
該整體的構成因素，而是根據各種心象來加以分割，這些心象支
配著肉體的某些部分和靈魂的某些觀念的荒誕的統一體。這種片

斷使人脫離自身，尤其脫離現實。這種片斷因本身的游離狀態而形成某種非現實的幻覺，並且憑藉著這種幻覺的獨立性而把幻覺強加給真理。「瘋顛不過是想像的錯亂。」⑩換言之，瘋顛雖然從激情出發，但依然是靈與肉的理性統一體中的一種劇烈運動。這是在非理性（unreason）層次上的運動。但是這種劇烈運動很快就擺脫了該機制的理性，並因其粗暴、麻木和無意義的擴散而變成一種非理性的（irrational）運動。正是在這個時候，虛幻（Unreal）擺脫了真實及其束縛而浮現出來。

因此，我們發現我們現在必須加以追蹤的第三個環節的線索，即奇想、幻覺和謬誤環節，即非存在環節的線索。

我們來聽一聽在這些奇怪的片斷中說了些什麼。

想像不是瘋顛。即使說在天馬行空的幻覺中精神錯亂（alie-nation）找到了第一個通向其無價值的自由的道路，但是當頭腦陷於這種任意性而成為這種表面自由的俘虜時，瘋顛也不是從這裡開始的。當一個人從夢中醒來後可能會說：「我正在想像自己死了。」他這樣說就是在否定和糾正想像的任意性。他並沒有發顛。但是當他認為這種中性的心象──「我已經死了」──具有某種真義時，他就是一個瘋子了。此外，真理意識不會僅僅因這種心象的存在而迷失，而是在限制、比較、統一或分解這種心象的行為中迷失，因此，瘋顛也只會在賦予這種想像以真義的行為開始。想像本身是無辜的：「想像本身沒有犯錯誤，因為它既沒有否定也沒有肯定，而只是極度地陷於對某種心象的冥思苦想之中。」⑪而只有頭腦才能將這種心象中產生的東西變成被歪曲的真理，即謬誤或被承認的謬誤：「一個醉漢會把一根蠟燭看成兩根蠟燭。而一個有斜眼病但頭腦受過訓練的人雖然也可能看到兩根蠟燭，但會馬上認識到自己的錯誤，而使自己習慣於只看到一根蠟燭。」⑫因此，瘋顛存在於想像之外，但又深深植根於想

像。因為瘋顛完全表現為它允許這種心象具有一種自發的價值，即全面而絕對的真理。有理性的人無論對錯總要對一個心象的真偽做出判斷。這種行為超出了心象，是憑藉著另外的東西來超越和衡量心象。而瘋人的行為從未越出現有的心象，而是屈服於對它的直覺，只是在它的範圍內來肯定它：「在陷於瘋顛的人中，即使不是所有的人，也確實有許多人僅僅是由於過分關注一個對象。」⑬然而，雖然瘋顛存在於心象之中。專注於心象、無法擺脫心象，但是瘋顛並不完全是想像，而是構成一種內涵模糊的行為。

　　這種行為是什麼呢？是一種信仰行為、一種肯定和否定行為，即一種論述（discourse）。這種論述既維繫著同時又侵蝕和破壞著心象，在一種推理過程中使心象擴張，圍繞著一個語言片斷來組織這個心象。一個人在睡夢中想像自己是用玻璃製成的。他沒有發瘋。因為任何熟睡者都可能在夢中產生這種心象。但是，如果他相信自己是用玻璃做的，並因此得出結論：自己輕脆易碎、不能接觸任何堅硬的物體、應該靜止不動等等，那麼他就是發瘋了。這種推理是瘋人的推理。但是我們必須指出，這些推理既不荒謬也不違反邏輯。相反，它們完全符合嚴格的邏輯格式。扎奇亞（Paul Zacchias）很輕易地在瘋人中發現了這些嚴格的推理形式。有一個人在讓自己餓死的推理中就使用了三段論法：「死人是不吃東西的。我是一個死人，因此我不吃東西。」有一個患迫害妄想症的人使用從個別到一般的的歸納法：「甲、乙和丙是我的敵人。他們都是人，因此凡是人就是我的敵人。」還有一個瘋人使用省略三段論：「在這間房子裡生活過的人大多已死了，我在這間房子裡生活過，因此我是個死人。」瘋人的這種不可思議的邏輯似乎是對邏輯學家的邏輯的嘲笑，因為二者十分相似，更確切地說，二者完全相同，還因為在瘋顛的隱秘核心，在無數謬誤與不合邏輯的言行的深處，我們最終發現了一種

隱蔽的完整語言。扎奇亞得出的結論是：「從這些事情中確定可以看到討論智力的最佳方式。」瘋顛的根本語言是理性語言，但是這種理性語言被顯赫的心象籠罩著，因此只限於心象所規定的現象範圍內出現。它在全部心象和普遍的論述的外表形成一種被濫用的獨特結構，這種結構的引人注目的性質便是瘋顛。因此，瘋顛並不完全存在於心象，因為心象本身無所謂真偽、理智或瘋狂。瘋顛也不存在於推理中，因為推理只是形式，只能顯示不容置疑的邏輯格式。但是，瘋顛又存在於心象和推理之中，存在於它們的特殊關係之中。

我們來考慮迪黙布羅克（Diemerbroek）舉的一個例子。有一個人患嚴重的憂鬱症。他的思想完全陷於一個固定想法。這個想法經常使他哀痛不已。他指控自己殺了兒子。他在極度內疚時宣稱，上帝為了懲罰他曾派一個魔鬼來誘惑他，這個魔鬼就像曾經誘惑上主的那個魔鬼。他看到這個魔鬼、與魔鬼說話，回答魔鬼的問話。他不再明白為什麼周圍的人不承認這種事情。這種內疚、自信、幻覺和對話，就是瘋顛的表現。簡言之，這種信念和心象的組合就構成了一種譫妄。迪黙羅克試圖找出這種瘋顛的「原因」，搞清它是怎樣發生的。他得出的結果是：這個人曾帶著兒子洗澡，他的兒子溺水而死。從此，這位父親便認為自己對兒子的死負有責任。於是，我們可以重構這個瘋顛發展過程了：這個人認為自己有罪，並且認為上帝眼中這種殺人罪是不可饒恕的。由此他開始想像，他將被打入地獄。因為他知道被罰入地獄的主要痛苦是被交給撒旦，所以他告訴自己「有一個可怕的魔鬼被派來纏住他。」他並沒有見到這個魔鬼，但是因為「他一直在想它」，「認為這個觀念必然是真實的」，所以他硬往自己的腦袋裡塞進這個魔鬼的心象。這個心象是通過大腦和精神長時間的持續作用而呈現給靈魂的，這種長時間的作用使他相信自己不斷地看到這個魔鬼本身。⑭

　　按照迪黙布羅克的分析，瘋顛有兩個層次。一個層次是顯而易見的，即一個莫須有地指控自己殺死兒子的人的憂鬱症，刻畫出魔鬼的荒謬想像，與幻覺進行交流的不健全理性。但是在另一個更深的層次上，我們發現了一個嚴謹的結構。這個結構依存於一種無懈可擊的論述。這種論述在邏輯上擁有一種堅定的自信。它在緊密相連的判斷和推理中展開。它是一種活躍的理性。簡言之，有混亂而明顯的譫妄下面有一種秘密譫妄的秩序。第二種譫妄在某種意義上是一種純粹理性。這種理性生出全部痴呆的外表。在這種譫妄中包含著瘋顛的似是而非的真理。這裡有雙重含義。我們在這裏似乎既發現了使瘋顛變成真理的東西（無可辯駁的邏輯、結構完善的論述、一種實際語言無懈可擊的表達），又發現了使之變成真正的瘋顛的東西（瘋顛的本性、瘋顛表象的特殊風格以及譫妄的內在結構）。

　　更深入一步看，這種譫妄語言是瘋顛的結構方式，是肉體或靈魂的一切瘋顛表象的決定性要素，因此也是瘋顛的根本真理。譬如，迪黙布羅克分析的憂鬱症患者之所以與魔鬼交談，其原因在於魔鬼心象已由精神運動深深地銘刻在可塑的大腦中。但是，這種有機的形象僅僅是糾纏著病人思想的某種成見的另一面。它所體現的是某種無限重覆的論述——關於上帝必定對犯有殺人罪者予以懲罰的論述——在肉體的沈澱。肉體及其所隱匿的痕跡、靈魂及其所感受的心象在這裡都不過是譫妄語言句法中的層階。

　　為了避免讓人們指責說我們的全部分析都是圍繞著一個作者的一項觀察（因為它涉及的是憂鬱症譫妄，所以它是一個特例）展開的，我們將用另一個時代另一個作者論述另一種迥然有別的疾病時的經典的瘋顛概念，來確證譫妄論述的基本角色。這就是邊維爾（Bienville）所研究的「女子淫狂」的例子。有一名叫朱麗葉（Julie）的少女，她的想像因過早讀了些書而被激發起來，又因聽到一個女僕的議論而變得強烈。這個女僕「初知維納

斯（Venus）的秘密，……在母親眼中是一個貞潔的侍女。」但
她「是一個給女兒帶來歡樂的可親而妖嬈的女管家」。朱麗葉用
自己在受教育過程中所獲得的全部印象來同這些新奇的欲望進行
鬥爭。她用宗教和道德知識來對抗小說中的挑逗語言。儘管她的
想像十分活躍，但只要她擁有「這樣一種推理能力，即屈從這種
可恥的情欲既不合法又不道德」，她就不會生病⑮。但是，她聽
到的下流議論和讀到的誘惑文字越來越多。這些東西每時每刻都
在使日益脆弱的神經變得愈益激動不安。後來她用以防止的基本
語言逐漸失效了：「本來只有天性在說話。但是不久，幻覺、怪
念和狂想都產生作用了。最後她不幸獲得一種力量，向自己證實
這個可怕的格言：世上沒有什麼比順從情欲更美妙、更甜蜜。」
這個根本性論述打開了瘋顛之門：想像獲得自由，欲望不斷擴
大，神經達到亢奮的程度。嚴格體現了某種道德原則的譫妄直接
導致了驚厥，而種驚厥有可能危及生命本身。

這最後一個環節是從幻覺的解放開始的，而結束於嚴格的譫
妄語言。在這個環節結束之時，我們可以做出以下結論：

1. 在古典時代，瘋顛中存在著兩種譫妄。一種是某些精神疾
病、尤其是憂鬱症所特有的症狀。在這個意義上，我們可以說有
譫妄性疾病或非譫妄性疾病。總之，這種譫妄總是明顯的，它構
成瘋顛表徵的一個組成部分。它是瘋顛的真理所固有的，構成其
中一部分。但是，還存在著另一種譫妄，它並不總是明顯的。它
不是由病人自己在生病過程中明確表達出來的。但是，凡是從根
源上追溯這種疾病並力圖明確表述其神秘和真理（真相）的人，
都不會看不到它的存在。

2. 這種隱蔽的譫妄存於精神的一切變動之中，甚至存在於我
們認為最不可能的地方。古典主義思想確信，在默默的姿態中，
在無言的狂暴中、在古怪的行為中，都潛伏著瘋顛，從而將這些
特殊的表徵與瘋顛的一般實質聯繫起來。詹姆斯（James）在

《醫學辭典》（*Dictionary*）中明確地主張，「凡是做出任何有悖
理性和體統的、過分或錯誤的有意行為的病人」均應視為處於譫
妄狀態，「例如有些病人用手撕扯毛衣的毛線或用手抓蒼蠅；某
個病人的行為毫無原因地違反常態，或滔滔不絕地講話或沈默不
語；或者他在本該慎重的言談中出言不遜、滿嘴污言穢語、或者
在有人接近他時，他呼吸異常困難或暴露自己的私處。我們還應
認為那種因感官迷亂而頭腦不清的人或違反常態使用感官的人處
於譫妄狀態，如病人喪失某種意識行為的能力或行動異常。」⑯

3. 不難理解，論述涵蓋了整個瘋顛領域。在古典意義上，瘋
顛與其說是指精神或肉體的某種特殊變化，毋寧說是指在肉體的
變化下面、在古怪的言談舉止下面，有一種譫妄論述存在。可以
說，古典主義的瘋顛的最簡單最一般的定義就是譫妄：「這個詞
（指 delirium——譫妄。——譯者註）是從 lira（犁溝）衍生出
來的，因此 deliro 實際上意指偏離犁溝，偏離正確的理性軌
道。」⑰因此，毫不奇怪，十八世紀的病理學家常常把頭暈列為
一種瘋顛，而很少將歇斯底里性驚厥列為瘋顛。這是因為在歇斯
底里性驚厥中往往不能發現這種語言，而頭暈則提供了譫妄證
明：世界確實在「旋轉」。對於一種能被稱作瘋顛的疾病來說，
這種譫妄是一個充要條件。

4. 語言是瘋顛的首要的和最終的結構，是瘋顛的構成形式。
瘋顛藉以明確表達自身性質的所有環節都基於語言。瘋顛的實質
最終可以用某種論述的簡單結構來確定，這一點並沒有把瘋顛簡
化為某種純粹的心理狀態，而是使它涵蓋了靈與肉的整體。這種
論述既是精神用自己特有的真理自言自語的無聲語言，又是肉體
運動的有形表達。類比，補充以及我們明顯看到的各種直接交流
方式，在瘋顛中都因這種語言及其作用而懸留在靈魂和肉體之
間。感情的持續、直至破裂和反對自身的運動，心象的突然出
現，隨之而來的肉體騷動，所有這一切早已被這種語言所推動，

甚至在我們試圖對這些加以重構時也是如此。如果說感情的決定
作用在心象的幻覺中被超越和被釋放，如果反過來說，心象掃除
了整個信仰和欲望世界，那麼這是因為譫妄語言已經存在，這種
論述使感情擺脫了一切限制，並用其全部強制性的肯定力量來維
持自我解放的心象。

　　這種譫妄既是肉體的又是靈魂的，既是語言的又是心象的，
既是語法上的又是生理學上的。瘋顛的所有環節都是在這種譫妄
中結束和開始。正是這種譫妄從一開始就以其嚴格的意義將這些
環節組織起來。它就是瘋顛本身，而且又是瘋顛對其各別現象的
無聲超越，從而構成瘋顛的真理。


　　最後餘下的問題是：這種基本語言為什麼被視作譫妄？既便
它是瘋顛的真理，那麼是什麼使它成為真正的瘋顛和精神錯亂的
初始形式？為什麼它應該存在於這種論述中──其形式就我們所
見而言十分符合理性的法則，但我們發現其所有表徵都十分明顯
地宣告理性的缺席。

　　這是一個核心問題，但是古典時代並沒有明確給出一個直接
的回答。我們只能通過研究在這個瘋顛的基本語言的毗鄰領域中
發現的經驗，即做夢和妄想，來間接地考察它。

　　瘋顛的似夢性是古典時代的常見主題之一。這個主題無疑源
於十分古老的傳統。十六世紀末，洛朗的安德烈（André du
Laurens）依然在論證這一主題。在他看來，憂鬱症和做夢有相
同的根源和相同的真理價值。「自然夢境」再現了頭一天感受或
認識的、但被主體的特殊氣質所無意中加工的東西。同樣，有一
種憂鬱症純粹起源於病人的生理氣質，它在病人的頭腦中改變了
實際事件的意義、價值或色調。但是也有另一種憂鬱症，它能使
病人預言未來，說一種無人知曉的語言，看見一般人所看不見的
事物。這種憂鬱症起源於某種超自然的干預，而這種干預同樣使

睡眠者做夢預見未來，看見「不可思議的事物」。

　　然而，到了十七世紀，人們之所以還保留這種瘋顛和做夢相比擬的傳統，只是為了更徹底地打破它，為了造就二者之間更根本的關係。這些新關係不僅包括對瘋顛和夢境作為符號的間接根源和直接價值的理解，而且包括對二者作為現象的發展和性質的比較。

　　此時，做夢和瘋顛似乎具有相同的實質。它們的機制是相同的；因此，扎奇亞可以確認在夢遊中引起夢幻的運動也能在清醒時引起瘋顛。

　　在人剛剛入睡時，許多煙霧從肉體產生，上升到頭部。它們密密麻麻、洶湧騷動。它們十分模糊，因此不能在大腦中喚起任何心象。它們僅僅以其飄忽跳動刺激著神經和肌肉。躁狂症病人的情況也是如此。他們幾乎沒有什麼幻覺，也沒有任何錯鎖的信念，而只是感受到他們無法控制的強烈刺激。我們再接著看睡眠的發展：在最初的騷動之後，升至大腦的煙霧被澄清了，其運動變得有序了。正是在這個時候，奇異的夢境產生了。人們看到了無數不可思議的事物和奇蹟。與這個階段相對應的是痴呆。痴呆病人對許多「現實生活中不存在的」事情信以為真。最後，煙霧的刺激完全平復下來，睡眠者開始更清楚地看到一些事物。透過從此變得明晰的煙霧，對頭一天的種種回憶浮現出來，而且與現實完全吻合。這種心象至多是被錯置的。憂鬱症病人「尤其是那些沒有完全精神錯亂的人」的情況也是如此，他們也承認事物的本來面目。睡眠的各個發展階段都對想像的性質有所影響。在睡眠的漸進過程和瘋顛的形態之間有一種固定的相似關係，這是因為二者的機制是相同的；有同樣的煙霧和精神運動，同樣的心象釋放過程，在現象的物理性質和情感的心理或道德價值之間有同樣的對應關係。「從精神錯亂中康復無異於大夢初醒」[18]。

　　在扎奇亞的分析中，一個重要之點在於，瘋顛不是與做夢的

確定現象相聯繫，而是與睡眠和做夢組成的整體相聯繫，這個複合體包括心象（幻覺、記憶和預感），睡眠造成的大空虛，感覺的遲鈍以及所有使人離開清醒狀態及其明顯真理的否定狀態。過去的傳統是將瘋顛的譫妄同活躍的夢境加以比較，而古典時代則認為譫妄完全是與心象和頭腦休眠的複合狀態同一的，正是在這種複合狀態下譫妄獲得了自由。這種狀態若被完全錯置在清醒狀態，便構成了瘋顛。我們正是應該這樣來理解貫穿整個古典時代的瘋顛定義。在這種定義中，幾乎一直都包括做夢這個心象和睡眠的複合狀態，或者是以否定的形式，即清醒狀態——這種狀態是唯一區分瘋人和睡眠者的標準，或者是以肯定形式——譫妄被定義為一種夢幻方式，而清醒狀態則是一種具體的分類：「譫妄是清醒者的夢幻」⑲。把睡夢視為一種暫時的瘋顛的古代觀念被顛倒過來了。現在，情況不再是睡夢向精神錯亂借用其困擾力量，以顯示理智是多麼脆弱有限，而是瘋顛從睡夢獲得自己的本性，並通過這種親密關係揭示它是現實黑夜中的心象的一種解放。

　　夢是騙人的。它導致混亂。它是虛幻的。但它不是錯誤。而這就是為什麼不能用清醒時的夢幻方式來完全概括瘋顛，為什麼瘋顛還包括謬誤的原因。誠然，在睡夢中，想像塑造了「不可思議的事物和奇蹟」，或者說它「用一種非理性方式」聚合了栩栩如生的形象。但是，正如扎奇亞指出的，「在這些事物中不存在謬誤，因此絕無精神錯亂。」而瘋顛是在與夢境十分相似的心象受到肯定或否定從而構成謬誤時發生的。正是在這個意義上，《百科全書》（Fncyclopédie）提出了著名的瘋顛定義：偏離理性「卻又堅定地相信自己在追隨著理性——這在我看來就是所謂的發瘋了。」在古典主義的精神失常的定義中，謬誤是伴隨著夢幻的另一個因素。在十七和十八世紀，瘋人並不完全是某種錯覺、幻覺或其精神運作的犧牲品。他不是受到欺騙，而是欺騙自己。

如果確實可以說，一方面瘋人的頭腦受到心象的夢幻任意性的引導，另一方面他同時用錯誤意識的循環論證來束縛自己，那麼索瓦熱當然可以說：「我們把那些實際上喪失了理性或固執某種明顯錯誤的人稱為瘋人。正是這種在想像、判斷和欲望中表現出來的靈魂對錯誤的執迷不悟，構成了該範疇的特徵。」

　　瘋顛是從人與真理的關係被攪得模糊不清的地方開始的。正是在這種關係中，同時也正是在這種關係的破壞中，瘋顛獲得了它的一般含義和各種特殊形態。扎奇亞說，痴呆——在此是在最一般的瘋顛意義上來使用這個詞——「就在於此，即理智不能區分真偽」。但是，如果我們僅僅把這種破壞理解為否定的話，那麼它也有肯定的結構，從而也具有各種獨特的形態。接近真理的方式不同，於是便有各種不同的瘋顛類型。正是在這種意義上，克里奇頓（Chrichton）列出瘋顛（vésania，精神病）序列：譫妄、幻覺和痴呆。譫妄改變了在感知中形成的與真理的關係（「在精神器官的一般譫妄中，被歪曲的感知被當作現實來接受」）幻覺則改變了再現功能（「由於精神的謬誤，想像的事物被當作了現實，或者現實事物被歪曲地再現出來」）。痴呆並不取消或改變接觸真理的能力，而是削弱和縮小這些能力。

　　但是，我們也可以從真理本身、從真理的形態來分析瘋顛。《百科全書》正是用這種方式區分了「自然真理」和「道德真理」。「自然真理存在於我們的感覺與自然對象的準確聯繫之中。」因此，不能接近這種真理便會造成一種瘋顛。這種關於物質世界的瘋顛包括錯覺、幻覺以及各種感知紊亂。「像某些狂信者聽到天使的合唱，便是這種瘋顛。」而「道德真理存在於我們在道德對象之間或這些對象與我們自身之間所區分的嚴格關係之中。」喪失這些關係，便會造成一種瘋顛。這種瘋顛是性格、行為和感情方面的瘋顛。「因此，各種精神失常、各種自戀錯覺、各種感情，發展到盲目的地步便是名副其實的瘋顛。因為盲目

（即喪失判斷力——譯者註）是瘋顛的突出特徵。」⑳

　　盲目是最接近古典主義的瘋顛的實質的詞之一。它意指的是籠罩著瘋顛心象的那種猶如睡眠的昏蒙狀態。這種狀態賦予被隔絕的心象以無形的支配權。但是它也意指不可靠的信念，錯誤的判斷，與瘋顛密不可分的、由謬誤構成的整個背景。這樣，譫妄的基本論述憑藉著它的各種構成力量揭示了自己在多大程度上不是理性的論述。儘管在形式上十分相似，儘管這種論述的含義十分嚴格，但是它是在盲目昏蒙中說出來的。它不僅僅是某種夢境的鬆散而混亂的正文（text），因為它欺騙自己。但是它也不僅僅是某種錯誤的陳述，因為它陷入了睡眠時的那種渾然狀態。譫妄作為瘋顛的本質，是總的夢幻體系中的一個假命題系統。

　　瘋顛恰恰處於夢幻和謬誤的接觸點上。它以各種變化在它們的接觸面上移動。這個接觸面既將二者結合起來又將二者區分開。瘋顛既分擔了謬誤的非真理性和肯定或否定的任意性，又從夢幻那裡借來了源源不斷的心象和五彩繽紛的幻覺。但是，因為謬誤是純粹的非真理，而且夢幻既不能肯定也不能判斷，所以瘋顛就用心象來填補謬誤的空白，而且用對假象的肯定來聯結幻覺。在某種意義上，正是這種充實將白晝的力量與夜晚的影象結合起來，將清醒頭腦的活動與各種幻想結合起來，換言之，把光明的形式和黑暗的內容結合起來。但是，這樣一種充實不正是極度的空虛嗎？心象的出場不過是提供了被黑夜籠罩的幻覺、深藏在睡眠中的影像，從而脫離任何現實感受。無論這些心象是如何栩栩如生，無論它們在肉體中有著如何嚴密的生理基礎，它們不過是虛無，因為它們無所表示。至於錯誤的判斷，那也僅僅是表面上的判斷：當它肯定毫不真實的東西時，它就什麼也沒肯定；它陷入了荒謬的不存在的圈套。

　　瘋顛把想像和盲目、心象和判斷、幻覺和語言、睡眠和清醒、白晝和黑夜結合起來，最後成為一種虛無，因為它是將它們

中的各種否定因素結合起來。但是這種虛無的悖論在於它要表現自己，透過符號、語言和姿態爆發出來。這真是一種有序和無序、事物的合理存在和瘋顛的虛無狀態難解難分的結合！因為對瘋顛來說，如果它是虛無的話，那麼它只能透過背離自身，採用某種理性秩序的外表，從而變成與自己相反的東西，才能表現自己。這就闡明了古典主義瘋顛經驗的矛盾：瘋顛總是不出現，永遠退縮到令人無法接近的地方，沒有任何現象特徵或正面特徵；但是它又出現在瘋人的獨特證據中，而且是完全可見的。雖然瘋顛是無意義的混亂，但是當我們考察它時，它所顯示的是完全有序的分類，靈魂和肉體的嚴格機制，遵循某種明顯邏輯的語言。雖然瘋顛本身是對理性的否定，但是它對自己的說明完全是一種理性。簡言之，雖然瘋顛是無理性，但是對瘋顛的理性把握永遠是可能的和必要的。

只有一個詞能夠概括這種經驗，即非理性（Unreason）：因為對理性而言，它是最貼近的又是最疏遠的，是最空虛的又是最完全的；它用理性所熟悉的結構來向理性呈現自己——認可某種知識進而認可某種科學，而後者力求成為肯定性的。同時它又不斷地避開理性，處於令人無法接近的虛無領域。

現在，如果我們試圖考慮古典主義的非理性在與夢幻和謬誤的關係方面，在這種關係之外以及關於自身方面有何價值的話，那麼我們就不能把它理解為一種理性的扭曲、喪失或錯亂，而應簡單地將它理解為理性的眩惑。

眩惑是光天化日之下的夜晚，是籠罩著任何光線過於強烈的地方的核心部分的黑暗。被眩惑的理性睜眼看太陽，看到的是虛無，即什麼也沒看見。在眩惑時，對象退縮到黑夜之中，也是對視覺本身的壓制。當視覺看到對象消失在光線的隱秘之處時，也就看到自身的消失。

如果說瘋顛是眩惑，也就是說瘋人看到日光，看到有理性的人所同樣看到的日光（二者都生活於同樣的光明之中）。但是，雖然瘋人看到同樣的日光，卻僅僅看到日光，在日光中什麼也沒看見，因此他是看著虛空、看著黑夜、看著虛無。對他來說，陰影是感知日光的途徑。這就意味著，由於他看到的是黑夜和黑夜的虛無，因此，他什麼也沒看到。但是他相信自己看到了什麼，他就把自己想像的幻覺和各種黑夜居民視為現實。這就是為什麼譫妄和眩惑的聯繫構成了瘋顛的本質，正像真理和光明的基本聯繫構成古典主義的理性。

在這個意義上，笛卡兒的懷疑原則當然是拔除瘋顛的偉大符咒。笛卡兒閉上眼睛、堵住耳朵，是為了更好地看到日光的真正光亮。這樣他就避免了瘋人的眩惑。瘋人睜大著眼睛，看到的只是黑夜，雖然什麼也沒看見，卻自以為看到了想像的東西。由於笛卡兒的閉合的感覺具有不變的洞察力，他就打破了一切可能的迷惑。如果他在看什麼，他就能確信他所看到的東西。而在被某種其實是黑暗的光亮所陶醉的瘋人眼前，浮現和繁衍的是各種心象，這些心象沒有自我批判能力（因為瘋人看見它們），卻又無可補救地脫離現實存在（因為瘋人什麼也沒看見）。

非理性與理性的關係正如眩惑與日光本身的關係一樣。這並不是一個比喻。我們現在正接觸到滋潤著全部古典主義文化的大宇宙觀的核心。文藝復興時期的「宇宙」有著十分豐富的內在聯繫和象徵意蘊，完全受星相互動現象支配。這種「宇宙」現在消失了。但是「自然」依然具有普遍性的地位，它獲得人類抒情式的承認，並迫使人服從它的季節韻律。古典主義思想家在這個「世界」中所保留的和在「自然」中所預置的則是一種極其抽象的法則，而這種法則卻構成了十分生動具體的對立，即白晝與黑夜的對立。這種時間不再是星相的宿命時間，也不再是抒情式的季節時間。它是普遍的時間，但又是將光明與黑暗截然分開的時

間。這種觀念完全統治了一種數學科學——笛卡兒的物理學其實是一種光學（mathesis of light）。但是，這種觀念同時也描繪出人類生存中的重大悲劇停頓。它以同樣的專橫支配著拉辛（Racine）的戲劇時間和圖爾（Georges de la Tour）㉑的空間。白晝和黑夜的循環是古典主義世界的法則。它是這個世界最簡約而最有強制力的要素，是自然中最必然的也是最簡單的規律。

這個法則排斥一切辯證關係和妥協，因此它既確立了知識的完璧無瑕的統一，又肯定了人類悲劇生存中不可協調的分裂。它統治著一個沒有晨曦暮靄的世界。這個世界沒有熱烈的噴發，也沒有似水的柔情。一切事物要麼是清醒的，要麼是夢幻的，不是真理就是蒙蔽，不是光明的存在就是黑暗的虛無。這種法則規定了一種必然的涇渭分明的秩序，從而使真理得以存在並一成不變。

但是，在這個秩序的兩個方面的兩種相反而對稱的圖案表明，在某些極端的情況下這個秩序可能被侵犯，同時還表明，不使這個秩序受到侵犯是何等重要。一方面是悲劇。戲劇中白晝的統治具有一種肯定性內涵；它迫使悲劇的時段必須在這種獨一無二的但又永恆普遍的白晝與黑夜的交替中保持平衡；整個悲劇必須在這種時間統一體中完成㉒，因為說到底，悲劇完全是兩個由時間聯繫起來的領域的不可調和的對抗。在拉辛的戲劇中，每一個白晝都面臨著一個黑夜，白晝使黑夜得到揭示，如特洛伊的（Troy）的大屠殺之夜，尼祿（Nero）㉓的欲望之夜，提圖斯（Titus）㉔的羅馬之夜，亞他利雅（Athalie）㉕的黑夜。這些都是漫漫長夜，黑暗王國。它們毫不放鬆地騷擾著白晝，使之不得片刻安寧。它們只有在新的死亡之夜才會消失。反之，這些怪異之夜又被某種光亮所騷擾，這種光亮是一種可怕的白晝折映，如特洛伊的焚毀、羅馬禁衛軍的火炬，夢中的暗光。在古典主義

悲劇中，白晝和黑夜猶如一對鏡子，無始無終地相互映照，並為這種簡單的結合提供了一種出人意料的深邃意蘊，後者用單一的運動籠罩了人的全部生死。在圖爾的《鏡子中的瑪德萊娜》（Madeleine au miroir）中，光亮和陰影以同樣方式相互掩映，使面孔和它的鏡像、骷髏和它的幻象，警醒和沉默既分立又統一。在《聖阿列克西像》（Image Saint－Alexis）中，侍童舉著火炬，映照出棺槨的陰影所籠罩的主人。這是用一個肅穆而色調明亮的男孩來比照人類的全部苦難，用一個孩子來揭示死亡。

在另一方面，面對悲劇及其神聖語言的是瘋顛的混亂不清的喃喃低語。在這裡，莊重的對立法則也受到冒犯。如同悲劇的混亂一樣，陰影和光亮混合在瘋顛的狂暴之中。在黑夜，悲劇人物發現了一種陰沉的白晝真理。特洛伊之夜成為安德洛瑪克（Andromache）㉖的真理，正如亞他利雅的那一夜預示了即將來臨的白晝的真理。黑夜反而具有了揭示作用。它成為現實存在的最深刻的白晝。反之，瘋人在光天化日之下發現的僅僅是不協調的夜間形象；他聽任光亮被各種夢幻所遮蔽；他的白晝不過是最浮淺的黑夜。正是在這種意義上，悲劇人物比其他人更介入現實存在，更是真理的持有者，因為他就像菲德拉（Phèdre）㉗一樣當著無情的太陽喊出黑夜的全部秘密。而瘋人則完全脫離現實存在。既然他用白晝的幻覺反映出黑夜的非存在，那麼他怎麼可能不被排斥在現實存在之外呢？

我們知道，悲劇主人公與前一階段的巴洛克人物不同，他絕不可能是瘋子，反之，瘋顛也不可能負載著我們自尼采和阿爾托以來所了解的那些悲劇價值。在古典時代，悲劇中的人和瘋顛的人相互對照，絕無對話的可能，絕無共同語言。因為前者只能說出有關存在的關鍵詞語，在一剎那間實現了真理的光明和深沉的黑暗的統一。而後者則無休止地單調地嘟嘟嚷嚷，從而抵銷了白晝的嘮叨和黑暗的謊言的意義。

　　瘋顛標示了無價值的黑夜幻覺和非現實的白晝判斷之間的分界。

　　雖然我們已經能夠從知識考古學中逐步了解這一點,但是,一個簡單的悲劇片斷,即《安德洛瑪克》(*Andromaque*)中的最後一部分台詞,就已經告訴了我們許多。

　　當瘋顛正從悲劇表演中消失之時,當悲劇人物正要在今後兩個多世紀中與非理性的人分道揚鑣之時,正是在這個時刻彷彿必須有一個瘋顛的最後造型。《安德洛瑪克》最後一場大幕降落也正落在瘋顛的重要悲劇化身的最後一人身上。但是,在它即將消失之時的出場中,在這種將永久禁錮自身的瘋顛中,表達了它此時及在整個古典時期的意義。即將消失之時不正是它能最充分地呈現自己的真理、自己缺席的真理、處於黑夜邊緣的白晝的真理的時刻嗎?這只能是第一部偉大古典主義悲劇的最後一幕,或者說,這是在最後一部前古典主義戲劇的悲劇情節中,第一次表達出古典主義的瘋顛真理。但是無論如何,這個真理是轉瞬即逝的,因為它的出現只能是它的消失;這一閃電只能在已經臨近的夜空中看到。

　　奧瑞斯忒斯(Orestes)在瘋狂中度過了三重黑夜,即經歷了圍繞一個中心的三次眩惑。在此之前,白晝剛剛降臨到皮洛斯(Pyrrhus)的宮殿,黑夜尚未離去,給曙光嵌鑲上陰影的黑邊,明確地標出白晝的界限。就在這個喜慶的早晨,罪惡發生了,皮洛斯在黎明之時閉上了眼睛:一塊陰影投射在祭壇的階梯上、投射在光明和黑暗的交界。瘋顛的兩大宇宙主題就是這樣以不同的方式呈現出來,成為奧瑞斯忒斯的瘋狂的前兆、背景和襯托㉘。瘋顛在這個時候才開始了:在對皮洛斯的謀殺和赫耳彌俄涅(Hermione)的背叛真相大白之時,在一切最終突然顯露出一個既古老又新鮮的真理的黎明中,出現了第一重陰影:奧瑞斯

忑斯周圍的世界開始退縮到這片陰霾之中；真理出現在這個若明若暗的晨曦中、這個黎明時分的夜色中，此時嚴酷的真理將變成脫韁的幻覺：

但是，多麼濃重的夜色竟突然籠罩了我？

這是謬誤的虛空之夜；但是在這第一片朦朧的背景前將出現一片華彩，一種虛假的光亮。夢魘產生了，但不是在曙光的照耀下，而是在一種昏暗的閃光中，即風暴和謀殺的光亮下。

噢，神呀！有何等血河在我身邊流淌！

於是夢幻王國便出現了。在這種夜色中，幻覺獲得了自由。復仇女神出現了並開始行使權力。她們雖立足不穩但來勢洶洶。她們在人的孤獨心境中相繼出現並輕而易舉地取得勝利。沒有什麼能夠抗拒她們。心象和語言在呼語中交錯，這些呼語就是符咒，就是被肯定又被拒斥、被召喚又被敬畏的存在。但是，所有的心象都向第二個黑夜匯聚。這個黑夜是懲罰的黑夜、永恆復仇的黑夜，死亡中的死亡之夜。復仇女神被重新召回到屬於她們的黑暗之中，那裡是她們的誕生地、她們的真理，也就是她們的虛無狀態。

你是把我拉入那永恆的黑夜中嗎？

正是在這個時候才顯示出瘋顛的意象只是夢幻和謬誤。如果受折磨者被它們所蒙蔽而求助於它們，那麼就會在它們的必然破滅中與它們同歸於盡。

此時，我們度過了第二重黑夜。但是我們並未因此而返回到

世界的白晝現實。除了瘋顛的現象之外，我們接觸到了譫妄，即
自始便暗中維繫著瘋顛的那種根本性的結構。這個譫妄有一個名
字，即赫耳彌俄涅。赫耳彌俄涅不再作為幻覺中的佳麗，而是作
為瘋顛的終極真理而重新出現。意味深長的是，赫耳彌俄涅正是
在狂亂之時出面干預了，她既不是加在復仇女神之中，也不是在
她們前面引導她們，而是在她們之後，與她們有黑夜之隔——她
們把奧瑞斯忒斯拖入了那個黑夜，她們自己現在也消散在那個黑
夜之中。赫耳彌俄涅是作為譫妄的形象、作為自始便暗中支配著
一切的真理而出面干預的。復仇女神根本只是她的僕人。在此，
我們看到的恰與希臘悲劇相反。在希臘悲劇中，復仇女神就是在
黑夜中一直等待著主人公的最終命運和真理，主人公的激情不過
是她們的工具。而在這裡，復仇女神僅僅是譫妄的侍女，譫妄則
是最初的和最終的真理，它早已在激情中出現，而現在則赤膊上
陣。這個真理把心象趕開，獨自支配一切：

> 但是，滾開吧，讓赫耳彌俄涅自行其事吧。

　　赫耳彌俄涅從一開始就存在。她一直在折磨奧瑞斯忒斯，一
點點地摧毀他的理智。為了赫耳彌俄涅，奧瑞斯忒斯變成「弑居
者、殺人犯和瀆神者」。赫耳彌俄涅最終表明自己是奧瑞斯忒斯
瘋顛的真理和頂峯。而嚴峻的譫妄此時僅僅要把一個早已陳腐可
笑的真理當作緊迫的決斷宣布出來：

> 我最終把我的心送給她吃。

　　很久以前奧瑞斯忒斯就已經奉獻了這種野蠻的犧牲。但是現
在他把他的這種瘋顛原則當作目的表達出來。因為瘋顛不可能走
得更遠了。由於通過其本質性的譫妄說出了自身的真理，它所能

做的只是在第三個黑夜中崩潰了。這是無人能從中返回的黑夜，是一個不斷吞噬的黑夜。只有在語言歸於沉寂、譫妄本身受到阻遏、人心最終被吞噬的那一瞬間，非理性才會出現。

在十七世紀初的悲劇中，瘋顛也造成戲劇效果，但它是通過說出真理來造成戲劇效果；瘋顛還通向語言，通向一種再生的闡釋語言和關於被再次征服的現實語言。它至多只能是悲劇的倒數第二個情節，而不能成為在《安德洛瑪克》中那樣的最後一個情節。在那種最後的情節中不能揭示其他真理，只能通過譫妄說出關於感情的真理。這種感情與瘋顛結合才得以充分地展開。

古典主義學術所追循和探索的非理性運動已經用簡潔的悲劇語言走完了自己的全部軌跡。以後，沉默便能成為主宰了，在總是退縮的非理性面前，瘋顛消失了。

我們現在對非理性的認識使我們進一步理解了禁閉的意義。

這種將瘋顛放逐到一個中性的和劃一的隔離世界的行為，既不標誌著醫學技術進步的停頓，也不標誌著人道主義觀念進步的停頓。它用下列事實來表明自己的準確意義：古典時代的瘋顛不再是另一個世界的符號，它已成為非存在的荒謬表現。說到底，禁閉的目的在於壓制瘋顛，消滅社會秩序中找不到自己位置的一種形象。禁閉的實質不是拔除一種危險。禁閉僅僅表明了瘋顛在實質上是什麼：是一種非存在的表現；禁閉透過提供這種表現來壓制瘋顛，因為它恢復了瘋顛的虛無真相。禁閉是對付被視為非理性即對理性的空洞否定的瘋顛的最恰當的手段；透過禁閉，瘋顛被公認為虛無。也就是說，一方面，瘋顛在人們的直覺中是異常；因此，不是醫生而是神智正常的人們的自發的集體判斷要求做出禁閉一個瘋人的決定；但是，另一方面，禁閉只能有一個目的——懲戒（即壓制異常或用死亡來完成這種虛無狀態）；因此，在禁閉登記簿上常常可以看到護理員所寫的死亡選擇。這並

不表明禁閉的野蠻、不人道或邪惡，而是嚴格地表達了其意義：它是一個消滅虛無狀態的手術㉙。禁閉雖然是一種表面現象而且被包上一套臨時拼湊的道德，但卻勾劃出瘋顛的秘密而別致的結構。

　　那麼，禁閉真的是出自於這種根深柢固的本能嗎？瘋顛最終被打上非存在的恥辱烙印難道不是由於禁閉的作用，而使瘋顛實際上從古典主義視野中消失了嗎？這些問題的答案是一個連環套。毫無疑問，陷於這種無結果的循環質詢將一無所獲。因此，最好是讓古典主義文化從一般結構上來概括自己的瘋顛經驗。這種經驗以同樣的含義出現在古典主義文化內在邏輯的統一秩序中、思辨的秩序和制度的秩序中，出現在論述和法令中、言語和暗語中——實際上，無論在什麼地方，凡是有所指的因素對於我們都能具有一種語言的價值。

# 註　釋

① 索瓦熱（François Boissier de Sauvages）《疾病分類學體系》（*Nosologie methodique*）（里昂，1772）第 7 卷，第 12 頁。

② 貝兒和格朗式（F. Bayle and H. Grangeon）《關於幾位自稱擁有圖盧茲法院權力的人的情況》（*Relation de l'état de quelques personnes prétendues possédées faite d'autorite au Parlement de Toulouse*）（圖盧茲，1682），第 26～27 頁。

③ 馬勒伯朗士（Malebranche）《尋找真理》（*Recherche de la vérité*）第 5 部，第 3 章。

④ 索瓦熱，前引書，第 7 卷，第 288～291 頁。

⑤ 懷特（Robert Whytt）《論神經疾病》（*Traité des maladies nerveuses*）（法文譯本，巴黎，1777），第 2 卷，第 288～291 頁。

⑥ 馬勒伯朗士（1638～1715），法國天主教教士，神學家。——譯者註

⑦ 蘭奇西（1654～1720），意大利臨床醫生、植物學家，被認為是最早的現代衛生學家。——譯者註

⑧ 里夫（Charles-Gaspard de La Rive）《關於一個精神病人療養所》（*Sur un établissement pour la guérison des aliénés*）載《不列顛圖書館刊》（*Bibliotheque britannique*）第 8 卷，第 304 頁。

⑨《百科全書》（*Encyclopédie*）「躁狂症」條。

⑩《論有形的靈魂——關於古代和現代哲學中靈魂無形論的新論綱》（*L'Ame matérielle, ou nouveau système sur les purs principes des philosophes anciens et modernes qui soutiennent son immatérialité*）阿爾森納爾（Arsenal）手稿，第 2239 號，第 169 頁。

⑪ 扎奇亞（Paul Zacchias）《醫學法規問題》（*Quaestiones medico-Legales*）（阿維農，1660～1661），第 2 部分，第 2 卷，問題 4，第 119 頁。

⑫ 索瓦熱，前引書，第 7 卷，第 15 頁。

⑬ 同上，第 20 頁。

⑭ 迪默布羅克（Ysbrand van Diemer broek）〈關於致命疾病的實踐分歧〉（Disputationes practicae, de morbis capitis）載《解剖學和醫學全集》（Opera omnia anatomica et medica）（烏特列支，1685）歷史卷Ⅲ，第 4～5 頁。

⑮ 邊維爾（J.−D.−T. Bienville）《論女子淫狂》（De La nymphomanie）（阿姆斯特丹，1771），第 140～153 頁。

⑯ 詹姆斯（Robert James）《醫學大辭典》（Dictionnaire universel de medicine）（法文譯本，巴黎，1746～1748）第 3 卷，第 977 頁。

⑰ 同上。

⑱ 扎奇亞，前引書，第 1 部，第 2 卷，問題 4，第 118 頁。

⑲ 皮特凱恩（Archibald Pitcairne）的觀點，轉引自索瓦熱，前引書，第 7 卷，第 33、301 頁。

⑳《百科全書》，「瘋顛」條。

㉑ 圖爾（1593～1652），法國畫家，作品大多描繪燭光效果。——譯者註

㉒ 這裡指的是歐洲 17 世紀古典主義戲劇的三一律，即一齣戲必須以一個情節為限，在一個地點並於一天之內完成。——譯者註

㉓ 尼祿（37～68），羅馬皇帝。——譯者註

㉔ 提圖斯，傳說中的羅馬國王。——譯者註

㉕ 亞他利雅，《聖經·舊約》中記載的以色列女王。——譯者註

㉖ 安德洛瑪克，希臘傳說中赫克托爾的妻子，特洛伊被攻陷後成為俘虜。拉辛所寫同名悲劇描述厄庇洛斯國王皮洛斯欲娶其為妻。皮洛斯的未婚妻赫耳彌俄涅因嫉恨於是讓自己的追求者奧瑞斯忒斯在舉行婚禮之時殺死皮洛斯。——譯者註

㉗ 菲德拉，希臘傳說人物，拉辛以其為題寫出同名悲劇，描述她對養子的一廂情願的狂熱感情反而招致了災難。——譯者註

㉘ 作為這種瘋狂的襯托還應再添上安德洛瑪克本人（這位寡婦、新娘和再

次的寡婦先後身著喪服和禮服，而這些服裝最後混穿在身，表達同樣的
意思）以及她在受奴役之夜的堅貞所閃耀的光芒。

㉙ 例如，有一個在聖拉扎爾禁閉了 17 年的瘋人。「他的健康狀況每況愈
下，真希望他盡早死去。」（《國立圖書館館刊》〔*Bibliothéque
national*〕，克萊朗波特基金會〔Fonds Clairam bault〕986，自第 113 頁
以後 ）。

# 第五章　瘋顛諸相

在本章中，我們不想論述十七和十八世紀精神病學各種觀念的演變史，而是要展示古典思想藉以認識瘋顛的具體形態。這些形態依然常常被附著上神話形象，但這些神話形象在我們實際知識的構成中往往是十分重要的。

## 1. 躁狂症和憂鬱症

在十六世紀，憂鬱症的觀念是由兩個方面確定的，一方面是某種症狀定義，另一方面是這個詞所包含的一種說明性原則。在那些症狀中，我們發現了一個人所能產生的關於自己的各種譫妄想法：「有些人自以為是野獸，便模仿野獸的聲音和動作。有些人認為自己是玻璃器皿，因此避開過路人，以防自己被打碎；有些人畏懼死亡，然而他們卻往往比其他人更容易致使自己夭亡。還有些人在想像中認為自己犯有某種罪行，每當有人走近他們，他們就驚恐戰慄，以為來者要逮捕他們下獄和判處他們死刑。」①譫妄的想法始終是孤立隔裂的，與全面的理性毫不相容。西德納姆（Thomas Sydenham）②甚至注意到，憂鬱症患者「是這樣一些人；他們除了怨天尤人之外，還很小心、謹慎、十分敏感，他們眼光敏銳、聰慧超群。因此，亞里士多德說得很對，憂鬱症患者比任何人都聰敏。」

　　這種清晰而相關的病症是用一個包含著完整的因果體系的詞來表示的，即憂鬱症：「我請您仔細注意憂鬱症患者的思想、言語、想像和行為，你會發現，他們的全部感覺都被遍佈他們大腦的憂鬱汁敗壞了。」③此時，在憂鬱症概念中，僅僅由一個意指名稱將一組符號間斷地放在一起，片面的譫妄和黑膽汁（即憂鬱汁——譯者註）都被提到，但彼此沒有聯繫起來。到了十八世紀，某種統一被發現了，或者說，某種交流產生了。這種膽汁的陰冷暗淡的性質變成譫妄的主要特點，其有別於躁狂症、痴呆和狂亂的確定價值、其基本的內涵原則。雖然布爾哈夫（Hermann Boerhaave）④仍僅僅把憂鬱症規定為「一種不發燒的長期持續的譫妄，犯病時，病人完全偏執於一個想法」，幾年後杜福爾（Dufour）就把該病定義的重心轉移到「恐懼和悲傷」上（當時這被認為是解釋了譫妄的部分特徵。）「因此，憂鬱症患者喜愛獨處、躲避人群；這就使他們更專注於他們譫妄的對象或屈從於支配他們的感情，與此同時他們似乎對其他一切都無動於衷。」這一觀念被確定下來不是出於更嚴密的觀察，也不是由於在病因領域有了新發現，而是由於一種性質轉移，即對該名稱所包含的某個原因的性質認識轉移到對其後果的明顯感知上。

　　直至十七世紀初的很長時間裡，關於憂鬱症的討論停留在四種體液及其基本性質的傳統之中，普遍認為物質本身具有穩定的性質，物質本身就是性質的原因。在費納爾（Jean Fernel）看來，憂鬱汁與大地和秋天相關，是一種「粘稠、陰冷、乾燥的」汁液。但是在十七世紀上半時，展開了一場關於憂鬱症起因的爭論。爭論的問題是：具有憂鬱質的人是否必然會患憂鬱症？憂鬱汁是否總是陰冷乾燥的？難道它絕不會是溫暖濕潤的嗎？是這種物質在產生作用嗎？或者說這些性質是被傳送的嗎？這場爭論歷時很長，其結果大體如下：

　　1. 物質（substance）的因果關係逐漸被性質（qualities）的

一種運動所替代。這些性質無須任何媒介便直接從肉體傳送到靈魂，從體液傳送到思想，從器官傳送到行為。例如，在鄧肯（Duncan）的辯護士看來，憂鬱汁產生憂鬱症的最好證據是，人們在憂鬱汁中能夠發現該病的性質：「憂鬱汁所擁有的產生憂鬱症的必要條件遠遠超過了使人震怒的條件；因為它的陰冷性減少了人的興奮性，它的乾燥性使人能長時間地保存強烈而持久的想像；它的晦暗性使人失去天然的明快和敏銳。」⑤

2.除了這種性質力學外，還有一種動力學，分析每一種性質所隱含的力量。譬如，陰冷和乾燥會與氣質發生衝突，這種對立會產生憂鬱症的症狀，其強度與這種衝突成正比，其力量會戰勝和掃蕩任何抗拒力量。再如，婦女就其本性而言是不易憂鬱的，而一旦陷於憂鬱症反而更嚴重：「她們受其殘酷的玩弄和強烈的騷擾，因為憂鬱症與她們的氣質更矛盾，因而使她們更偏離自己的天然素質。」⑥

3.但是，有時在性質本身內部也產生衝突。一種性質會在自身發展過程中發生變化，成為與自身相反的東西。例如，「當怒火中燒、熱血沸騰……所有的體液都消耗殆盡之時」，這種沸騰狀態就會轉變為陰冷的憂鬱症——產生「幾乎與火炬顛倒過來燃蠟橫流之後同樣的情況。……這種肉體的冷卻是無節制的怒火宣洩殆盡之後的通常後果。」⑦這裡有一種性質的辯證法。這些性質一旦擺脫了物質的各種束縛，擺脫了各種預定軌道，就會產生顛倒和矛盾。

4.最後，性質會因偶然事件、環境和生活條件而改變。因此，一個體液乾燥陰冷的人會因其生活方式而變成一個體液溫暖濕潤的人。再如婦女的情況，如果她們「總是無所用心，她們的身體排出的汗液會（比男人）少一些，熱情、精力和體液也會得到保存」⑧。

因此，在脫離了限制性的物質基礎之後，性質將能在憂鬱症

觀念中起一種組織和整合作用。一方面，它們能描繪出悲傷、陰鬱、遲鈍和呆滯等症狀與現象。另一方面，它們能提示一種因果原則。這種因果原則不再是體液生理學，而是關於某種觀念，憂慮和恐懼的病理學。這種病理不是根據觀察到的症狀或設想的原因來確定的，而是在這二者之間和二者之外的某個地方所感知到的某種質的聯繫。它有自身的傳導、發展和變化的規律。正是這種性質自身的秘密邏輯，而不是醫學理論，支配著憂鬱症觀念的發展。這一點早已由威利斯（Thomas Willis）的著作證明了。

　　乍看上去，他們的分析在邏輯推理上是嚴密的。威利斯的闡釋完全借助於動物元氣及其力學特徵。憂鬱症是「一種沒有高燒和狂亂但伴有恐懼和悲傷的瘋顛」。如果說它是譫妄──即一種與真理的根本決裂──的話，那麼其根源在於元氣的無序運動和大腦的缺陷。但是，致使憂鬱症患者「悲傷和謹小慎微」的恐懼和焦慮僅僅用這種運動能解釋得了嗎？是否存在著某種恐懼機制和悲傷所特有的元氣運轉呢？這在笛卡兒看來是不言而喻的，但是威利斯則不再做如是觀。不能像看待痲痺、中風、眩暈或痙攣那樣看待憂鬱症。甚至不能簡單地把它看作一種痴呆，儘管憂鬱性譫妄設定了一種類似的元氣運動紊亂。用機制失調也很容易解釋譫妄，但是這種錯亂是痴呆或憂鬱症等一切瘋顛所共有的。不是譫妄所特有的性質，而是悲傷和恐懼的色調使憂鬱症的外表獨具一格。我們必須深入了解先在傾向的秘密。根本上，正是隱藏在這種微妙事物中的這些基本性質能夠解釋元氣的貌似矛盾的運動。

　　在憂鬱症裡，一個微弱的刺激便能控制元氣。這種微弱的刺激不是沿著明顯的途徑或者說公開的途徑（aperta opercula），而是從無數新開的細孔穿過大腦。但是，元氣並沒有在其途徑上走得很遠。一旦刺激減弱平息，元氣也就萎靡不振，運動就停止了：「它們不會傳得很遠。」⑨因此，這種對於一切譫妄所共有

的騷動在身體表面既不會產生劇烈的運動，也不會造成在躁狂症和狂亂中所能看到的那種哭喊。憂鬱症從來不會達到狂暴的程度。它是圍於自身的軟弱無力的瘋顛。這種矛盾是元氣秘密變化的結果。通常元氣具有近乎立竿見影的快速反應和絕對的透光性。但是在憂鬱症裡，它們則被黑暗浸透，變得「模糊、渾濁和幽暗」。它們傳遞給大腦的物像被「陰影」遮蔽。它們變得沉重，近似於化學黑煙而非白光。這是一種酸性煙霧，而不是硫化氣或酒精霧。因為酸性煙霧的分子是活動的，甚至不能靜止下來，但是他們的活動很微弱，不會產生影響。當它們揮發時，在蒸餾器裡除了一點無臭的粘液外什麼也不會留下。如果說酒精霧隨時都能變成火焰，象徵著狂亂，硫化氣劇烈不息的運動象徵著躁狂症，那麼酸性煙霧不也具有憂鬱症的特徵嗎？如果有人想探尋憂鬱症的「正式原因」，那麼他就應考慮這種從血液上升到大腦並逐漸衰變為酸性和腐蝕性的氣體。從表面上看，正是這種元氣憂鬱症、體液化學指引著威利斯的分析。但是，實際上，主要思路是由憂鬱症痛苦的直接性質提供的：軟弱無能的混亂、頭腦的昏沉、侵蝕著思想和情感的酸苦。酸性化學不是對症狀的解釋，而是一種定性方法，一種憂鬱經驗的現象學。

　　大約七十年後，動物元氣說喪失了科學上的優勢地位。人們轉而在人的液體和固體成分中探尋疾病的秘密。詹姆斯於一七四三年在英國發表《醫學辭典》（ *Medical Dictionary* ）。該書中「躁狂症」條提出一種躁狂症和憂鬱症的比較病因學：「顯然，大腦是這類疾病的活動場所，……正是在大腦，造物主用一種不可思議的方式安置了靈魂、精神、才氣、想像、記憶和各種感覺。……如果血液和體液的品質和數量受到損害，不再能均勻而適度地輸入大腦，而是在大腦裡劇烈地循環或是艱難緩慢地移動，那麼所有的高貴功能都會變化、敗壞、減弱和完全毀壞。」如果心臟向整個機體輸送的是這種愈益減弱的、沉重而受到阻滯

的血流，如果這種血流是很艱難地滲入大腦的細微動脈，而大腦則需要急速的血液循環才能維持思維活動，那麼就會造成不幸的梗阻。由此便可以解釋憂鬱症。在此，遲滯、梗阻這些基本性質依然是進行分析的指導概念。這種解釋開始轉到從病人的狀況、言行中所感知到的性質的機制上。我們從對性質的理解轉到假設的解釋了。但是這種性質理解依然居於主導地位，並總是勝過理論邏輯。洛里（Anne—Charles Lorry）平列了兩種主要的醫學解釋（從固體成分和從液體成分），並最終使二者並行不悖，從而區分出兩種憂鬱症。起源於固體的是神經憂鬱症。其過程是一個特別強烈的感覺刺激了接受它的神經纖維，結果，其他神經纖維緊張起來，變得僵直，同時還能顫動。但是，如果這種感覺變得更加強烈，那麼其他神經纖維就會更加緊張，以致不能顫動。這種僵直狀態使血液停止流動、動物元氣停止運動。憂鬱症便產生了。在另一種「液體型」憂鬱症中，體液浸滿了黑膽汁，變得粘稠。血液因充斥著這種體液也變得粘稠，並滯留在腦膜裡，直至壓迫了神經系統的主要器官。此時我們又會看到神經纖維的僵直，但這完全是體液現象的一個後果。洛里因此而區分了兩種憂鬱症。實際上，他在兩個解釋體系中成功地運用了同一組性質，這些性質使憂鬱症具有實際的同一性。理論大廈擴大了一倍，但是經驗方面的性質基礎依然不變。

液體的倦滯，動物元氣的消沉及其散播在物象上的暗影，在血管中艱難流淌的血液的粘滯，變得暗淡、有毒和有腐蝕性的氣體愈益濃密，內臟功能的減慢等等，構成了一個象徵性統一體。這個統一體與其說是思想、理論的產物，不如說是感覺的產物。是它給憂鬱症打上了特徵烙印。

正是這種研究，而不是忠實的觀察，重新編排了憂鬱症的症狀和表象模式。將某種程度的譫妄當作憂鬱症患者的一個主要症狀（以便像悲傷、疼痛、孤僻、呆滯那樣作為定性依據）的話題

逐漸消失了。在十八世紀末，凡是沒有譫妄但有呆滯、絕望和某種恍惚特點的瘋顛往往被歸入憂鬱症⑩。另外，早在詹姆斯的《醫學辭典》中就已論述了中風性憂鬱症。這種病人「不願起床，……既使站起來，除非受到親友或看護的強迫，否則也不願走動。他們絕不躲避人，但是當人們對他們說話時，他們似乎心不在焉，而且一言不答。」如果說在這種例子中呆滯和沉默十分突出，並能因此而診斷為憂鬱症，那麼還有一些例子，人們只能觀察到疼痛、倦怠和孤僻。但是觀察者不會不注意到他們的躁動不安，也不會草率地診斷為躁狂症。這些病人肯定患了憂鬱症，因為「他們迴避親友，寧願獨處，無目的地亂走。他們臉色焦昏、口乾舌燥。他們的眼睛呆滯無神，毫無淚水。他們全身發乾發熱，面容陰沉，一副恐懼和悲傷的神情。」⑪

在古典時代對躁狂症的分析及其演變也遵循著同樣的相關原則。

威利斯將躁狂症與憂鬱症相互對照。憂鬱症患者的頭腦完全沉溺於省思，因此他的想像力便處於無所事事的休息狀態。反之，躁狂症患者的想像則被源源不斷的、蜂湧而至的思想所充斥。憂鬱症患者的頭腦專注於一個對象，並唯獨不合理地誇大其比重，而躁狂症患者則曲扭所有的概念和思想。二者都喪失了和諧能力，或者說，二者所表現的價值都是沒有根據的。總之，與真理有本質聯繫的思想完整性受到了干擾。最後，憂鬱症總是伴有悲傷和恐懼，而躁狂症則表現出放肆和暴怒。無論是躁狂症還是憂鬱症，病因總是出在動物元氣的運動上。但是，在躁狂症中，這種運動是很特別的。它是持續不斷的、暴烈的，總能在大腦刺出新的小孔。它是創造性的，是那些暴露躁狂症的不連貫思想、劇烈舉止和滔滔不絕言談的物質基礎。這種有害的運動也正是那種地獄之水、那種硫黃液、那種由硫黃液、玻璃液、銻液以

及其他液體組成的冥河之水的運動：它的粒子處於永恆的運動之中；這些粒子能在任何物體上造成新的孔隙和新的管道。它們有足夠的力量使自身得以擴散，正如躁狂情緒能夠引起全身各部位的騷動。一股地獄之水在秘密的運動中匯集了躁狂症的各種具體的物像。它構建了自己的化學神話和動力學真理，使二者難解難分。

在十八世紀，具有力學和形而上學含義的神經系統中的動物元氣意象經常被神經、脈管以及整個機體纖維系統的張力（緊張，tension）意象所取代。張力意象具有更嚴格的物理含義，也更具有象徵價值。躁狂症就是這樣一種導致突然發作的神經緊張狀態。躁狂症患者就像一件樂器，琴弦緊繃，受到很遠很弱的刺激便開始振動。躁狂譫妄就是情感的不停振動。透過這種意象，躁狂症與憂鬱症的差別變得明確了。這些差異組成了一個嚴格的反義：憂鬱症患者絕不會與外部世界產生共鳴，因為他的神經纖維過於鬆弛，或者因為過於緊張而變得僵硬（我們看到，張力機制如何既解釋了憂鬱症的呆滯又解釋了躁狂症的騷動）：憂鬱症患者只有少數神經振動，這些振動的神經與患者譫妄的興奮點是相吻合的。反之，躁狂症患者的神經受到任何刺激都會振動。他的譫妄是無所不包的。在憂鬱症患者那裡，滯重的木然狀態會吞噬各種刺激。與之相反，當躁狂症患者的肌體對刺激做出反應時，刺激反而變多變強，彷彿他早已在神經緊張狀態中積累了補充的能量。而且，正是這種情況反而使躁狂症患者變得痲木，不是憂鬱症患者的那種嗜睡痲木，而是由於內在振動造成的緊張痲木。無疑，這就是為什麼躁狂症患者「對冷熱均無所畏懼，嚴寒時節卻扯爛衣衫、赤身裸體席地而眠，渾然不覺寒冷」的原因。這也就是為什麼他們用自己譫妄的虛幻世界取代真實世界的原因，雖然後者仍在誘惑著他們：「躁狂症的基本症狀出自這個原因，即病人所感受到的對象與其實際狀況不同。」⑫躁狂

症患者的譫妄不是由某種異常的判斷失誤造成的，而是感覺印象傳遞給大腦的過程中的缺陷、傳導方面的缺陷造成的。在這種瘋顛心理學中，舊的真理觀念，即「思想與事物相吻合」的觀念，變成了關於某種共鳴的隱喻，即神經纖維如樂器那樣忠實於使其振動的感覺。

這種躁狂緊張的觀念除了發展成一種固體醫學外，還形成了更強烈的性質直覺。躁狂症患者的神經僵直總是讓人感到乾枯。躁狂症通常都伴有體液的耗盡，整個肌體的乾熱。躁狂症的實質是沙質。博奈（Théophile Bonet）在其《墓地解剖》（Sepulchretum anatomicum）中宣布，就其所觀察到的而言，躁狂症患者的大腦總是顯得很乾硬鬆脆。稍後，哈勒（Albrecht von Haller）⑬也發現，躁狂症患者的大腦乾硬脆弱。梅努萊（Menuret）將福雷斯梯埃（Forestier）的一項研究重做了一遍。該研究表明，脈管和神經纖維乾癟、某種體液喪失過多，會引起躁狂症。例如，一個年輕人「在夏季娶妻，因交合過度而患躁狂症」。

有些人提出設想，有些人有所察覺，而杜福爾則加以證實、定量和命名。在一次屍體解剖中，他從一個死於躁狂狀態的人的大腦中取出一塊腦髓體，切下「邊長二分之一吋的立方塊」，其重量為 3 j.g. Ⅲ，而取自一般人大腦的同樣體積的重量為 3 j.g. Ⅴ：「這種重量差別乍一看沒有多大意義，但是如果我們考慮到常人的大腦總量一般為三斤（法國古斤──譯者注），瘋人和常人大腦總量相差八分之七盎司，那麼這種重量差別就不是那麼微不足道的了。」躁狂症患者又乾又輕，甚至表現在體格上。

躁狂症患者的耐寒能力也進一步證實了這種體內的乾熱。眾所周知，他們在眾目睽睽下赤條條地在雪中行走，他們在收容所裡不需要取暖，甚至他們能被寒冷治癒。自海耳蒙特（Jean－Baptiste van Helmont）⑭起，將躁狂症患者浸入冰水的做法

被廣泛採用。梅努萊講述過他所認識的一個躁狂症患者的例子，這個患者從監獄中逃出來，「沒戴帽子，身上幾乎一絲不掛，在暴雨中走了幾里格（leagues）⑮，卻因此完全恢復了健康。」蒙喬（Montchau）在醫治一個躁狂症患者時，「從高處向病人潑澆冰水」，病人被治癒。蒙喬對取得良好療效毫不驚奇。在對此進行解釋時，他綜合了自十七世紀以來盛行的各種並行不悖的關於身體發熱的觀點：「當血液沸騰、肝火太盛、體液紊亂、致使全身躁動不安時，冰水能產生如此迅速而徹底的療效，是不足為怪的」；由於寒冷的作用，「脈管收縮得更猛烈，排走了充盈的液體，固體部分因液體的高溫而產生的紊亂也平息下來，而且，由於神經放鬆了，失調的元氣也恢復了正常狀態。」

　　憂鬱症的世界是陰濕、滯重的，而躁狂症的世界則是乾熱、躁動和鬆脆的。在後一個世界，高溫——是人所感覺不出的，但卻處處顯現出來——造成乾涸和鬆脆，但這個世界隨時準備著在濕冷的作用下放鬆。在這些簡單化的質感的發展中，人們確定了躁狂症的內涵和外延。無疑，十七世紀初的說法依然保留下來，即「不發燒的狂暴」。但是除了這兩個完全是描述性的特徵外，還產生了一種感性認識，這種認識是醫學狀況的真正主導。一旦闡釋神話消失，體液、元氣、固體、液體等說法不再流行，留下的就只會是相關性質的系統。而這些系統甚至不再被命名。由這種熱量和運動動力學所逐漸構造的躁狂症特徵體系此時將會被視為一種自然體系，心理學研究的一個直接真理。過去所感受的熱力、所想像的元氣失調、所設想的神經緊張，從此將被失去透明性的心理學觀念所取代，如內省印象的過分活躍，聯想的急促，對外部世界的麻木。里夫（De la Rive）⑯已經清晰地做了描述：「外部對象對一個病人的頭腦不能產生與健康人同樣的印象。這些印象很微弱，病人幾乎不會留意它們。他的頭腦幾乎完全專注於大腦失調所產生的想法。這些想法異常活躍，因此病人

以為它們反映了真實對象，並據此做出判斷。」但是，我們不應忘記，這種躁狂症心理學結構是在十八世紀末出現和確立的，它僅僅是對一個完整而深奧的結構的膚淺勾畫。它是根據關於一個性質世界的半感覺半圖像的法則發展起來的，它終將坍塌。

　　無疑，這個冷熱、乾濕的完整宇宙使人想起其產生時代的、近乎實證主義的醫學思想。但是當時對這些意象的描述並不僅僅靠回憶，而且也是一項艱苦的工作。為了形成關於躁狂症或憂鬱症的實際經驗，這種以一些意象為背景而重視因一種感覺和感情關係體系而相互吸引的各種性質的趨向是十分必要的。如果說躁狂症或憂鬱症從此具有了我們現有科學所認識的形態，那麼這不是因為我們已經學會了「正視」實際症狀，不是因為我們已使我們的感覺淨化得極其透澈，而是因為在瘋顛經驗中，這些概念圍繞著某些性質主題組織起來，因而得到統一，彼此有了重要聯繫，最終使人們能夠感知。這樣我們就從一個簡單的純理念的描述（不發燒的狂暴，譫妄的固執想法）進入到一個性質領域。這個領域表面上不太嚴整、比較簡單、沒有太嚴格的界限，但是它完全能建構整個瘋顛經驗中實際出現的可認識和可感知的各種單元。這個研究領域被分隔為兩個區域模糊地使兩種疾病具有各自的類型和結構。一方面是一個潮濕的、經歷了大洪水的世界，在這個世界中，人對一切不是他獨有的恐怖充耳不聞、視而不見、麻木不仁，這個世界被極端地簡單化了，並被不合理地誇大其中的一個細部。另一方面則是一個焦乾的沙漠般的世界，一個驚恐萬狀的世界，在那裡，一切都是過眼煙雲、混亂不堪。在躁狂症和憂鬱症的宇宙模式中的這兩個主題恰恰涵蓋了這兩種病的經驗（這種經驗與我們現在的經驗幾乎相同）。

　　威利斯因自己的鑽研精神和醫學感覺的敏銳完全有資格被稱作躁狂——憂鬱交變的「發現者」。誠然，威利斯的研究方法很

值得注意，尤其是在這一點上，即從一種病到另一種病的轉變並不是作為觀察現象而被看到的──觀察研究工作是在此後來發現那種解釋，而是作為一種深奧的自然關係的結果而被發現。那種自然關係是這兩種疾病的隱秘本質的結構所決定的。威利斯並沒有引用他偶爾觀察到的交變例子。他首先發現的是造成奇異變形的一種內在聯繫：「在討論了憂鬱症之後，我們必須考慮躁狂症，這二者有千絲萬縷的聯繫，因此這兩種疾病常常互相轉化。」實際中有這種情況：憂鬱傾向發展嚴重時變成了狂亂，反之，狂亂益漸減弱，最終平息下來，變成憂鬱。嚴格的經驗論者會在此看到兩種病的聯繫，甚至會看到同一種病的兩種相繼出現的症狀。但是，威利斯不是從症狀的角度，也不是從疾病本身的角度這個問題，而僅僅是探尋動物元氣動力學中聯結兩種狀態的紐帶。我們知道，在憂鬱症中元氣是陰沈暗淡的；它們給物像罩上陰影，形成一種晦暗的湧流。反之，在躁狂症中，元氣沸騰不息，其運動漫無規律且循環往復，甚至在毫不發燒的情況下消耗散發了熱量。在躁狂症和憂鬱症之間有一種明顯的親和關係。這不是經驗所聯結起來的症狀的親和關係，而是更強有力的在想像畫面中更為明顯的親和關係，這種關係把煙和焰統一在同一種火中。「如果可以說在憂鬱症中大腦和動物元氣被濃煙所籠罩，那麼躁狂症就像點燃了被濃煙所抑制的大火。」烈焰能夠驅散濃煙，而煙塵降落下來能撲滅火焰、消除其光亮。對於威利斯來說，躁狂症和憂鬱症的結合不是一種疾病，而是包含著相互衝突的煙和焰的秘密之火，是那種光亮和陰影的混合。

　　實際上，十八世紀所有的醫生都承認躁狂症和憂鬱症的親和關係。但是，有些人拒絕將二者稱為同一種疾病的兩種現象。許多人看到了一種轉型現象，但沒有覺察到症狀上的統一性。西德納姆寧願將躁狂症分為兩種，一種是普通躁狂症，起因於「血液的過分沸騰」，另一種是往往「衰變為癡呆」的躁狂症，後者

「起因於血液因長時間的騷動耗盡了大部分精華而變得虛弱」。
而更多的人承認，躁狂症和憂鬱症的轉型或者是一種變態現象或
者是一種有間接因果關係的現象。例如，利厄托（Joseph Lieut-
aud）認為，當憂鬱症持續很久、其譫妄愈益加劇時，就會失去
通常的症狀而變得與躁狂症相似：「憂鬱症在最後階段與躁狂症
有許多相似之處。」但是他沒有展開論述這種相似性。在杜福爾
看來，這種聯繫不那麼緊密，而是一種間接的因果聯繫。憂鬱症
與「額竇中的或曲張的脈管中的蠕蟲」一樣能引起躁狂症。當時
若不借助於一種意象，任何研究都無法把轉型現象改造成既精細
又必要的症狀結構。

　　當然，在威利斯的後繼者那裡煙和焰的意象已消聲匿跡，但
是為了形成有條理的成果依然在借助意象。這些意象愈益具有功
能性質，愈益駐足於關於循環和升溫的重大心理學觀念中，愈益
遠離威利斯曾借用的宇宙圖象。例如，布爾哈夫及其著作的註釋
者維騰（Gerard van Swieten）認為，躁狂症十分自然地成為最
高程度的憂鬱症，這不僅僅是經常性的變態所造成的，而且是必
然的運動結果：在憂鬱症中滯積的腦液在一段時間後會活躍不
安，因為內臟中的黑膽汁會因靜止不動而變得「愈並苦澀」，其
中會形成酸性更強的和毒性更強的成分，這些成分被血液輸送到
大腦，就引起了躁狂症患者的強烈不安。因此，躁狂症與憂鬱症
僅僅是程度上的差異，躁狂症是憂鬱症的自然後果，出於同樣的
原因，因而通常受到同樣的治療。在霍夫曼（Friedrich Hof-
fmann）看來，躁狂症和憂鬱症的統一是運動和震擾規律的結
果。但是，在他那裡，純粹的力學原則變成了生命和疾病發展的
辯證法。憂鬱症實際上以靜止為其特徵。換言之，黏稠的血液充
滿了大腦。血液在大腦裡必須循環流動，但卻因濃重而易於阻
滯。如果說血液的濃重阻滯了運動，那麼它有時也會造成更強烈
的震動。大腦、大腦血管、腦體受到的刺激越強烈，就越有抗拒

性，因此越容易硬化。這種硬化使血液回流加速。這種運動很快就捲入了躁狂症的騷動。這樣，我們很自然地從一種靜止的充血的意象過渡到乾、硬、急速運動等意象，其結果是，為了忠實於這種功能統一體的真正組織者——圖象式主題，古典力學的原則每一階段都受到影響和被扭曲。

因此，必須添加上其他的意象，但它仍不能起建構作用。它們僅僅是對於已獲得的統一體做出許多不同的解釋。例如，史賓格勒（Spengler）提出的關於躁狂症和憂鬱症交變的解釋，就是借用了電池的原理。首先，神經能量和神經液在該體系的一個地方集中。只有這一段受到擾動，其他地方都處於休眠狀態。這就是憂鬱階段。但是當這種局部負荷達到一定的強度時，就會突然擴展到整個體系，在一定的時間裡強烈地刺激著整個體系，直到負荷排放完為止。這就是躁狂階段。就這種層次的闡釋而言，這種意象太複雜、太徹底，它所借用的模式太間接，因此在感知一種病理學方面的事物時不能產生組織作用。相反，它是那種本身基於具有初步統一功能的意象的感性認識產生之後所引起的聯想。

這些具有統一功能的意象在詹姆斯的《醫學辭典》中已悄悄地出現了。其中之一展示了一種客觀精細的觀察很容易覺察的現象：躁狂——壓抑循環。「將躁狂症和憂鬱症歸結為一類疾病，用同一種眼光來看待它們，是絕對必要的。因為我們從實驗和逐日的觀察中發現，這二者有同樣的起因……。十分嚴格的觀察和我們的經驗證實了這一點，因為我們看到，憂鬱症患者、尤其是長期患者，很容易變成躁狂者，而當躁狂平息後，憂鬱症又重新開始，每過一段時間就會有這樣一次反覆⑰。因此，在十七和十八世紀，受意象影響而建構起來的是一種感性認識結構，而不是一種理念體系，甚至也不是一組症狀。其證據在於，正如在感性認識中那樣，性質的轉移並不影響圖象本身的完整性。因此，卡

侖（William Cullen）⑱能夠在躁狂症中像在憂鬱症中那樣發現「譫妄的一個主要對象」，反之也能將憂鬱症歸因於「腦髓體的某部分組織的乾硬」。

重要的是，觀察沒有發展為對解釋性意象的建構，相反，這些意象加強了原初的綜合體的地位，它們的組織力造成了一種感性認識結構，在這種結構中，症狀最終能獲得其重要價值，並被組織成可見的真理。

## 2. 歇斯底里和疑病症⑲

就這兩種病而言，首先有兩個問題。

1. 在多大程度上可以正當地將它們視為精神疾病或某種瘋癲症？

2. 我們是否有根據把它們放在一起，把它們視為類似躁狂症和憂鬱症那樣的真正的對偶關係？

為了回答這些問題，只須簡單地回顧一下各種分類。疑病症並不總是被與痴呆症和躁狂症相提並論；歇斯底里更是很少與之並列。布萊特（Felix Blater）根本沒有把它們列入感官病變之中。在古典時代末期，卡倫依然把它們列入非精神病的範疇：疑病症屬於「體力衰竭，或因虛弱或因生命功能運轉不靈而導致的疾病」；歇斯底里則屬於「生理機能的痙攣性疾病」。

此外，在病情圖表上，人們很難發現這兩種疾病因一種邏輯關係而列為一組，甚至很難發現它們被列為相反的一對。索瓦熱將疑病症列入幻覺——「僅僅關注自身健康的幻覺」，將歇斯底里列入痙攣。林奈（Linnaeus）⑳也採用同樣的劃分。看來，這倆人都是威利斯的忠實信徒。威利斯是在《痙攣病》（*De morbis convulsivis*）一書中研究歇斯底里，而在論述實部疾病的《禽獸之魂》（*De anima brutorum*）中研究疑病症，給它起名為「絞

痛感」（passio colica）。這裡無疑是在談兩種迥然不同的疾
病。在歇斯底里中，亢奮的精神受到相應的壓力，從而造成一種
印象：它們正在爆炸，正在引起超常的不規律運動。這種運動在
精神方面表現為歇斯底里驚厥。反之，在「絞痛感」中，由於有
一種東西有害於和不適於精神，因此精神激動不安，然後引起敏
感的神經的騷動、失調和皺摺。因此，威利斯告誡我們不必因症
狀上的某些相似而大驚大怪：誠然，我們看到痙攣會產生疼痛，
似乎是歇斯底里的劇烈活動會引起疑病症的痛苦。但是這些相似
是虛假的。「實質並不相同，而是小有區別。」

　　然而，在這些病情學家所做的固定分類現象的下面，有一種
緩慢的努力日益傾向於把歇斯底里和疑病症視為同一種疾病的兩
種形式。布萊克默（Richard Blackmore）㉑於一七二五年發表
〈論疑病症和歇斯底里〉（Hypochondriacal and Hysterical
Affections）。文中，這兩種病被定義為同一種病的兩種形式
——「精神的病態」或「精神的消耗」。懷特（Whytt）認為，
在十八世紀中期，這種統一已經完成，從此症狀系統同一了，包
括「對冷熱和身體某些部位疼痛的特殊感覺；暈厥和歇斯底里驚
厥；強直性昏厥和痙攣；胃氣和腸氣；貪食；嘔吐；小便清白但
又急又多；消瘦和精神萎靡；神經性咳嗽；心悸；脈搏不齊；間
發性頭疼；間發性暈眩；視力衰退；壓抑、絕望、憂鬱以至瘋
癲；夢魘。」

　　而且，在古典時代，歇斯底里和疑病症逐漸被納入精神疾病
領域。米德（Richard Mead）㉒在論述疑病症時，還在說：
「這是一種全身性疾病。」而且，我們必須恢復威利斯關於歇斯
底里論述的本來意義：「在婦女疾病中，歇斯底里的名聲很壞，
就像是人已半入地獄一般（semi-damnati），它必須承擔無數
其它疾病的過失。如果一個婦女患上一種莫名其妙的病，我們既
查不出原因，又不能確定治療方法，我們馬上就會歸罪於子宮，

而其實子宮往往受到冤枉。當我們碰到一種少見的症狀時，我們就宣布，其中必有歇斯底里的蹤影。這往往是掩飾我們對醫療對象無知的遁詞。」凡是研究歇斯底里的材料都會引用這段文字。對於所有循規蹈矩的註釋者來說，這段話絕不意味著威利斯認為歇斯底里症狀沒有器官基礎。他僅僅明確地說，歇斯底里概念成了各種不切實際的想法的容器。這些想法不是病人的，也不是自以為有病的人的，而是本來無知卻裝作高明的醫生的。實際上，如果說威利斯把歇斯底里視為一種精神錯亂，那並不是因為他把歇斯底里列入了頭部疾病，而是因為他認為歇斯底里的根源在於動物元氣的性質、起因和初始過程發生了一種變化。

然而，到十八世紀末，疑病症和歇斯底里已幾乎毫無爭議地成為精神病。一七五五年，阿爾貝蒂（Alberti）在哈雷（Halle）（德國城市——譯者註）發表論文〈論疑病症病人的臆想症〉（De morbis imaginariis hypochondriacorum）。利厄托一方面確定疑病症的痙攣特徵，另一方面承認「精神上患有不亞於、甚至重於肉體上的疾病；因此，疑病症一詞幾乎成了一個外科醫生唯恐避之不及的名稱。「至於歇斯底里，勞蘭（Joseph Raulin）認為它沒有任何器官上的原因，至少他在根本定義中從一開始就把它確定為一種臆想變態：「患這種症的婦女虛構、誇大和重覆各種胡思亂想，這種病有時具有傳染性。」

在古典時期，歇斯底里和疑病症有兩個基本發展路線。一個是將二者統一為一個普通概念，即「神經病」，另一個是改變其含義和由其名稱所充分顯示的傳統的病理基礎，而傾向於將它們逐漸納入精神疾病領域，與躁狂症和憂鬱症相提並論。但是，後一種整合不是像在躁狂症和憂鬱症中那樣在所感覺到的和用其圖像價值所想像到的原始性質的層面上實現的。我們下面就論述一種完全不同的整合。

　　誠然，古典時期的醫生也試圖發現歇斯底里和疑病症所特有的性質。但是，他們從未能感知到類似躁狂症和憂鬱症中標示出特點的性質上的相關性或緊密聯繫。人們所發現的各種性質是相互矛盾、相互否定的，因而無法解決這兩種病的根本性質是什麼這一問題。

　　在感覺上，歇斯底里是遍及全身的內熱、體現為驚厥痙攣的沸騰狀態的效果。例如，求偶的少女和喪偶的寡婦，她們的歇斯底里常常與熾烈的感情有關。而熾烈的戀情難道不是與這種內熱有關嗎？就本性而言，歇斯底里是狂熱的；其症狀更容易使人想起一種意象，而不是使人想到一種疾病。費朗（Jacques Ferrand）於十七世紀初精細地描繪了這種意象。他在《愛欲憂鬱症的相思病》（ *Maladie d'amour ou mélancholie érotique* ）中宣稱，女人比男人更容易陷入愛情而不能自拔，而且她們很善於掩飾這一點。「此時她們在外表上很像端放在圓筒上的蒸餾器，人們無法從外面看到火焰。但是如果人們看蒸餾器的正下方，用手探摸一個女人的心，就會發現在這兩個地方都有一個熾烈的火爐。」無論從象徵意義還是從感情色彩或從比喻的手法來看，這是一個絕妙的意象。在費朗之後，過了很久，人們用濕熱來描述歇斯底里和疑病症的隱秘的蒸餾過程。但是這個意象從屬於一個更抽象的主題。在謝諾（Nicolas Chesneau）那裡，這種雌性蒸餾器的火焰早已變成無色的了：「我認為，歇斯底里並不是一種單一的病，在這個名稱下包含著幾種因一種有害霧氣引起的疾病，這種霧氣以不同的方式產生，受到污染，並經歷了異常的沸騰狀態。」而在其他人看來，從疑病區發出的這種高熱完全是乾燥的：疑病性憂鬱是一種「乾熱」病，是由「類似性質的體液」引起的。但是也有些人在歇斯底里和疑病症中都沒有發現高熱現象，相反，這些病的性質是衰弱、遲鈍和陰濕的，如同那些惰性體液的性質：「我認為，這些病（疑病症和歇斯底里）若能持續

一段時間的話，那就是出自大腦和神經纖維。由於它們怠惰而衰弱、失去活力和彈性，神經液也變得虛弱無力，引起這些病。」㉓也許最能表明歇斯底里性質的不穩定性的，是切恩（George Cheyne）的著作《英吉利病》（*The Enghish Malady*）。在切恩看來，這種病只能以抽象方式來維繫自己的統一。其症狀散布在不同的性質領域，起因於各領域的各自不同的機制。各種痙攣源出於由「有害的強烈刺激的氣體」所象徵的高熱。相反地，各種心理或器官虛弱的症狀——「壓抑、暈厥、大腦遲鈍、昏沈、憂鬱和悲傷」——顯示了變得潮濕或虛弱的神經纖維的狀況，神經纖維無疑是受到了陰冷黏稠體液的影響，這種體液堵塞了漿液腺和血管。痲痺則表示神經纖維的僵滯、通常所說的因液體惰性冷卻而「顫動中斷」。

確定躁狂症和憂鬱症的性質特徵是很容易的，而對於歇斯底里和疑病症則很難做到。

運動醫學在涉及到它們時是很不明確的，其分析也動搖不定。顯然，至少對於任何不否定自己的印象的感覺來說，躁狂症與一種過度的運動有關，而憂鬱症則與運動的減弱有關。但是，關於歇斯底里和疑病症，則很難做出選擇。施塔爾（Georg Ernst Stahl）㉔選擇了血液增重說，認為血液會愈益增多變濃，以至無法正常地流過門靜脈；血液有一種在門靜脈滯留和滙集的趨勢，危機在於「血液力圖在較高或較低部位打開一個出口」。相反地，布爾哈夫和范斯維騰則認為，歇斯底里運動起因於各種液體的一種過分的流動性。這些液體變得十分不穩定，很容易被攪動起來。范斯維騰解釋道：「由於結構孱弱，血液很容易被分解；它勉強凝結在一起，因此血清的濃度和質量都很差；淋巴液同血清所提供的液體都類似於血清的狀況。……在這種情況下，所謂無實體的歇斯底里和疑病症就可能從神經纖維的這種特殊狀態中產生。」我們應該把「面色蒼白的少女、用腦過度的人」很

容易有的不適、痙攣和疼痛歸因於這種敏感性和流動性。歇斯底里既是活動的又是靜止的、既有流動性又有黏滯性，既起因於不穩定的振動又受到惰性體液的阻滯。誰也沒有發現其運動的真實性質。

　　我們在化學領域看到同樣的情況。在朗格（Lange）看來，歇斯底里是發酵的結果，是由於「被送到身體不同部位的鹽分」與「那裡原有的體液」混合發酵的產物。另一些人則認為歇斯底里是鹼性的。而埃特繆勒（Michael Ettmüler）則認為，這種病屬於酸性反應，「直接原因是胃的固有酸性；乳糜是酸性的，因此血液的性質受到腐蝕，不再能貽養元氣；淋巴液是酸性的，膽汁也萎靡不振；神經系統備受刺激，而消化發酵成分因變質而不易揮發和酸性過強。」韋立德（Viridet）著手重構了涉及到「我們所體驗到霧氣」的一種酸和鹼的辯證關係，認為這二者在大腦和神經中的運動和劇烈衝突引起了歇斯底里和疑病症的症狀。有些特別易揮發的動物元氣是鹼性鹽，當它們十分稀薄時，流動極快，變成霧氣。但是也有酸鹽揮發成的霧氣；乙醚使酸霧足以抵達大腦和神經，在那裡「與鹼遭遇，引起各種疾病」。

　　歇斯底里和疑病症的性質的不穩定性是令人不可思議的；它們的力學特性與其化學上的隱秘性質的混淆不清也是令人不可思議的。如果說從性質上對躁狂症和憂鬱症做出診斷顯得輕而易舉的話，那麼對歇斯底里和疑病症的辨別則顯得猶豫不決。無疑，性質圖象對於構成憂鬱症——躁狂症的對偶關係具有決定性作用，而在歇斯底里和疑病症的歷史上則只有第二位的作用，可能只是不斷變幻的布景。與躁狂症不同，歇斯底里的進展並沒有穿過這個領域的、以醫學意象反映出來的模糊性質。它的空間與此不同，是整個身體。其器官的重要性和其道德價值是相互關聯的。

人們通常認為,是普瓦斯(Charles le Pois)和威利斯將歇斯底里從古老的子宮錯位的神話中解放出來。李耶鮑(Jean Liébault)翻譯或者說改寫了馬里涅羅(Marinello)的著作,以適應十七世紀的標準。同時他有保留地接受了關於子宮的本能運動的觀點,認為如果子宮改變了位置,「這是為了更自在一些;這不是出於某種慎思、吩咐或感官刺激,而是為了保障健康和體驗某種享受」。無疑,子宮不可能像過去人們所認為的在人體大翻轉時在全身移動,因為它被子宮頸、韌帶、脈管以及腹膜「嚴格固定住」。但是它仍能改變位置:「儘管子宮嚴格固定在我們所說的那些部件上,因而不能改變所處空間,但它還是常常改變位置,在女人體內造成古怪的、任性的運動。這些運動是各式各樣的:上升、下降、痙攣、游移、脫垂。子宮會上升到肝、脾、膈、胃、乳房、心、肺、咽喉和頭。」古典時期的醫生幾乎一致反對這種解釋。

在十七世紀初,普瓦斯在談到歇斯底里痙攣時寫道:「在各種病源中,有一個是最根本的,它不是通過交感而是通過原發病發揮作用。」更準確地說,這種痙攣驚厥的根源在於後腦積水:「正如細流匯成大河,位於大腦表層和終止於後腦的空腔因處於頭部的傾斜位置而大量積水。這些部位的熱量使液體升溫,影響了神經起端。」威利斯則對子宮說進行了細緻的批判,認為,大腦和神經系統疾病尤其造成了「患這種病時血液運動的紊亂失調」。但是這些分析都沒有徹底否定歇斯底里和子宮有一種基本聯繫的觀點,而是改變了角度,不再認為這種聯繫是一種通過全身的實際錯位,而是一種通過肌體的各種脈絡,通過類似的功能脈絡的秘密擴散。我們不能說病源已經變為大腦了,也不能說威利斯已為一種歇斯底里的心理分析創造了條件。但是,現在大腦對一種起源於內臟的疾病,發揮中繼站和配電器的作用。直至十八世紀末,直至皮內爾之前,子宮一直出現在歇斯底里的病理分

析之中，但不是因自身的性質而具有特殊重要性，而是作為體液和神經的特殊擴散的一個結果。

施塔爾通過對月經和痔瘡的奇特比較，證明歇斯底里和疑病症的相似性。他在分析痙攣時解釋道，歇斯底里是一種劇痛，「伴有緊張和壓迫感，因此主要在疑病區以下被感受到」。當男人受到該病侵襲時，「會本能地通過嘔吐或痔瘡發作將過剩的血排出」。這時就被稱為疑病症。當女人受到該病侵襲時，「月經周期就會不正常」。這時就被稱為歇斯底里。「這兩種病沒有實質上的區別。」霍夫曼的觀點與之十分類似，但在理論上有許多不同之處。在他看來，歇斯底里的病因在於子宮的鬆弛和虛弱，但是病源還有待尋找，正如疑病症的病源在腸胃；血液和生命液在「腸胃的包膜和神經膜」開始滯流；胃部開始紊亂，並由此蔓延到全身。處於肌體中心的胃就像一個中繼站，把出自腹腔下半部的各種疾病擴散到全身：「無疑，疑病症患者和歇斯底里患者所體驗的痙攣，其位置在神經部分，尤其在腸胃的包膜上，病狀由此通過肋間神經與頭、胸、腎、肝以及全身各主要器官發生聯繫。」

霍夫曼賦予腸胃和肋間神經的作用典型地表現出古典時期處理該問題的方式。這種方式不僅規避在子宮內定位的舊傳統，而且更重要的是致力於發現一種散布全身的、性狀複雜的疾病的本原和散發途徑。這裡所要考慮的這種病是既能侵襲頭部又能侵襲腿腳、表現為麻痺或運動僵硬的病，是能夠造成強直性昏厥或失眠的病，簡言之，這種病能迅速而巧妙地穿越肉體空間，在全身都有實實在在的體現。

那種堅持認為從馬里涅羅到霍夫曼醫學視野發生了變化的觀點是徒勞無益的。在希波克拉底（Hippocrates）㉕傳統中著名的子宮流動說已片甲不存。或許只有某種主題還存在著。這種主題現在變得更清晰了，即它不再局限於某一種醫學理論，而是始

終不變地貫穿於理論概念和解釋性圖式的遞嬗過程之中。這個主題就是，肉體空間的運動起伏、下部力量的湧動。這些力量蓄之已久，過分充盈，便開始沸騰，最終不管大腦是否調節而把自身的無序擴散到全身。儘管生理學概念已經完全改組，但是這個主題卻幾乎一直不變地延續到十八世紀初。十分奇怪的是，在十八世紀，病理學中沒有任何理論或實驗上的革新，但是這個主題卻突然受到修正，改變了方向，即肉體空間的動力學被情感道德取而代之。正是在此時，歇斯底里和疑病症的觀念開始轉向，明確地進入了瘋顛領域。

我們現在按照其三個階段來描述這個主題的演變：

1. 關於肌體和道德滲透的動力學；
2. 關於肉體連續性的生理學；
3. 關於神經敏感性的倫理學。

如果肉體空間被想像成一個固體的、緊密聯繫的整體，那麼歇斯底里和疑病症的無序運動只能出自於一種極其稀薄而且流動不止的成分，這種成分能夠滲透進固體所佔據的空間。正如海默爾（Nathaniel Highmore）指出的，動物元氣「因自身火焰般的稀薄而能滲透密度最大的實體，……而且因自身的活躍而能在瞬間滲透整個微觀宇宙。」如果這種元氣流動性增強、而且以極其混亂的方式滲透到身體中各個不適當的部位，那麼就會引起無數複雜的失調症狀。不論對海默爾，還是對其反對者威利斯或對西德納姆來說，歇斯底里是一種肉體疾病，因為肉體能被元氣以各種方式滲透，因此有著內在秩序的器官變成了一堆消極地屈從於元氣的混亂運動的物質的鬆散空間。這些元氣「猛烈地湧到某個部位，在那裡造成痙攣甚至疼痛，……並使器官功能失調，無論是被元氣遺棄的器官，還是元氣所湧入的器官，都會因元氣分布的不均衡而受到嚴重損害，因為這種不均衡完全違背了生理系

統的法則。」㉖處於歇斯底里狀態的身體就是這樣聽命於無序的元氣。元氣完全不受任何肌體法則和任何功能要求的束縛，因此能連續地侵襲身體的各個空間。

各個區域受到的影響各不相同，後果也不相同。這種疾病的運動根源是沒有分殊的，但是因其穿越的空間和在身體表面顯現的部位不同而具有不同的形態。「它們在胃裡積聚，然後突然湧到咽喉部的肌肉，在所穿越的整個區域造成痙攣，在胃裡造成腫脹，如同一個大球。」歇斯底里在稍高的位置上，「侵襲結腸以及心臟下面的區域，引起難以忍受的疼痛，很像迴腸疾病。」如果該病升得更高一些，就會侵襲「中樞部位，就會引起劇烈的心悸。病人此時確信，護理人員應能聽到他的心臟擊打肋骨的聲音。」最後，如果疾病侵襲「頭部的外圍、頭骨之間的部分，就會固定在一個地方，引起劇烈疼痛，並伴有劇烈的嘔吐。」㉗身體的各個部位根據自己的情況決定了症狀。因此，歇斯底里顯得是最真實又最有欺騙性的病。它是真實的，因為它基於動物元氣的運動；但它又是虛幻的，因為它所產生的症狀似乎是由器官內在的無序造成的，而這些症狀其實是一種中樞的或普遍的無序在器官層面上的形成物。正是一種內在流動的錯亂在身體的表面表現為局部症狀。器官實際上是被元氣的無序而過分的運動所侵擾，但卻裝作自己出了毛病；由於是在器官內部空間運動紊亂，因此器官裝出完全是自身的無序；歇斯底里用這種方式「模仿出幾乎所有的人的肉體的疾病，因為它在人體中無所不在，它能立刻造成符合該部位的症狀。如果醫生既不聰慧又無經驗，就很容易被欺騙，會把歇斯底里的症狀歸因於該部位的某種常見病。」㉘這種病的策略就是，它以不同的形式穿越肉體空間，表現出不同的外觀，但是這裡的性狀不是本質，而是身體耍的一個花招。

體內空間越容易被滲透，歇斯底里就越頻繁，其外觀也越變化多端；如果身體健壯、抵抗力強，如果體內空間緊密，而且不

同區域的質地參差不齊，那麼歇斯底里的症狀就很罕見，其影響也微不足道。不正是這一點使女性歇斯底里與男性歇斯底里，或者說，使歇斯底里與疑病症有所區分嗎？實際上，不是症狀，也不是病因，而是身體的空間堅固性或者說內部密度，構成這些病的區分原則。「除了由可感覺的各種部件所組成的，所謂『外在的人』，還有一個由動物元氣所構成的『內在的人』，後者只能用精神的眼睛看到。後者與體質緊密相聯，因人的狀態不同而或多或少有些紊亂，其程度取決於構成這架機器的本原的自然堅固性。這就是為什麼女人比男人更容易受到這種病的侵襲，因為女人的體質更纖細而不那麼堅固，因為她們過著較溫和的生活，因為她們習慣於舒適的生活，而不習慣於受苦。」就在上面這段文字中，已經包含著空間密度的一個涵義：它也是一種道德密度；器官對元氣的無序滲透的抵抗力可能也是靈魂保持思想和欲望的井然狀態的能力。這種變得疏鬆的空間，可能完全是心靈的鬆弛。這就解釋這種現象：為什麼習慣於艱苦勞作生活的女人很少患歇斯底里，而當她們生活舒適，閒散時，或當某種悲苦壓倒她們的意志時，就非常容易患歇斯底里。「當一些婦女向我諮詢某種我無法判斷的疾病時，我便問她們，是否只是在心情悲痛時才感到這種病……，如果她們大體上承認這一點，那麼我就能斷定，她們患的是一種歇斯底里。」㉙

　　這樣，我們就對古老的道德直覺有了一個新的概括。自希波克拉底和柏拉圖的時代起，這種直覺就把子宮當作一個有生命的、運動不止的動物，並且對其運動的空間加以規定；這種直覺認為歇斯底里中有一種不能控制的欲望騷動，因為愚者既不能滿足它們又不能駕馭它們；女性器官意象上升到胸部和頭部，反映了柏拉圖主義的靈魂三元說和力圖確保自身靜止的等級序列中的一種劇變。對於西德納姆來說，對於笛卡兒的信徒來說，道德直覺依然存在，但是表達道德直覺的空間畫面發生了變化；柏拉圖

的垂直的等級秩序被一個立體空間所取代。這個空間被不停的運動來回橫切。這種運動的無序不再是底層上升到高層的革命，而是在一個混亂空間中的無規律的旋風。西德納姆試圖用「精神的眼睛」洞察這個「內在的身體」，因為它不是客觀觀察的遲鈍目光所能看到的客觀身體，而是一個場所，在那裡，一種想像這種身體和譯解其內在運動的方式同一種研究其道德價值的方式緊密結合。在這種倫理知覺層次上的發展已經結束。在這種知覺中，最靈活的醫學理論意象都發生了曲折變化；在這種知覺中，重大的道德主題得到系統的表達，並逐漸更新了最初的面貌。

然而，這種易滲透的身體應該是一個緊密結合的實體。疾病在各器官的彌散反過來說則是一種允許其擴散並連續影響各器官的傳播運動的結果。如果說疑病症患者或歇斯底里患者的身體是一種疏鬆的、自我分離的、因疾病侵襲而膨脹的實體，那麼這種侵襲則必須借助於某種連續空間才能實現。疾病藉以循環流動的實體應該有不同於擴散的症狀藉以顯現的身體的特性。

這個問題困擾著十八世紀的醫學，導致人們將疑病症和歇斯底里視為「神經方面」的疾病，即一切交感作用的總動因的原發病。

神經纖維被賦予某些引人注目的特性，從而能夠將異質因素整合在一起。神經傳送著各種迥然不同的印象，而它在任何地方、任何器官裡都應該有同一性質。這樣說能不令人驚異嗎？「神經在眼珠後面的伸展使人能夠接收微妙的光亮；聽覺器官的神經對發聲物體的振顫十分敏感；但是就性質而言，它們與觸覺、味覺和嗅覺等較遲鈍的感覺神經毫無區別。」這種功能各異而性質同一的特性，保障了生理上迥然不同的器官之間進行交流的可能性。「人體神經的同質性以及各種相互維繫的器官之間的無限交流……確立了器官之間的和諧，從而常常導致一處有病，

多處受害。」㉚但是，更令人讚嘆的是，同一神經纖維能同時傳送某種無意識運動的刺激和感覺給器官留下的印象。梯索（Simon-André Tissot）認為，這種同一神經的雙重功能是兩種運動的結合。一種是造成無意識刺激的波盪運動（「這是一種裝在彈性容器中的液體運動，比如，液體裝在皮囊中，擠壓皮囊，液體就會通過一個管道噴出。」）另一種是造成感覺的粒子運動（「這是一連串象牙球的運動。」）因此，同一神經能夠同時產生感覺和運動。正如我們在各種神經疾病中觀察到的，神經的緊張和放鬆都會同時改變那些運動和感覺。

　　然而，儘管神經系統有這些統一的性狀，我們是否就有把握能用神經纖維的實際網絡來解釋歇斯底里和疑病症的如此紛繁的無序具有某種內在聯繫呢？如何來設想披露了某種神經疾病的各個部位的症狀之間的聯繫呢？在探究這種聯繫時，如何解釋某些「極其敏感」的女人會因聞到一股濃烈的香味、聽到關於一個悲慘事件的生動描述或看到一個廝殺場面而「暈厥」？人們的探尋是徒勞無益的：沒有發現任何明確的神經聯繫，也沒有發現任何由這種根源引伸出來的途徑，而只是發現了一種屬於生理聯繫的、間接的作用。這是因為身體的各個部分都具有「十分確定的官能，這些官能要麼是普遍的，遍及整個人體，要麼是特殊的，主要影響某些部位。」感覺和運動的雙重官能使器官互相交流、同甘共苦，並能對來自遠處的刺激做出反應。這種特性就是交感作用。實際上，懷特既未能將交感作用完全歸因於整個神經系統，也未能從與感覺和與運動的關係上來界定它。交感作用在器官中的存在完全取決予它在那裡是否能通過神經的中介而被接收到；神經越靈活，交感作用就表現得越明顯，與此同時，交感也是感覺中的一種：「各種交感都以情緒為前提，因此只能透過神經的中介而存在，而神經完全是感覺藉以運作的工具。」㉛然而，神經系統在此不是被用於解釋對運動或感覺的傳送，而是被

籠統地用於肯定身體對自身現象,對自身在肌體空間中引起的共鳴的敏感性。

神經疾病本質上是交感的混亂;其前提是神經系統的普遍警覺狀態,這種狀態使各個器官都可能與其他器官產生交感:「在神經系統的這種敏感狀態下,靈魂的激動、飲食習慣的破壞、氣候冷熱濕悶的突然變化,都很容易產生病狀;在那種狀態中,人們也不能保持身體健康,通常會有各種連續不斷的疼痛感。」無疑,這種過度的敏感都會伴有遲鈍、困倦;一般而言,歇斯底里患者是極度內向敏感的,而疑病症患者的敏感程度要小些。當然,女人屬於前一類,因為子宮以及大腦是與整個肌體保持最強烈交感的器官。「子宮發炎通常都伴有嘔吐;懷孕會引起噁心、反胃;分娩時陰道隔膜和腹肌會陣縮;月經期間會出現頭痛、輕微發燒、腰背疼痛和腹痛。」女性全身都遍布著不可思議的模糊而直接的交感通道。女性的身體總是處於自我交流之中,從而形成一種對於交感絕對有利的場所。女性的肌體空間永遠包含著歇斯底里的可能性。女性肌體的交感敏感散射到其全身,使女性易於患上神經疾病,又稱憂鬱症(vapors)。「女人的身體通常比男人更靈活,因此更容易患神經疾病,而且女人的神經疾病也更嚴重些。」㉜懷特言之鑿鑿地說,他曾目睹「一個神經脆弱的少女因牙疼而昏厥,持續幾個小時不省人事,直至疼痛更劇烈時才醒過來。」

神經疾病是相連肉體的疾病。全身過於緊密、各部位過於緊密的身體,在某種意義上不可思議地緊縮的肌體空間,此時已成為歇斯底里和疑病症的共同母題。對於某些人來說,身體與自身的親密關係表現了一種準確的意象,如龐默(Pomme)所描述的「神經系統的萎縮」。這重意象遮蔽了問題但是並未抹煞問題,也未妨礙有關努力的繼續展開。

這種交感究竟是各個器官中所蘊藏的一種性能——切恩所說的「情緒」（sentiment），還是一種透過中介因素的傳播？這些神經疾病的相似病狀究竟是這種情緒的受激狀態，還是這種間質性身體（interstitial body）活動性增強的表現？

十八世紀，當生理學家力圖儘可能準確地界定神經系統的功能和作用（敏感性和應激性；感覺和運動）時，醫學思想中的一個饒有趣味而又十分典型的現象是，醫生們按照一種與生理學提供的圖式大相逕庭的圖式將上述觀念組合起來，不加區分地應用於籠統的病情診斷。

敏感和運動是不能分開的。梯索解釋道，兒童比其他人更敏感，因為他身上的一切東西，都比較輕，也比較活躍；應激性（irritability）按哈勒的理解是神經纖維的一種性能，等同於激怒煩躁狀態（發炎）（irritation），被認為是一種持久的刺激引起的器官病狀。因此人們公認，神經疾病是過敏與神經過分活躍的結合物。

「人們有時會看到，一個極小的刺激會在某些人身上產生比健康人強烈得多的運動；這種人經受不住任何微小的反面印象。極其微弱的聲音和光亮都會給他們造成異常的症狀。」㉝由於刻意保留了 irritation 觀念的模糊含義，十八世紀末的醫學就能在實際上展現氣質（應激性）和病變（煩躁、發炎）之間的連續性，而且還能同時維繫兩個觀念。一個是各個器官在以自己的方式承受一般侵襲時具有獨特的無序狀態（器官特有的敏感決定了這種無序是一種間斷的交流）。另一個是任何一種無序都能侵襲肌體的各個部分，從而在肌體內傳播（神經纖維的變動性造成了這種不間斷性，儘管各個器官的神經纖維有所不同。）

然而，如果說「受激神經」確實起了公認的混淆作用，那麼它也造成了病理學中的一個關鍵性區分。一方面，神經疾病患者是非常易於激動的，即他們十分敏感，神經脆弱、身體虛弱；但

是另一方面，他們也有一個敏感的靈魂、一個躁動不安的心，對
周圍發生的事情極易產生共鳴。這種全面的反應——感覺和變動
兼而有之——構成了這種疾病的首要判定因素。女人「神經脆
弱」，無所事事時很容易沈溺於想像，男人「身體比較剛健，並
飽經勞作之苦」，因此女人比男人更易受到神經疾病的侵襲。但
是，這種過度煩躁有其特點：它會減弱，甚至泯滅靈魂的感覺；
彷彿神經器官的感覺過分承擔了靈魂的感受力，佔用了因自己的
極度變動而引起的大量感覺；神經系統「處於這樣一種煩躁和反
應狀態，因此不能將自己的體驗傳送給靈魂；它的全部印象都是
混亂的；它不能理喻它們。」㉞這樣就出現了敏感（sensibi-
lity）不是感覺（sensation）的觀念，即由靈魂和肉體衍生出來
的敏感與抑止神經刺激抵達靈魂的感覺麻木成反比關係。歇斯底
里患者的喪失知覺不過是其過於敏感的反面。這種關係是交感觀
念所無法界定的，而應激性觀念則於此有所裨益。當然，在病理
學家的思想中，這種關係幾乎未加闡明，依然混淆不清。

　　然而，「神經疾病」的道德意義卻因此而發生深刻變化。凡
是當神經疾病與胴體較低部位聯繫起來時（甚至是由各種模糊不
清的交感渠道聯繫起來的），這些疾病也就屬於某種欲望倫理的
範疇：它們代表了肉體的報復；人之所以生病乃是情緒過分熾烈
的結果。從此，人會因感情過度而生病，會因與周圍的一切過於
密切而生病。人不再受自己的秘密性質所驅使，而是世界表面的
一切誘惑肉體和靈魂的事物的犧牲品。

　　結果，人變得更無辜也更罪孽深重。更無辜，是因為人被神
經系統的全面煩躁推入不省人事的狀態，其程度與病情成正比。
更罪孽深重，是因為他所依戀的萬物、他的生活、他曾患過的疾
病、他曾洋洋得意地釀造的感情和想像，都匯聚在神經質的煩躁
之中，這既是它們的正常後果，也是對它們的道德懲罰。全部生
活最終受到這種煩躁的審判，其中包括非自然的習弊，城市的定

居生活，閱讀小說，觀賞戲劇，渴求知識，「過強的性欲，或其它既傷害身體又為道德所不容的犯罪習性。」㉟甚至感受不到自己神經煩躁的神經病人，其無辜根本上正是對一種更深刻的罪孽的正當懲罰：這種罪孽使他拋棄自然而投身塵世：「多麼可怕的狀態！……這是對一切柔弱靈魂的折磨，懶散使他們耽於犬馬聲色，他們擺脫自然所要求的勞作而擁抱思想的幻影。……富人便是因濫用其財富而受到這樣的懲罰。」㊱

現在我們已經站在十九世紀的門檻。在十九世紀，神經應激性將在生理學和病理學中交上好運。但是，它目前在神經疾病領域中畢竟留下了某種十分重要的東西。

這包括兩方面內容。一方面是對歇斯底里和疑病症作為精神疾病的完全確認。由於對敏感和感覺的重大區分，這兩種病進入了非理性領域，正如我們已看到的，非理性的基本特徵是謬誤和夢幻，即盲目。只要神經狀態是驚厥狀態或奇妙的穿越身體的交感狀態，即便導致意識減退和喪失，那就不是瘋顛。但是，一旦頭腦因過度敏感而變得盲目，瘋顛便出現了。

但是，另一方面，這種確認賦予瘋顛以新的內涵，即罪孽、道德制裁以及根本不屬於古典經驗的正當懲罰。它使非理性擔負起這些新的價值：不是使盲目成為各種瘋顛現象出現的條件，而是把盲目、瘋顛的盲目說成某種道德失誤的生理效果。由此危及了以往非理性經驗中的根本要素。以往被視為盲目的將變為無意識，以往被視為謬誤的將變為過失。瘋顛中表示非存在的吊詭現象的一切，都將變為對道德罪惡的自然懲罰。總之，構成古典瘋顛結構的整個縱向體系，從物質原因到超越物質的譫妄，都將土崩瓦解，而散落在由心理學和倫理學爭相佔領的領域的整個表面。

十九世紀的「科學的精神病學」指日可待了。

正是在這些很快就會受到嘲弄的「神經疾病」和「歇斯底里」概念中，產生了這種「科學的」精神病學。

# 註　釋

① 魏爾（Johann Weyer）《魔鬼作祟》（*De praestigiis daemonum*）
（1563）。

② 西德納姆（1624～1689），英國醫師，公認的臨床醫學及流行病學的奠
基人。——譯者註

③ 同①

④ 布爾哈夫（1668～1738），荷蘭醫生。——譯者註

⑤⑥《為鄧肯先生辯護》（*Apologie pur Monsieur Duncan*）。

⑦ 梅納迪耶爾（Hippolyte-Jules la Mesnardière）《論憂鬱症》（*Traité
de la mélancolie*），（拉弗萊什，1635），第 10 頁。

⑧《為鄧肯先生辯護》。

⑨ 威利斯（Thomas Willis）《全集》（*Opera omnia*）（里昂，1681），
第 2 卷，第 242 頁。

⑩「有一個士兵因父母排斥他所熱戀的姑娘而患憂鬱症。他心煩意亂、頭
痛欲裂，思緒沉重。他日益削瘦、臉色蒼白。他變得極其虛弱，以致大
便失禁。……雖然這個病人對任何問題都不做明確回答，看上去完全沉
溺於自我，而且從不主動要飲食，但是絕無任何譫妄。」（《健康報》
〔*Gazette salutaire*〕1763 年 3 月 17 日）

⑪ 詹姆斯《醫學大辭典》（法文譯本）第 4 卷，第 1215 頁。

⑫《百科全書》「躁狂症」條。

⑬ 哈勒（1708～1777），瑞士生理學家。——譯者註

⑭ 海耳蒙特（1580～1644），比利時化學家、生理學家和醫學家。——譯
者註

⑮ 里格，長度單位，約為 3 英哩。——譯者註

⑯ 里夫（1801～1873），瑞士物理學家。——譯者註

⑰ 卡倫（William Cullen）《實用醫學》（*Institutions de médecine prati-*

que）（法文譯本，兩卷集，巴黎，1785），第 2，第 315 頁。

⑱ 卡倫（1710～1790），英國醫師，醫學教授。──譯者註

⑲ 歇斯底里（Hysteria），又譯瘟病。疑病症（Hypochondria），本意
為季肋病。

⑳ 林奈（1707～1778），瑞典著名的博物學家。──譯者註

㉑ 布萊克黙（1654～1729），英國作家、醫生。──譯者註

㉒ 米德（1673～1754），英國著名醫生，對預防醫學頗有貢獻。──譯者
註

㉓ 弗萊明（M. Flemyng）《神經疾病──疑病症和歇斯底里》（*Nevro-pathia sive de morbis hypochondriacis et hystericis*）（阿姆斯特丹，
1741），第 i.ii 頁。

㉔ 施塔爾（1660～1734），德國醫生和化學家，──譯者註

㉕ 希波克拉底（約西元前 460～前 377），古希臘醫生，被譽為醫學之
父。──譯者註

㉖ 西德納姆（Thomas Sydenham）《實用醫學》（*Médecine pratique*）
（法文譯本，巴黎，1784），第 400～404 頁。

㉗ 同前引書，第 395～396 頁。

㉘ 同前引書，第 394 頁。

㉙ 同前引書，第 394 頁。

㉚ 普萊薩文（Jean−Baptiste Pressavin）《氣鬱新論》（*Nouveau traité des vapeurs*）（里昂，1770），第 2～3 頁。

㉛ 懷特（Robert Whytt）《論神經疾病》（*Traité des maladies ner-veuses*）（法文譯本，巴黎，1777），第 1 卷第 23～24 頁，50～51
頁。

㉜ 同前引書，第 47，126～127，166～167 頁。

㉝ 梯索（Simon−André Tissot）《論神經及神經疾病》（*Traité des nerfs et de leurs maladies*）（巴黎，1778～1780），第 1 卷，第 2 部分，第
302 頁。

㉞ 同前引書，第 278～279，302～303 頁。

㉟ 普萊薩文，見前引書，第 65 頁。

㊱ 梅西埃（Louis-Sébastien Mercier）《巴黎風情》（ _Tablean de Paris_ ）（阿姆斯特丹，1783），第 3 卷，第 199 頁。

# 第六章　醫生與病人

治療瘋癲的方法在醫院裡並未奏效，因為醫院的主要宗旨是隔離或「改造」病人。然而，在醫院之外，對瘋癲的治療在整個古典時期都在繼續發展。長期療法形成了，其目的與其說是醫治病人心靈，不如說是醫治整個人，醫治其神經纖維及其幻想過程。瘋人的身體被視為看得見、摸得著的疾病顯現部，由此產生了病體療法，而其意義則借鑑自關於肉體的道德觀念和道德療法。

1. 強固法（Consolidation）。在瘋癲中，甚至在其最騷動不安的形式中，總有一種虛弱因素。如果在瘋癲中，病人的精神元氣陷於無規律運動之中，那是因為其精神沒有足夠的力量來遵循自然的軌跡。如果在神經疾病中經常出現驚厥，那是因為神經纖維太脆弱，太容易激動，或者說對振動太敏感。總之，神經不夠堅強。明顯的瘋癲狂亂有時似乎使躁狂症者力量倍增。但是，在這種狂亂之下，總存在著一種隱蔽的虛弱，即缺乏抵禦能力。瘋人的躁狂實際上只是一種消極的暴力行為。因此需要有一種能使精神或神經纖維獲得活力的療法。這是一種平靜的活力，任何混亂都不能奈何它，因為它從一開始就服從自然進程。這種活力不僅是生機勃勃和活力的意象，而是一種堅強的力量，它戰無不勝，以一種新的抵抗力、青春的靈活性包圍住對象；同時它又受到控制和馴化。必須用一種自然力來增強自然之物本身。

　　理想的醫治方法應該能「扶特」精神（元氣），「幫助它們克服使其騷動的因素」。扶持精神（元氣）就是抑制精神自身無法控制的無益的興奮，使它們能夠避免化學反應引起的興奮和騷擾，最後使它們堅實起來，足以抗拒企圖窒息它們、使它們怠惰和陷入暈眩的煙氣（憂鬱氣）。「具有強烈刺激性的氣味」可以增強精神，對付憂鬱氣。令人不快的感覺能夠刺激精神，從而使精神能夠產生反作用，迅速地匯集到反擊憂鬱氣侵襲之處：「阿魏①、琥珀油、燒焦的皮毛均可以用來（達到這一效果）。總之，凡是能使心靈產生強烈不快感覺的東西均可起作用。」對付精神騷動，必須使用解毒劑，如抗癲癇的查拉斯（Charras）②，最好是用眾所周知的匈牙利王后水③。消除腐蝕酸以後，精神就恢復了。最後，為恢復精神的正常運作，朗格建議，讓精神受制於令人愉悅的，適度的和有規律的感覺和運動：「當人的精神渙散時，應給予必要的治療，使其平靜下來，恢復正常狀態愜意的氣味，令人心曠神怡的散步，見到慣會給人開心的人以及音樂，這些都能使人的心靈感到溫馨愉悅。」這種穩定的溫柔，適度的力量以及完全為了保健的活躍，都是使機體內連結肉體與靈魂的脆弱因素變得堅實的手段。

　　但是，也許最有效的強身方法是使用一種物質。這種物質應該既十分堅實又十分柔和，既有極強的抗力，又能使懂得如何使用它以達到自己目的人任意擺佈它。這就是鐵。鐵憑藉其得天獨厚的性質，集上述相互矛盾的品質於一身。其他物質都沒有鐵的那種抗力，也沒有鐵的那種可塑性。鐵是大自然的造化，但又可由人的技術擺佈。除了用鐵之外，人類還能有其它更可靠的方法──即更接近於自然而又更順從人類的方法──來加強自然之物，使其具有更大的力量嗎？人們常引用迪奧斯科里斯（Dios-corides）④的一個古老例子：當他把一塊燒紅的鐵塊扔進水裡後，就使靜止的水具有了本身所不具有的活潑性。火的熾熱，水

的平緩流動，經過處理而變得柔順的金屬的活力，所有這些因素結合起來，就使水具有了強化力、激活力和加固力。水能把這些力量傳遞給人的機體。既使不假任何加工，鐵也能起作用。西德納姆認為，直接攝入鐵銼屑就行。懷特舉例說，有一個人因胃神經虛弱而長期患疑病症，為了治病，他每日服用二百三十二喱（grains）鐵。這是因為，鐵除了其他優點外，還能直接自我傳遞。它所傳遞的不是物質而是力量。似乎矛盾的是，雖然它的抗拒力很強，但它能直接溶於有機體內。沈澱在有機體內的是鐵質，而毫無鐵鏽或鐵渣。很顯然，鐵能創造奇蹟的觀念支配著人們的各種奇想，並壓倒了觀察本身。如果人們進行實驗，那麼其目的不是發現一系列的積極效果，而是為了強調鐵的品質的直接傳遞功能。賴特給一條狗餵鐵鹽。他發現，將乳糜同五倍子（gall）顏料混合，一小時後乳糜並未顯示出吸收鐵後必然顯示的紫色。可以肯定，鐵沒有進入消化過程，沒有進入血液，實際上也沒有滲入有機體，而是直接作用於腹壁和神經纖維。精神和神經纖維的加固，不是一種觀察到的效果，而是一種有效的比喻。它意味著，無須任何擴散運動，便可以傳遞力量。接觸便能提供力量，而無須任何交換或物質、任何運動交流。

　　2. 清洗法（Purification）。針對瘋癲的各種病症產生了一系列療治。這些病症是：內臟堵塞、錯誤觀念泛濫，憂鬱氣沸騰，暴力行為，體液和精神腐敗。而每一種療法都是一種清洗手術。

　　理想的療法是徹底清洗。這種方法最簡單，但又最不可能用於治療。該方法是用一種明亮清潔的血液置換憂鬱症患者過量的、黏滯的、受累於苦澀體液的血液，因為清潔血液能驅散譫妄。一六六二年，霍夫曼建議用輸血來治療憂鬱症。數年後，該想法已得到一定的承認，因而倫敦哲學協會制定了計劃，對禁閉在貝德拉姆（Bedlum）的病人進行一系列實驗。受命從事這項

工作的醫生愛倫（Allen）拒絕這樣做。但是，丹尼斯（Jean-
-Baptiste Denis）對自己的一位病人——失戀憂鬱症患者進行
了試驗。他從病人身上抽出十盎司的血，然後輸入稍少一些的取
自小牛大腿動脈的血；次日，他重做一次，但換血量僅幾盎司。
病人開始平靜，次日便神智清醒了，不久便完全康復了。「外科
醫生學會的全體教授都證實這一試驗」。儘管後來還有幾次試
驗，但這種方法很快就被拋棄了。

　　人們樂於採用的藥物是防腐劑。這是因為「用沒藥（Myr-
rh）和蘆薈（Aloes）保存屍體已有三千多年的經驗了。」⑤難
道屍體的腐爛不是與體液疾病所導致的身體惡化具有同樣的性質
嗎？那麼，最值得推荐的藥物就是沒藥和蘆薈了，尤其是帕拉切
爾蘇斯（Paracelsus）⑥的著名藥方。但是，僅僅阻止腐爛是不
夠的，還應根除腐爛。因此產生了防止變質本身的療法，或者旨
在轉移腐爛物質，或是旨在溶解腐爛物質。這就是偏轉術和洗滌
術。

　　第一種包括各種嚴格意義上的物理方法。這些方法旨在身體
表面製造創傷或瘡癤。這些創傷或瘡癤是緩解肌體的感染中心，
向體外排病的中心。法洛斯（Fallowes）就是這樣解釋其「橄欖
油」（Oleum cephalicum）的有效機制：在瘋癲中，「黑色憂
鬱氣堵塞了元氣必經的細小脈管」，因此血液流動失調，滯留於
腦血管內。必須有一種「能使注意力分散」的迷惑運動，才能使
血液活躍起來。「橄欖油」就具有促使「頭上長小膿疱」的效
用。在膿疱上塗上油，防止變乾，這樣「滯留在大腦的黑色憂鬱
氣」就可以連續排放。在身體任何部位使用燒灼術，都有同樣的
效果。有人甚至認為，像疥瘡、濕疹、天花等皮膚病，也能阻止
瘋癲的發作，因為這種病能使腐爛從內臟和大腦移到身體表面，
向外排放。到該世紀末，人們已經習慣於給最頑固的躁狂病人注
射疥瘡液。杜布萊（François Doublet）在給醫院總管寫的「一

七八五年訓示」（Instructions of 1785）中提出，如果放血、藥瀉、浸洗和淋浴都對躁狂症無效的話，那麼採用「燒灼術、切口排液、製造表皮膿瘡和注射疥瘡液」將能奏效。

然而，最主要的任務是消解體內形成的，造成瘋癲的發酵。為此，主要藥物是苦藥。苦藥具有海水的各種澀口特點。它能通過洗蝕來達到淨化目的。它侵蝕疾病在肉體和心靈中所沈澱下的各種無用的、不健康的和不純淨的東西。咖啡有苦味和活性，因此可用於「體液黏滯的肥胖者」。咖啡有乾燥作用，但不會燃燒，因為它具有驅散多餘的濕度但又沒有灼熱的性質。咖啡裡有火卻無火焰。它是一種不靠焙燒的淨化劑。咖啡能減少不淨物：「喝咖啡的人根據長期體驗，覺得它有助於恢復胃的功能，除濕祛風消痰，通便，尤其是防止濁氣上升，從而減少病人通常感到的頭痛。最後，它使元氣變得強健有力和清純，而對那些常飲用者也沒有留下任何灼熱感。」⑦同樣具有苦味和滋補作用的是奎寧。懷特經常讓那些「神經系統十分脆弱」的人服用奎寧。奎寧對醫治「虛弱、沮喪和消沈」很有效。在為期兩年的療程中僅用一種奎寧藥酒，「偶爾停用，但停用不得超過一個月」。用此方法便可治癒神經不適的婦女。對於神經脆弱的人，奎寧必須與一種「味覺舒適的苦藥」配在一起服用。但是如果病人不怕強烈的刺激，那麼最好服用奎寧硫酸。二十至三十滴奎寧硫酸的效果為佳。

十分自然的是，肥皂及肥皂製品在清洗醫治方面必然具有得天獨厚的效果。因為「肥皂幾乎能溶解任何凝聚物」⑧。梯索認為，直接服用肥皂可以鎮撫許多神經性疼痛；最好是，早晨第一件事就是服用肥皂，或者與麵包、「滑膩的水果」，如櫻桃、草莓、無核小葡萄乾、無花果、葡萄、梨子以及「同類水果」，一起服用。但是，也有些病例十分嚴重，其梗阻難以克服，服用任何肥皂都無能為力。對此，可用可溶性酒石。馬譯爾（Muzzell）是最先想到用酒石來醫治「瘋癲和憂鬱症」的人。他發表了若干篇成功的實驗報告。懷特對此加以肯定，同時還指出酒石具有清洗功能。他說，因為酒石對梗阻性疾病特別有效，「據我觀察，可溶性酒石在醫治因有害體液積聚於主要脈管而引起的躁狂症和憂鬱症時，比醫治因大腦缺陷引起的同種病症更為有效。」關於其他溶解物，勞蘭引舉了蜂蜜、煙囪灰、東方藏紅花，木虱，龍蝦鉗螯粉以及糞石。

在體內溶解法和體外偏轉法之間，我們發現還有一系列的實踐方法。其中最常見的是醋的各種用法。醋是一種酸，因此能消解梗阻，摧毀發酵中的異體。但在外用時，醋則是一種誘導劑，能把有害體液引到外表上。這個時期的醫療思想有一個奇怪的特點，即不承認在這兩種用法中有任何矛盾之處。儘管這兩種用法中任何一種現在已無法用理性的推理來分析，但是由於設定了醋既有洗滌性又有誘導性，因此它便可以在任何情況下起作用。於是，它不需要任何媒介，僅僅通過兩種自然因素的接觸，便可起作用。因此，有人推荐用醋來擦洗最好是剃光的頭。《醫學報》（*Gazette de médecine*）引述了一個庸醫的例子，該醫生設法「用最簡單便當的方法醫治一批瘋人。他的秘訣是，在把病人上上下下清洗一番後，把他們的頭和手浸在醋中，直至他們入睡後或更確切地說直至他們醒來後才停止。多數病人醒來時病已治癒。他還在病人剃光的頭上敷用切碎的川續斷類（Dipsacus）植物葉草。」

3. 浸泡法（Immersion）。在這方面有兩個觀念起作用。一個是與滌罪新生的禮儀相聯繫的沐浴觀念，另一個是更具有生理學意義的浸泡觀念，即認為浸泡能改變液體和固體的基本性質。儘管這兩種觀念起源各異，其闡述的層次不同，但是在十八世紀末，它們形成一個統一體。這個統一體結合緊密，以致人們感受不到它們之間的對立。由於有關自然本性的觀念含混不清，因此

成為使它們結合起來的因素。由於水是最簡單最原始的液體，因此就屬於自然中最純潔的事物。人類能夠給自然界的本質上的仁慈附加上各種可疑的限制，但這些限制並不能改變水對人的恩惠。當文明、社會生活以及讀小說和看戲引起的幻覺欲望造成了神經性病痛時，返回到清澈平靜的水中就具有浸禮的意義；在清澈的冷水中，人就會恢復其最初的純潔性。但是，與此同時，水天然存在於一切物體的構成之中，能夠恢復各物體的自身平衡。因此水是一個萬能的生理調節者。盧梭的信徒梯索表達了上述所有的觀念，他的想像力既具有道德意義，又具有醫學意義。他說：「大自然把水規定為適用予一切民族的獨一無二的飲料。它使水具有溶解各種營養的能力。水很適合人的口味。因此選用一種清淡的新鮮涼水，就能強健和清洗內臟。希臘人和羅馬人把水當作萬應靈藥。」

浸泡的做法在瘋癲史上由來已久。僅用埃皮達魯斯（Epidaurus）⑨的澡堂就可證實這一點。各種涼水療法在整個古代肯定十分普遍。如果我們相信奧雷利安努斯（Caelius Aurelianus）⑩的說法，那麼以弗所的索拉努斯（Soranus of Ephesus）⑪早已抗議對這種方法的濫用。在中世紀，傳統醫治躁狂病人的方法是將其數次浸入水中，「直至他精疲力盡、忘卻他的狂怒。」西爾維烏斯（Franciscus Sylvius）⑫曾建議用浸泡來醫治憂鬱症或躁狂症。十八世紀人們所接受的關於海耳蒙特（Van Helmont）突然發現了水療的效用的故事，其實是一種對水療的再解釋。根據梅努來（Menuret）的說法，十七世紀中期的這一發現純屬偶然事件所致。當時有一名戴著鐵鐐的瘋人被一輛敞蓬車押送其它地方，但是他設法掙脫了鐵鐐，跳入湖中。他在拼命游泳時昏厥過去。當他被救上岸時，在場的人都以為他死了，但他卻很快恢復了神志，並恢復了正常。以後，他「活了很長時間，再未瘋癲過。」據說，此事啟發了海耳蒙特，他開始

將瘋癲病人統統投入海水或淡水中,「唯一需要注意的是,要在病人無防備時將其投入水中,讓他們長時間地泡在水中。人們不必耽心有什麼生命危險。」

這個故事是否真實,是無關緊要的。而趣聞軼事的形式本身就表明了一點:從十七世紀末起,水療法成為或者說重新成為一種醫治瘋癲的主要方法。杜布萊於法國大革命前夕發佈《訓示》(*Instructions*),對他所認定的四種主要病狀(狂暴、躁狂、憂鬱和癡呆)都規定使用定期洗澡的方法,對前兩種病狀還增加冷水淋浴的方法。在這一時期,切恩(Cheyne)早已建議:「凡是需要強神益智的人」都應在家中設置浴室,每隔兩三天或四天就浴洗一次,「如果他們沒有浴室,那麼就因地就宜,以某種方式或在湖中或用自來水浴洗。」

在十分關注液體和固體的平衡的醫學理論中,水的優點是顯而易見的。因為如果水有浸透力,並因此而居於濕潤劑之首的話,那麼,就其能接受冷、熱這些附加品性而言,它就具有收縮、冷卻和加熱的功用,它甚至能具有屬於鐵一類物質的強固效用。實際上,這些品性的相互作用在水這樣的液體中是變化無常的;正如它很容易滲透到各種生理組織網絡中一樣,它也很容易被各種性質方面的影響所滲透。但是與人們的想像不同,水在十八世紀的廣泛應用並不是人們普遍承認其效能和作用模式的結果,而是由於極其矛盾的病狀和療法很容易歸結為水的作用。水是各種可能的醫療觀念的歸宿,成為流行隱喻的永不枯竭的源泉。在這個液體元素中產生了普遍的品性交流。

當然,冷水具有冷卻作用。否則怎麼會用它來醫治狂亂和躁狂症呢?這些病是熱病,使人的精神亢奮,固體膨脹、液體沸騰,大腦「變得乾燥和鬆脆」。這是解剖學一再證實的。因此,巴特布阿修(Bathélemy-Camille Boissieu)完全有理由將冷水作為冷卻治療的一個手段。冷水浴被列為第一種「消炎處方」,

因為它能把體內多餘的火分子排出去。作為一種飲料，它是一種
「慢性稀釋劑」，可以削弱液體對固體作用的阻抗力，從而間接
地降低體內的總熱量。

　　但是，同樣可以說，冷水有加溫作用，而熱水有冷卻作用。
達呂（Darut）所捍衛的正是這一觀點。冷水浴刺激了身體表層
的血液，「更有力地將血液推向心臟」。而心臟是自然加熱中
心，因此血液在心臟變熱，尤其是因為「與其他器官孤軍作戰的
心臟更要加緊將血液排走和克服毛細血管的阻抗，從而體內循環
大大加強，血液和體液流動加速，各種梗阻被打破，自然熱力、
胃的消化力和身心的活動都得到加強。」與之對稱的是熱水浴的
反作用。熱水浴把血液、體液、汗液以及其他各種有益或有害的
液體都引到身體表層。這樣就減輕了主要器官的負擔，心臟就必
須緩慢工作，整個機體也就冷卻下來。過於頻繁地洗熱水澡所引
起的「暈厥、虛弱、無力」不正是證明了這一點嗎？

　　此外，水具有多價性，極容易順從它所承受的各種品性。因
此，它甚至能喪失作為液體的效能，而作為乾燥劑起作用。水能
驅除濕氣。它使「同性相斥」這一古老原則再度生效，然而是在
另一種意義上，而且是通過一種完全有形的機體實現的。對於有
些東西來說，冷水能使其乾燥，因為熱反而保持了水的濕度。實
際上，熱使機體毛孔擴張，使隔膜膨脹，使濕氣透過二次效應而
浸透機體及其隔膜。熱為液體開了路。正是由於這個原因，十七
世紀流行的並被濫用的各種熱飲料才愈益變得有害了。因為機體
鬆懈、濕氣瀰漫、全身柔弱，這一切給過多飲用這種浸液的人造
成危害。而且，因為這些性狀都是女性身體的特徵，與男性的乾
燥和堅實正好相反，所以濫用熱飲料就會有導致人類普遍女性化
的危險。「多數男人退化，愈具有女人的柔弱、習慣和傾向，唯
一的區別僅僅是生理構造。這些男人受到指責是不無道理的。過
量飲用濕潤劑會直接加速性變，使兩性在身體和道德方面幾乎變

得一樣。如果這種偏好支配了平民百姓,那麼就不再有農夫、工匠和士兵了,因為他們被剝奪了從事他們的職業所需要的力氣和精神。人類就大難臨頭了。」⑬冷水能夠消除濕氣的全部力量,因為它能使肌體組織緊縮,從而不被浸透。「難道我們沒有看到,當我們洗冷水澡時或被凍僵時我們身體的脈管和肌肉組織是如何緊縮的嗎?」⑭因此,冷水浴既有強固肌體,使之防範濕氣的軟化,「使各部位健康」的作用,又有「增強心臟和血管的舒張力」的作用(霍夫曼語)。

但是,在其他的性質感受方面,這種關係正好相反:熱的烘烤使水的濕潤性喪失,而冷則使水的濕潤性得到維持和源源不斷的補充。對於「神經系統乾縮」和「隔膜乾癟」引起的神經性疾病,龐黙(Pomme)不主張使用熱水浴,因為熱水浴會增加體內已經很高的熱度。他建議洗溫水或冷水浴,因為冷水會滲入肌體組織恢復其柔韌性。這種方法不正是美國人自發使用的方法嗎?在醫治過程中,這種方法的效果和機制是一目了然的。在病重時,內熱使病人體內的空氣和液體變得稀少,因此病人浮在澡盆的水上。但是,如果病人每天在澡盆內泡上很長時間,如三個、四個,甚至六個小時,那麼身體便開始鬆弛,水逐漸浸入隔膜和神經纖維,身體越來越重,也就自然沈到盆底了。

到十八世紀末,由於水過於萬能,反而聲譽日下。想想看,它能使冷變熱,使熱變冷;它不僅不帶來潮氣,反而能用冷氣產生加固、僵化作用,或者用自身的熱度來維繫一團火。在水中,各種有益或有害的價值不分軒輊地結合在一起。因此水就有了各種可能的組合及作用。在醫學思想中,水是一種可以無條件地使用和操縱的醫療手段,其療效從任何生理學或病理學的角度都可以理解。水有如此多的價值、如此紛紜的作用方式,因此它能夠證明一切,而又能否定一切。毫無疑問,正是這種多價性及其引起的意見分歧,最終使水的威力黯然失色了。到了皮內爾時代,

水依然被使用，但它重新變得清晰了，原來誇大的性質被消除了，其作用方式僅僅是力學上的了。

在此之前，淋浴不如盆浴和飲水療法那樣盛行，而現在則成為受青睞的方法。然而，在拋棄了前一時期的各種生理學觀點之後，水又重新獲得其簡單的淨化功能。人們認為水產生作用的唯一性質是其強烈性。不可抵擋的水流可以沖刷掉造成瘋癲的各種不潔之物。憑藉自身的醫療效力，水使人回復到最簡單的狀態，從而使他獲得再生。皮內爾解釋說，這就是「把病人的越軌思想消滅得乾乾淨淨，不留任何痕跡。而這只有通過在幾近死亡的狀態下抹去這些思想才能做到。」因此，十八世紀末和十九世紀初在沙倫敦等收容院裡使用了這樣一種出名的方法：適當的淋浴——「瘋人被綁在一張椅子上，被置於一個冷水容器下。用一個大管子直接將冷水沖到其頭上」；突然的池浴——「病人沿走廊來到底層，進入一間方頂房間，裡面建有一個水池。病人被突然推入水中。」⑮這種暴力行為據說是為了實現洗禮後的再生。

4. 運動調節法（Regulation of Movement）。如果瘋癲確是精神不正常的亢奮，神經纖維和思想的紊亂運動，那麼瘋癲也會使身心失調，體液阻滯，神經纖維僵直，思維和注意力固定在一個逐漸壓倒一切的觀念上。因此，需要恢復思想、精神、肉體和心靈的運動，從而使之具有生機。但是，這種運動必須受到節制，而不能成為對神經纖維的無益顫動，因為神經纖維已不再接受外部世界的刺激。該療法的新觀念在於恢復一種與外部世界的穩健運動相適應的運動。由於瘋癲者會呆傻頑固而又狂躁無序，因此該療法就旨在使病人恢復一種有規律而又真切的運動，即順從現實世界運動規律的運動。

這一時期的醫生產生了古人的堅定信念。古人認為各種形式的散步和跑步具有良好的效果：單純的散步可使身體靈活強健；逐漸加速的跑步可使體液在全身均勻分布，還可使器官的負擔減

輕；穿著衣服跑步，能使肌體組織發熱和放鬆，並使僵硬的神經纖維變得靈活。西德納姆尤其建議用騎馬來醫治憂鬱症和疑病症。他說：「我發現，對於促進血液流通和振奮精神的最好方法是，每日騎馬，在新鮮空氣中長時間地漫遊。劇烈的顛簸能使肺、尤其是胃下方的內臟排出血液中淤積的排泄物。因此這種活動使神經纖維各器官的功能得以康復，使自然熱量得以補充，通過出汗或其他途徑將腐敗體液排出，或使這些體液恢復原健康狀態，並且消除梗阻，廓清通道。總之，不斷的運動會更新血液，使之具有特殊的活力。」⑯海浪的翻滾是世界上最有規律、最自然的運動，也是最符合宇宙秩序的運動。朗克爾（De Lancre）曾認為這種運動對於人的心臟極其有害，因為它產生了許多危險的誘惑，永遠無法實現的夢想，因為這些夢想事實上是極其邪惡的幻象。而十八世紀的人則把這種運動視為有機體運動的強大調節器。這種運動體現了大自然的韻律。吉爾克利斯特（Gilchrist）寫了一篇題為〈論航海在醫學中的用途〉（on the use of sea voyages in Madicine）的論文。懷特則認為，這種療法很難用於憂鬱症患者，因為「很難說服這種病人進行漫長的航海旅行；但是有一個例子應該舉出；「有一位疑病症患在被迫乘船航行了四、五個星期後，病狀完全消失了。」

旅行還有直接影響思維的好處，至少是通過較直接的方式影響思維，因為旅行僅僅通過情緒起作用。五光十色的風景能排遣憂鬱症患者的鬱積。這種療法古已有之，但是在十八世紀則受到新的重視，其形式也多種多樣，以實際旅行到透過文學和戲劇的想像旅遊，應有盡有。卡繆（Antoine le Camus）為使各種憂鬱症患者「放鬆大腦」而提出醫治方法：「散步、旅行、騎馬、做室外操、跳舞、看戲、讀閒書，工作等，均能排遣苦苦糾纏的想法。」恬靜多姿的鄉間景色「能使憂鬱症患者脫離引其起痛苦回憶的地方」，使他們擺脫專注於一事的困擾。

　　與上述情況相反，躁狂症的躁動則可以用有規律的運動的良好療效來糾正。這裡不需要恢復運動，而是要調節躁動，暫時停止其運動，使病人的注意力集中起來。旅行之所以有效，不是因為途中不斷地休息，而是因為旅行使病人耳目一新，從而產生好奇心。旅行能在病人的思想完全聽命於內部運動的振動的情況下從外部來分散其注意力。「如果人們能發現，某些物體或人能使病人的注意力從妄念上轉移，到其它東西上，那麼就應該讓躁狂症患者經常見到這些物體或人。正是出於這個原因，旅行常常會帶來許多好處，因為它打斷了原來的思路，提供了轉移注意力的對象。」⑰

　　運動療法能給憂鬱症患者造成變化，能迫使躁狂症患者循規蹈矩。這種療法隱含為現世力圖控制精神錯亂的觀念。它既是一種「退讓的步驟」，又是一種改造術。因為運動規定了它的節奏，但它又透過花樣翻新而不斷地要求病人的思想放棄自身而回到現世中。如果浸泡法確實一直隱含著關於沐浴和再生的倫理上的和幾乎宗教上的回憶的話，那麼在運動療法中也有一個相對應的道德主題。與浸泡法中的主題相反，這個主題是，回到現世中，透過回到普遍秩序中的原有位置，和忘卻瘋癲，從而把自己託付給現世的理智。因為瘋癲純粹是一種主觀狀態。我們看到，即使是在經驗論中這種治療方法也與古典時期的瘋癲體驗的龐大組織結構發生著衝突。由於瘋癲既是一種錯誤，又是一種罪過，因此它既不潔又孤立；它脫離了現世和真實，而它又因此而陷入邪惡。它的雙重虛無性就在於一方面它是非存在的可見形式，那種非存在就是邪惡的另一方面，它用空虛和譫妄的情感現象來表達非存在的謬誤。它是絕對純潔的，因為它什麼都不是。如果說它是什麼的話，那麼它只是主體的消失點，在這個點上任何真理都被勾消。但它又是絕對不潔的，因為這種虛無是邪惡的非存在形式。因此，醫治方法的物理象徵充滿了形象對照，一方面是堅

固和重新運動起來，另一方面是淨化和浸泡。整個醫療方法是秘密地圍繞著兩個基本主題組織起來的。病人必須返樸還真，必須脫離其純粹主觀狀態而回到現世中；必須消除使病人異化的非存在，但病人必須回到外部大千世界，回到存在的堅實真理上來。

這些方法被沿用的時間比其意義存在的時間要長。當瘋癲在非理性體驗之外獲得了純粹的生理學和道德意義時，當古典主義用以界定瘋癲的謬誤與過失的關係被單一的罪過觀念所取代時，這些方法依然被使用著，只是其意義要狹窄得多。人們所尋求的僅僅是一種機械效果，或者說是一種道德懲罰。正是在這種情況下，運動調節法蛻變為著名的「旋轉機」。考克斯（Mason Cox）在十九世紀初曾描述其機制和效用⑱：將一根柱子垂直固定在地板和天花板上；將一把椅子或一張床懸掛在圍繞立柱水平運動的支架上，將病人綁在上面。透過一個「不很複雜的齒輪系統」，讓機器按照「所需的速度」開始運轉。考克斯引用了目睹的一例：這是一名因憂鬱症而發展成精神恍惚的病人，「他的膚色黑青，眼睛發黃，目光盯著地面，四肢僵硬，舌頭乾澀，脈搏遲緩。」這位病人被放到旋轉機上後，機器開始加速旋轉。效果是出乎意料的。病人開始極度不安，從憂鬱症的僵直變為躁狂症的亢奮。但是，在這種最初的反應過去之後，病人又回復到最初的狀態。此時，機器的節奏變了，轉得非常快，但也有規律地突然停頓幾次。在旋轉還未來得及造成躁狂症的亢奮之前，憂鬱症被驅除了。這種憂鬱症「離心分離法」很典型地體現了對舊醫療方法的新用法。運動的目的不再是使病人回到外部世界的真理，而僅僅是產生一系列純機械性和純生理方面的內在效果。決定醫療方法的不再是真理的呈現，而是一種功能規範。在重新闡釋舊方法時，有機體僅僅與自身及自身的性質有關係，而原先則是要恢復有機體與世界的聯繫以及與存在和真理的根本聯繫。如果再考慮到旋轉機很快被當作一種威脅和懲罰手段，那麼我們就會看

到在整個古典時期從多方面維護這些醫療方法的各種意義大大喪失了。醫學手段原來被用於去除罪惡、消除謬誤，使瘋癲回復到世界不言自明的真理，現在醫學則僅滿足於調節和懲罰的功用。

一七七一年，邊維爾在〈論女子淫狂〉（Nymphomania）的文章中寫道，有時「僅靠治療幻想」就能治癒這種病，「但僅靠物理療法則不可能或幾乎不可能有明顯的療效」。不久，博歇恩（Beauchesne）寫道：「僅用物理手段來醫治瘋癲是徒勞無效的。……若不借助於某種方法使虛弱的病人在精神上強健起來，單靠物質療法絕不會獲得完全的成功。」

這些論述並沒有揭示出心理治療的必要性，但是它們標誌著一個時代的結束：在這個時代醫學思想還沒有明顯地將物理療法和道德治療區分開。各種象徵的統一體開始崩潰了，醫療方法開始喪失其無所不包的意義。它們只具有對肉體或對心靈的局部效用了。治療的方向再次發生變化。治療不再由有意義的疾病統一體來決定，不再圍繞著疾病的主要特性來籌劃，而是分門別類地針對著構成疾病的不同因素來進行。因此治療將由一系列局部的醫治方法構成，其中，心理治療和物理治療並行不悖，相互補充，但絕不相互滲透。

實際上，當時已經出現了心理治療的雛形，但是應用這種方法的古典時代的醫生們卻沒有這種觀念。自文藝復興以來，音樂重新獲得了古人論述過的各種醫療能力。音樂對瘋癲的療效尤其明顯。申克（Johann Schenck）讓一名「嚴重的憂鬱症患者」去聽「他十分喜愛的器樂演奏會」，結果患者病癒了。阿爾布萊希特（Wilhelm Albrecht）在醫治一位譫妄病人時，在各種療法均告無效後，便讓他在一次犯病時去看演出，結果，「有一首很平凡的歌曲竟使病人清醒過來，使他感到愉悅並開懷大笑，從此不再犯病。」此外，甚至還有用音樂治癒躁狂症的例子。但是，這些例子決不意味著當時會對此做出心理學解釋。如果音樂治癒

了瘋癲，那麼其原因在於音樂對整個人體起了作用，就像它能有效地滲透進人的心靈一樣，它也直接滲透進人的肉體。迪黙布羅克不是談到過音樂治癒了鼠疫患者的情況嗎？無疑，多數人已不再像波爾塔（Giambattista della Porta）那樣依然認為，音樂透過其物化的聲音將樂器物質內的隱秘力量傳遞給肉體；也不再像他那樣認為，用「冬青木笛吹奏的一首歡快樂曲」便可治癒淋巴病，或用「菟葵笛吹奏的一首輕柔樂曲」便可緩解憂鬱症，或必須用「飛燕草或鳶尾莖做的笛子來醫治陽萎病人」。但是，如果說音樂不再傳遞隱含在物質中的力量，那麼它對肉體的效力在於它將自己的品質傳遞給了肉體。音樂甚至是最佳的品質作用機制，因為它從一開始僅僅是一種運動，而一旦傳到耳朵裡，它立刻變成品質效應。音樂的治療價值在於，這種變化在體內便停止了，品質在體內重新分解為運動，愉悅的情緒變成以往那種有規律的振動和張力的平衡。人作為靈肉統一體，從另一個方向跟隨這種和諧運動，從感受的和諧轉到波動的和諧。在人體內，音樂被分解了，而健康卻恢復了。但是還有另外一條更直接，也更有效的途徑。人若是走上這條途徑，就不會再是一個消極的排斥樂器的角色；他就會像一個樂器那樣做出反應：「如果人們僅僅把人體看作一組繃緊的纖維，而忽略它們的感覺、生命力和運動，那麼就很容易認為音樂會在纖維上產生與在類似樂器的琴弦上相同的效果。」⑲這是一種共振效果，無須透過漫長而複雜的聽覺途徑便可達到。神經系統隨著瀰漫於空氣中的音樂振動，神經纖維就好像許多「聾啞舞蹈者」，隨著它們聽不見的音樂翩翩起舞。就在這個時候，在人體內，從神經纖維到心靈，音樂被分解了，共振的和諧結構使感情恢復了和諧的功能。

在醫治瘋顛時利用感情這一情況，不應被理解為一種心理治療。利用感情來醫治痴呆，不過是想突破靈肉統一體的結合點，利用一個事件的雙重效應體系及其意義的直接吻合性。用感情來

醫治瘋顛意味著人們承認靈與肉的相互象徵意義。在十八世紀，恐懼被認為是一種最適宜喚醒瘋人的感情。它被視為對躁狂症患者和精神錯亂者加以約束的天然補充手段。有人甚至設想了一種紀律，即用恐懼來對付躁狂症患者的每一次狂怒發作：「只有用武力才能壓制躁狂症患者的發作，只有用恐懼才能制服病人的狂想。如果在病人狂怒時將公開出醜與對懲罰的恐懼聯繫在一起印入其腦海，那麼這二者就會難解難分，成為一對毒藥和解藥。」[20]但是，恐懼不僅僅對瘋顛的後果起作用，而且還能對付和壓制疾病本身。實際上，它能使神經系統的運轉變僵，抑制其過分活躍的纖維，控制全部紊亂的運動。「恐懼是一種能抑制大腦的興奮的感情，因此它能對大腦的亢奮起鎮靜作用，對躁狂症患者的暴怒尤其有效。」[21]

如果說恐懼──憤怒的相剋關係能夠有效地用來制止躁狂症患者的躁動，那麼反過來也可以用於醫治憂鬱症患者、疑病症患者以及各種淋巴質的人的莫名恐懼。梯索重新提出發怒是釋放膽汁這一傳統觀念，認為發怒有助於化除淤積在胃和血液裡的粘痰。發怒時神經纖維變得緊張，因此振作起來，這就能恢復原已喪失的彈性，使恐懼消散。感情治療是基於一種由來以久的關於品質和運動的說法。這種說法認為品質和運動可以直接以各自的方式從肉體轉移到靈魂，反之亦然。謝登曼特爾（Scheiden-mantel）在論述這種療法的文章中說，「當醫治需要在體內造成這種感情所產生的那種變化時」，就應使用這種療法。正是在這種意義上，它可以普遍地取代其他各種物理療法，因為它是唯一能夠產生同樣效果的不同方法。在感情療法和藥物治療之間沒有本質差別，它們只不過是以不同的方式來深入身心共有的那些機制。「如果用理性不能使病人去做恢復健康所必需的事，那就應該用感情。」

物理療法同心理或道德療法之間的差別對於現代人來說是顯

而易見的,但是在古典時期這種差別不可能被當作可信的,至少是有意義的區分。只有當恐懼不再被視為一種抑制運動的方法,而僅僅被視為一種懲罰時;當歡悅不意味著有機體的舒張,而意味著一種酬報時;當發怒僅僅是對有意羞辱的一反應時;總之,當十九世紀通過發明著名的「道德療法」,將瘋顛及其醫治劃入罪行領域時,上述區分及其各種蘊含才開始存在。只有當對瘋顛的關注移為對責任者的質詢,物理性和道德性的區分才在人們思想中成為一個實際的醫學概念。當時所規定的純粹道德範圍嚴格地規定了現代人從中探索自身深度和自身真理的心理本質的範圍。在十九世紀上半葉,物理療法往往成為由某種幼稚的決定論所設計的療法,而道德療法則成為一種可恥的自由所創造的療法。心理學作為一種治療手段從此以懲罰為中心來建構。它首先不是解脫病人,而是按照嚴厲的道德要求製造痛苦。「不要去安慰,安慰是徒勞無益的;不要訴諸說理,說理是無濟於事的;不要與憂鬱症患者一起悲傷,你的悲傷只會加重他們的悲傷;不要對他們裝出歡快的樣子,那樣會傷害他們。此時需要的是沉著冷靜,在必要時還需要嚴厲。讓你的理性成為他們的行為準則。在他們身上有一根弦還在振動,那就是痛苦;要敢於撥動它。」㉒

醫學思想對物理性和道德性的區分並非出自笛卡兒關於物質的定義。在笛卡兒之後一個半世紀內,醫學並沒有在研究對象和研究方法的層次上吸收這種區分觀念,也沒有把這種物質區分理解為有機體與心理的對立。古典時期的醫學理論,無論是擁護笛卡兒的還是反對笛卡兒的,都沒有把笛卡兒的形而上學二元論引進到對人的研究中。而且,當這種區分出現時,並不是由於對《沉思錄》(*Meditations*)㉓產生了新的信仰,而是由於對犯罪做了新的解釋。在醫治瘋人時,懲罰手段的使用使肉體治療同心靈治療區分開來。只有當瘋顛變成了犯罪,才可能出現純粹的心理治療。

　　然而，古典時期的整個醫學實踐可能會成為頑強反對上述看法的證據。純粹的心理學因素似乎已經在醫療方法中占據了一席之地。否則如何解釋這一事實，即在不用肉體治療的情況下，古典時期的醫生非常看重對病人的告誡、規勸和對話？如何解釋索瓦熱所表述的同時代人的一致看法，即「只有身為哲學家才能醫治心靈疾病。因為其病根不過是病人要得到他所喜愛的東西的強烈欲望。醫生的部分職責就是，用堅實的道理向病人說明，他所欲求之物金玉其外，敗絮其中。以此使病人改邪歸正。」

　　但是，這種治療瘋顛的方法同我們前面討論的方法一樣，都不是心理療法。語言，真理和道德的形成，都與肉體有直接關係。邊維爾在〈論女子淫狂〉的論文中說明，採用或拒絕一個倫理原則會如何直接改變機體運作過程。然而，有些方法是旨在改變靈肉共有的特性，而有些方法則是用論述來醫治瘋顛。這兩類方法有本質差別。前一種方法是一種隱喻法，認為疾病是本性的退化。後一種方法是語言法，認為瘋顛是理性的自我矛盾。在後一種方法起作用的領域裡，是根據真理和謬誤來「治療」瘋顛的。這裡所說的「治療」包括「對待」等含義。總之，在整個古典時期，有兩類並不悖的醫治瘋顛法。一類是基於某種關於品質特性的隱含機制，認為瘋顛在本質上是激情，即某種屬於靈肉二者的（運動──品質）混合物。另一類則基於理性自我爭辯的離軌運動，認為瘋顛是謬誤，是語言和意象的雙重虛無，是譫妄。構成古典時期瘋顛體驗的，感情的和譫妄的結構圈在醫療方法領域裡再次出現，不同的是，在後一種情況裡有所省略。其統一性只是隱約表現出來。人們可以直接看到瘋顛醫學的二元性，抑制該病的方法的二元性，對待非理性的方式的二元性，這種二元性幾乎是一種對立性。後一類醫學方法基本可歸納為三種。

　　1.喚醒法（Awakenning）。因為譫妄是人的白日夢，所以

必須使譫妄者擺脫這種似睡非睡的半昏迷狀態，使之從白日夢及其意象中真正清醒過來，這時感知意象就會驅散夢幻。笛卡兒在《沉思錄》中從一開始便尋求這種絕對清醒狀態。這種狀態應能逐一掃除各種幻覺。他最後發現，這種狀態恰恰是對夢幻的意識，即對被欺騙的意識。然而，在對待瘋人時，醫學必須能有效地喚醒他，把笛卡兒的自我勇氣變成權威性干預，透過清醒的人來干預半睡半醒的人的幻覺。這是一條能夠武斷地縮短笛卡兒的漫長道路的捷徑。笛卡兒在其結論中，在一種永不自我分裂的意識的二元化中所發現的東西，正是醫學要從外界透過醫生強加給病人的東西。醫生與病人的關係再現了「我思」之片刻與夢幻、幻覺和瘋顛之時的關係。醫生完全是一個外在的「我思」（Cogito），與思考本身無關，只有用一種闖入的方式才能把「我思」加到思考上。

這種驚醒方式是最常見的醫治瘋顛的方法之一。它常常採用最簡單的形式，而這些形式同時包蘊著最豐富的意象，被認為最具有立竿見影的效力。據說，有一個少女因過度悲傷而患驚厥病，一次在她身邊開槍卻使她康復。這是一個對喚醒法的誇張圖解。其實不必採取這麼極端的方式。突然而強烈的情感也同樣有效。正是根據這種精神，布爾哈夫在哈勒姆（Haarlem）㉔進行了著名的驚厥治療。當時在該城醫院裡，流行著一種驚厥病。大劑量的鎮痙藥對此毫無效力。布爾哈夫命令「搬來若干烈焰熊熊的火爐，把鐵鉤放在爐中加熱。然後他大聲宣佈，因為迄今各種醫治驚厥的方法都證明無效，他現在只有一種醫治方法了，這就是用燒紅的鐵鉤來烙驚厥病人（不論男女）的手臂，直至燒到骨頭。」㉕

比較緩慢但也更面對現實的喚醒方法是從理智本身出發，讓理智循序漸進地但又一往直前地穿過瘋顛領域。威利斯根據這種理智及其各種形式來尋求對各種瘋顛的醫治方法。例如，醫治低

能兒，需使用一種教師的理智。「細心而又熱心的教師應全面地教育他們」，應該一點一滴地、不厭其煩教給他們那些學校裡教授的東西。醫治憂鬱症患者則需要那種奉行最嚴格而又最明顯的真理形式的理智。在無可辯駁的真理面前，病人譫妄中的幻覺就會消失。這就是極力推荐病人鑽研「數學和化學」的原因。對於其他病人，奉行井然有序的生活的理智將能減少他們的譫妄。在這方面，除了關於日常生活的真理外，無須再強加給他們其他真理。他們可以留在家中，但是，「他們必須繼續處理自己的事情，管理家務，安排和經營自己的產業、花園、果園和耕地。」相反，對於躁狂症者，需要從外面，必要時用暴力，將嚴格的社會秩序強加給他們，這樣才能使他們神智清醒過來；「為此，病人應被置於特殊的房間裡，由醫生或訓練有素的助手來醫治。他們用警告、規勸和當即懲罰來使病人始終循規蹈矩，恪守職責。」㉖

　　在古典時期，這種醫治瘋顛的強制性喚醒法逐漸喪失了最初的含義，僅僅成為病人重新記住道德戒律、棄惡從善，遵從法律的手段。威利斯依然想使病人重新面對真理，而索瓦熱則對此已全然不能理解。他認為承認善便是神智清醒；「因此，錯誤的道德哲學使那些人喪失了理性，只要他們願意和我們一起考察什麼是真正的善，什麼東西更值得追求，我們就能使他們恢復理性。」這樣，醫生就不再起喚醒病人的作用，而是起一個道德家的作用了。梯索認為「問心無愧是（抵禦瘋顛）的最佳預防藥。」繼之而來的是皮內爾。他認為，在治療中，喚醒病人認清真理是毫無意義的，盲目服從才是有價值的。「在大量的病例中，醫治躁狂症的一條基本原則首先是恢復一種強有力的約束，然後再施用仁愛的方法。」

　　2. 戲劇表演法（Theatrical Representation）。這種方法至少在表面上與喚醒法完全相反。喚醒法是用耐心的、理性的工作

來對付譫妄。不論是透過緩慢教育，還是透過強制方式，理性都彷彿是因自身的重力而降臨。瘋顛的非存在性、謬誤的虛無性最終被迫屈服於真理的壓力。而戲劇表演法則完全在想像空間中發揮作用。我們面對的是非存在與自身的共謀關係。想像必須玩弄自己的把戲，自動地提出新的意象，支持為譫妄而譫妄，並且沒有對立和衝突，甚至沒有明顯的辯證關係的情況下進行治療。健康必須圍攻瘋顛，並且用虛無來戰勝它，將其囚禁於虛無之中。當想像「患病時，只有用健康積極的想像才能治癒它。……不論是用恐懼，還是用感官受到的強烈痛苦，或是用幻覺來治療病人的想像，都是一樣的。」㉗幻覺能醫治幻覺，理性本身就能擺脫非理性。那麼想像的這種隱秘力量是什麼呢？

　　如果說意象的本質在於被當作現實來接受，那麼，反過來，現實的特點就在於它能模倣意象，自稱是同一種東西，具有同樣的意義。知覺能毫不中斷地將夢延續下去，填補其空隙，鞏固其不穩定因素，使夢盡善盡美地完成。如果幻覺能顯得像知覺那樣真實，那麼知覺也能變成有形的，無可挑剔的真正幻覺。「戲劇表演」療法的第一步正是如此：將非現實的意象併入真實的知覺中，並且不讓後者顯得與前者矛盾、甚至批駁前者。盧西塔努斯（Zacatus Lusitanus）描述了對一名憂鬱症患者的治療情況。這位病人認為自己應該受到咀咒，因為自己罪孽深重卻依然活在世上。由於無法勸說他，醫生便承認他的譫妄，讓他似乎看到一位手中持劍的白衣「天使」。這個幻影嚴厲地訓斥了一番，然後宣佈他的罪孽得到寬恕。

　　在這個實例中，我們看到了第二個步驟：局限於意象的表演是不夠的，還必須使譫妄論述（discourse）延續下去。因為在病人的瘋顛語言中有一個聲音在說話。這個聲音遵循自己的語法，並表述某種意義。必須用這樣一種方法來維持這種語法和意義，即用現實來表現幻覺時不應顯得是從一種音域到另一種音

域，不應像是翻譯成了一種新語言，意思也被改變了。這種語言應該是前後貫通的，僅僅給論述增添新的推理因素。但是，這種因素卻非同小可，因為人們的目的不是使譫妄延續下去，而是通過延續來結束它。為此，應該把譫妄引入一種無法自制的危機狀態，這時，無須增加新的因素，譫妄便與自身發生衝突，被迫反對自身的真實性。因此，如果現實的和知覺的論述要想延長意象的譫妄語言，就必須不迴避後者的規律，接受其支配，對它起一種肯定的作用。它使譫妄語言緊緊圍繞自己的基本因素進行。如果說它在表現譫妄語言時不怕強化後者，那是為了使後者戲劇化。有這樣一個病例：一個病人認為自己已經死了，他也確實因粒米不進而奄奄待斃。「一羣把臉畫得蒼白、身著尸衣的人進入他的房間，擺好桌子，拿出食品，對著病榻大吃大喝。這個忍飢挨餓的『死人』看著他們，他們則對他臥床不起表示驚訝。他們勸說他，死人至少吃得和活人一樣多。他欣然接受了這個觀念。」㉘正是在一種延續的論述中，譫妄的因素發生了矛盾，造成了危機。這種危機以一種模稜兩可的方式表現出來，既是醫學上的險象，又是戲劇中的轉折點。自希波克拉底以來的整個西方醫學傳統，在這裡突然與一種主要的戲劇經驗相交了。這種交叉僅僅維持了很短一段時間。在我們面前出現了一個重大的危機主題。這種危機使瘋人與自身的意義衝突使理性與非理性衝突，使人類的精明詭計與瘋人的盲目衝突。這種危機標誌著回歸自身的幻覺由此將接受真理的眩惑。

在危機中，這種開放是刻不容緩的。實際上，正是這種開放及其緊迫性構成了危機的基本因素。但是，開放不是危機本身引起的。為了使危機不僅僅具有戲劇性而且成為醫學上的轉機，為了使危機不會毀壞人，而僅僅是抑制疾病的一個手段，總之，為了使譫妄的戲劇表演具有喜劇的淨化效果，必須在特定時刻引進一種詭計。這種詭計或者至少是一種能暗中改變譫妄的獨立運作

的因素，一方面在不斷地肯定譫妄，另一方面透過使譫妄面對自己的真理而使譫妄必然導向對自身的壓制。這種方法的最簡單的例子就是對譫妄病人所施用的一種詭計。有些病人認為在自己體內有某種物體或某種異常動物：「當一個病人認為自己身體關著一隻活生生的動物時，人們應該假裝把它取出來。如果這隻動物在胃裡，人們可以用強灌洗法，同時趁病人不注意時將一隻動物扔進盆裡從而達到上述效果。」㉙戲劇手段體現了譫妄的目標，但是如果不使這種結果外表化，就達不到這種目的。如果說它使病人從知覺上肯定自己的幻覺，那麼這只是為了與此同時強力迫使病人擺脫幻覺。人為的譫妄形成了一個現實的間離，病人由此恢復了自由。

　　但是，有時甚至不需要造成這種間離。在譫妄的準知覺中就可以用詭計建立一種知覺因素。最初它是默默的，但是它逐漸得到加強，並開始與整個系統競爭。正是在自己身上，在肯定其譫妄的知覺中，病人感受到解放力量。特拉利翁（Trallion）報導了一名醫生是如何驅散了一位憂鬱症患者的譫妄。這位病人認為自己沒有頭，在頭的位置上只有一種空虛的東西。醫生加入了這種譫妄，答應病人的請求，為他填補這個空間。他在病人頭上放了一個大鉛球。重壓產生的不適感很快就使病人相信他有頭了。在醫生的參與下，沒有對病人採取其他直接干預手段，而是透過病人機體的自發反應，就使這個詭計及其喜劇性復位術最終獲得成功。在前面提到的病例中，那個自以為死了的憂鬱症患者因拒絕進食而生命垂危，而一場死人宴席的戲劇表演使他開始進食。營養的補充使他恢復了神智，「進食使他安靜下來」，機體的紊亂因此而消失，既是因又是結果的譫妄也隨之消失。因此，想像的死亡可能會導致真正的死亡，而透過現實，透過對不真實的死亡的純粹表演而避免了真正的死亡。在這個巧妙設計的把戲中，非存在與自身進行了交換：譫妄的非存在轉而反對病態的存在，

透過用戲劇表演把病態存在從譫妄中驅逐出去而壓制了病態存在。用存在來完成譫妄的非存在就能壓制住非存在本身，而這是由譫妄的內在矛盾機制實現的。這種機制既是言語遊戲又是幻覺遊戲，既是語言遊戲又是意象遊戲。實際上，譫妄之所以作為非存在而受到壓制，是因為它變成了一種存在的感知方式；但是，因為譫妄存在完全表現為它的非存在，所以這種存在就作為譫妄而受到壓制。譫妄在戲劇幻想中受到的肯定使它回歸到某種真理，這種真理透過用現實來俘獲它，把它驅逐出現實本身之外，而且使它消失在非譫妄的理性論述中。

3. 返樸歸真法（The Return to the Immediate）。因為瘋顛是幻覺，所以如果戲劇能夠產生療效的話，那麼透過壓制戲劇性也能夠而且也更直接地醫治瘋顛。自然本性是不會騙人的，因為它的直接性容不得非存在。把瘋顛及其空虛的世界完全託付給自然本性，也就是把瘋顛交付給自身的真理（因為瘋顛作為一種疾病歸根究底只是一種自然存在），同時也把瘋顛交付給與之最密切的矛盾（因為譫妄作為一種沒有內容的表象恰恰是常常隱秘莫測的豐富自然本性的反面）。因此，這種矛盾就表現為非理性的理性，具有雙重意義：它既不交待非理性的起因，同時又隱瞞了壓制非理性的本原。但是，應該指出，這些主題的整個持續時間與古典時期並不同步。雖然它們也是圍繞著同樣的非理性體驗而建構起來的，但是，它們是追趕戲劇表演法的主題的。它們的出現標誌著這樣一個時刻，即關於存在與幻覺的辯論開始讓位給關於自然本性的爭論。戲劇幻覺的遊戲失去了意義，人為的逼真表演法被一種簡單而自信的自然還原法所取代。但是這種方法有兩種意義，一方面是透過自然來還原，另一方面是還原到自然。

返樸歸真法是一種最佳療法，因為它完全拒絕治療學。它之所以有效是因為否認一切治療。正是在人對自己無所作為的消極狀態中，在人使自己的各種技藝保持沉默的狀態中，大自然進行

著一種活動，這種活動完全是與自我克制相反相成的。具體地說，因為人的這種消極性是真正的主動性；當人把自己託付給醫學時，他就逃避了自然本身為他規定的勞動法則；他陷入了謀略的羅網，反自然的世界，他的瘋顛僅僅是這個世界的一種表象。而無視這種疾病，恢復他在自然存在物的活動中的位置，就能使表面上消極的（實際上是一種積極的忠誠）人得到醫治。譬如，聖皮埃爾（Bernardin de Saint-Pierre）就曾說明他是如何治好自己的一種「怪病」的。患病時「他像伊迪帕斯（Oedipus）一樣看見兩個太陽」。他從醫學中得知「這是神經出了毛病」。他用了最名貴的藥物，但毫無療效。他很快注意到，一些醫生被自己開的藥方治死了。他說：「感謝盧梭，是他使我恢復了健康。我在讀了他的不朽著作後，知道了許多自然真理，懂得了人生來應工作，而不應冥想。在此之前，我是勞心而不勞力。後來我改變了自己的生活方式，勞力而不勞心。我拋棄了大部分書本，將目光轉向大自然的作品。大自然用一種無論何時何地都不會污染變質的語言與我的感覺交談。我的歷史課本和報紙就是田野森林中的樹木；在人的世界中，我的思想極力想跟上別人，而在這裡則相反，樹木的思想千姿百態地向我湧來。」㉚

　　儘管某些盧梭的信徒設法提出返樸歸真的某些方式，但是這種回歸不是絕對的，也不簡單。因為，即使瘋顛是由人類社會中最不自然的東西激發和維繫的，但是當瘋顛以激烈的形式出現時，恰恰是人類最原始欲望的野性表現。如前所述，古典時期的瘋顛觀念源出於獸性威脅，而這種獸性完全受制於凶殘的本能。把瘋顛託付給自然（本性），就等於聽任它受反自然的擺布。這是一種無法控制的顛倒轉換。因此，對瘋顛的醫治並不是要回歸到與欲望直接相聯的直覺狀態。而是回歸到與想像力直接相聯的直覺狀態。這種直覺狀態摒棄了人類生活和享樂中一切不自然的、不真實的、想像的東西。這種治療方法表面上是進入直覺狀

態，但暗含著某種理智的調解。這種理智從本質上將源於暴力和
源於真實的東西區分開。這種區分是野人與勞動者之間的根本區
分。「野人……過著一種食肉動物的生活，而不是一個有理性的
人的生活」，而勞動者的生活「實際上是人類最幸福的生活」。
野人只有赤裸裸的情欲，沒有紀律，沒有約束，沒有真正的道
德；而勞動者則有直接的歡樂，換言之，無須無益的刺激，無須
挑逗或成功的幻想便其樂融融。就本性及其直接的優點而言，歡
樂能醫治瘋顛。一方面歡樂甚至無需壓制情欲就能使之變得徒
然，因為它已使人心滿意足。另一方面，歡樂能使幻想變得荒
唐，因為它自然而然地促進著現實的幸福。「歡樂屬於永恆的世
界秩序；它們亙古不變；歡樂的形成確實需要某些條件，……但
是這些條件不是隨心所欲地產生歡樂，歡樂是大自然的產物，靠
幻想不能創造歡樂，致力於歡樂的人只有拋棄一切非自然的東西
才能增加歡樂。」㉛因此，勞動者的直覺世界是一個理智而節制
的世界，它之所以能醫治瘋顛，是因為它使情欲變得毫無意義，
同時也使情欲所激發的感情運動變得毫無意義。還因為它透過壓
縮了幻想的活動餘地而減少了譫妄的可能性。梯索所說的「歡
樂」就是這種直接治療手段。它擺脫了激情和語言，即擺脫了造
就非理性的兩種主要人類經驗形式。

　　也許，自然狀態作為直覺的具體形態，在抑制瘋顛方面具有
更根本的力量。因為它有力量使人擺脫自己的自由。在自然狀態
中──這種自然狀態至少可以用對強烈的欲望的排除和對非現實
的幻覺的排除來衡量──人無疑擺脫了社會約束（這種約束迫使
他「計算和權衡有名無實的想像中的歡樂」）和無法控制的感情
運動。但正因為如此，他受到自然義務親切而內在的約束。為了
健康而必須承受的壓力，日月流轉、季節更替的節奏，衣食住行
的平緩要求，都抑制著錯亂的人，使他們回歸有條不紊的生活。
這樣就消除了不著邊際的想像和過分急切的情欲要求。在溫馨而

毫不壓抑的歡樂中，人接觸到了自然的理智。這種自由的忠誠真
樸驅散了非理性——那種非理性自相矛盾地包容著極端的感情決
定和極端的意象妄想。因此，在這種混合著倫理學和醫學的背景
下，人們開始夢想著從瘋顛中解放出來。這種解放並不是起源於
人類的愛心發現了瘋顛病人的人性，而是源於一種使瘋顛受到自
然的溫和約束的願望。

　　吉爾這一古老村莊自中世紀末期起就一直提供著已被人遺忘
的禁閉瘋人和隔離痲瘋病人之間的聯繫的證據。但是在十八世紀
末，它突然獲得一種新的解釋。它曾經是將瘋人的世界與正常人
的世界粗暴而淒慘地分隔開的標誌。此時，它則具有田園牧歌的
價值，體現了重新發現的非理性和自然的統一。這個村莊曾經象
徵著，將瘋人禁閉起來，保護有理性的人免受其害。此時，它則
表示著，瘋人獲得自由，這種自由使他處於一種相當於自然法的
狀態，因此他與有理性的人和好如初。據儒伊（Jouy）描述，
在吉爾「五分之四的居民是瘋子，他們不受禁閉享受著和其他公
民一樣的自由。……這裡為他們提供有益於健康的食品，清新的
空氣以及各種便利措施。由於這些條件，絕大多數瘋人一年後便
康復了。」在這些制度中沒有任何實質變化，但隔離和禁閉的意
義卻開始發生變化，逐漸具有肯定的價值。這裡原來是一個晦暗
冷寂的黑夜王國，在這裡非理性回歸到其虛無狀態。現在這裡則
開始被一種自由的瘋顛必須遵從的自然狀態所填充。禁閉作為使
理性脫離非理性的手段並未撤除，但是，就實現其主旨而言，它
所圈占的這個空間顯示了一種自然力，與舊式的限制和壓迫系統
相比，這種自然力更能約束瘋顛，更能從根本上制服瘋顛。因
此，應該使瘋顛擺脫那種壓迫系統，讓瘋顛在這個具有積極效力
的禁閉空間中自由地拋棄其野性的自由，接受大自然的要求。這
些要求對於它既是真實的又是法律。因為是法律，大自然就能約
束欲望的放縱。因為是真實的，它就能減少反自然的因素以及各

種幻覺。

皮內爾在談到薩拉哥薩（Saragossa）醫院時描述的正是這種情況：在這裡「用耕耘所激發的誘惑力，以及透過春種秋收來滿足需要的天然本能，來抵銷想入非非的精神活動。從早晨起，你就會看到他們……與高采烈地到屬於醫院的田間塊地，比賽著完成農時適宜的任務：種麥子、蔬菜，接著開始關心收成，關心建棚架，關心採摘葡萄和橄欖。夜晚在這個冷落的醫院裡，你會發現他們都已平靜地入睡。這所醫院的常年經驗表明，這是使人恢復理性的最可靠有效的方法。」㉜人們很容易認識到在這種司空見慣的現象後面有一種嚴格的含義。返樸歸真之所以能有效地對付非理性，僅僅是因為直覺受到控制，並分裂出自己的對應面。在這種直覺狀態中，暴力脫離了真理，野性脫離了規定的自由區域，自然（本性）再也認識不了以反自然的荒謬形象出現的自身。總之，自然本性受到道德的調節。在這個安排好的空間裡，瘋顛再也不能講出非理性的語言以及本身所包含的超越疾病的自然現象的一切。它將完全被封閉在一種病理學中。這種轉變被後人當作一種積極的成果，當作向某種真理的靠近·至少是向認識真理的可能性的逼近。但是，從歷史角度來看，應該恢復其本來面貌；這種轉變實際上是把古典主義的非理性體驗完全變成關於瘋顛的道德觀念。這種觀念悄悄地成為在十九世紀被說成是科學的、實證的和經驗的各種觀念的核心。

十八世紀下半葉發生的這一轉變起源於治療方法，但很快就廣為流傳，贏得改革家們的支持，在該世紀末導致對瘋顛認識的大改造。因此，皮內爾寫道：「為了遏制疑病症、憂鬱症和躁狂症，必須遵從永恆的道德法則！」

在古典時期，要想區分生理療法和心理療法是徒勞無益的，原因很簡單：當時沒有心理學。譬如，讓病人服苦藥，這並不只

是生理治療，因為心靈和肉體都需要清洗。再如，讓憂鬱症患者過一種勞動者的簡樸生活，讓他看到自己譫妄的可笑之處，這也不是一種心理干預，因為這裡主要考慮的是神經中的元氣運動，體液的濃度。但是，在前一類病例中，我們看到的是一種「品質轉變」術。此時瘋顛的本質被視為自然本性和疾病。在後一類病例中，我們看到的是一種論述藝術，返樸歸真術。此時，瘋顛的含義就是非理性。

在以後的歲月裡，當作為古典時期的標誌的非理性的統一瓦解時，當瘋顛被完全限定在一種道德直覺領域中，因而僅僅是一種疾病時，我們在上面所做的區分便具有了另一種意義；原來屬於疾病的東西被歸於機體，而原來屬於非理性，屬於超越其論述的東西則劃歸給心理。正是在這種時候，心理學誕生了。這門學科不是揭示瘋顛的真理，而是作為一個象徵，表示瘋顛此時脫離了它的非理性真理，從此它僅僅是一種現象，無足輕重地漂浮在自然本性的模糊表層上。瘋顛變成一個謎，除了受到的限制外，沒有任何真實性可言。

這就是為什麼我們必須公平評價佛洛伊德的原因。在佛洛伊德（Freud）的《五個病史》（*Five Case Histories*）和雅內（Janet）㉝的《心理治療》（*Psychological Healing*）中的精細研究之間，不僅有關於一種發現的粗細之分，而且還有一種十分強烈的回歸。雅內歷數了進行分類的因素，列出分類表，添加了許多說明，或許取得了某種成功。佛洛伊德則重新研究瘋顛的語言，重建了實證主義使之沉寂的一種體驗的一個基本因素。他沒有對瘋顛的心理療法做任何重大補充。他在醫學思想中恢復了與非理性對話的可能性。最具有「心理學性質」的療法如此之快就遇到了自己的反義以及對自己結構的確認，對此我們無須驚訝。因為捲入精神分析學的並不是心理學，而是一種非理性體驗，這種非理性體驗恰恰是在現代世界中心理學的意義一直加以掩蓋的。

# 註　釋

① 阿魏（asafetida）：波斯和印度阿魏屬植物的膠脂，有惡臭，以前被用作解痙藥。——譯者註

② 查拉斯：印度的一種強刺激毒藥，用植物膠脂做成。——譯者註

③ 塞維涅夫人經常使用它，發現它對「醫治傷感很有效」。

④ 迪奧斯科里斯（約40～約90），希臘醫生，藥理學家。——譯者註

⑤ 朗格（Lange）《論氣鬱》（*Traité des vapeurs*）（巴黎，1689），第251頁。

⑥ 帕拉切爾蘇斯（1493～1541），歐洲著名醫師，煉金家。——譯者註

⑦《封閉治療》（*Consultation de la Closure*）阿爾森納爾手稿，第4528號，自第119頁起。

⑧ 勞蘭（Joseph Raulin）《論不同性別的氣鬱症》（*Traité des affections vaporeuses du sexe*）（巴黎，1758），第339頁。

⑨ 埃皮達魯斯是古希臘伯羅奔尼撒半島上的沿海重要的商業中心。——譯者註

⑩ 奧雷利安努斯是5世紀西羅馬帝國最後一位醫學作家。——譯者註

⑪ 以弗所的西拉努斯是西元2世紀的希臘著名醫生和醫學作者。——譯者註

⑫ 西爾維烏斯（1614～1672），生於德意志，著名的醫生、生理學家、解剖學家及化學家。——譯者註

⑬ 普萊薩文（Jean-Baptiste Pressavin）《氣鬱新論》（*Nouveau Traité des vapeurs*）（里昂，1770）前言。

⑭ 羅坦（A. Rostaing）《對氣鬱症的思考》（*Réflexions sur les affections vaporeuses*）（巴黎，1778），第75頁。

⑮ 埃斯基羅爾《精神疾病》（*Des maladies mentales*），第2卷，第225頁。

⑯ 西德納姆〈論歇斯底里〉（Dissertation sur l'affection hystérique），《實用醫學》（*Médecine pratique*）（法文譯本，巴黎，1784），第 425 頁。

⑰ 卡倫《實用醫學》（*Institutions de médecine pratique*）（法文譯本，巴黎，1785），第 2 卷，第 317 頁。

⑱ 旋轉機的發明者究竟是莫珀圖依（Maupertuis），還是達爾文（Darwin）或卡贊斯坦（Dane Katzenstein），至今仍有爭議。

⑲《百科全書》，「音樂」條。

⑳ 克里奇頓（Alexander Crichton）《論精神疾病》（*On Mental Diseases*），轉引自雷諾（Élias Regnault）《論醫生能力等級》（*Du dégré de compétence des médecins*）（巴黎，1828），第 187～188 頁。

㉑ 卡倫，見前引書，第 307 頁。

㉒ 勒雷（François Leuret）《瘋顛心理學片論》（*Fragments psychologiques sur la foile*）（巴黎，1834），第 308～321 頁。

㉓《沉思錄》係笛卡兒的《形而上學的沉思》。——譯者註

㉔ 哈勒姆，荷蘭城市。——譯者註

㉕ 引自懷特《論神經疾病》（*Traité des maladies nerveuses*）（法文譯本，巴黎，1777），第 1 卷，第 296 頁。

㉖ 威利斯《全集》（里昂，1681），第 2 卷，第 261 頁。

㉗ 赫爾肖夫（M. Hulshorff）〈論習性〉（Discours sur les penchants），在柏林科學院宣讀。轉引自〈健康報〉（Gazetta salutaire），1769 年 8 月 17 日。

㉘ 同前引書。

㉙《百科全書》，「憂鬱症」條。

㉚ 聖彼埃爾（Bernardin de Saint-Pierre）《阿卡迪亞的預兆》（*Preambule de L'Arcadie*），載《著作集》（*Oeuvres*）（巴黎，1818），第 7 卷，第 11～14 頁。

㉛ 梯索《關於文人健康的意見》（*Avis aux gens de lettres sur leur santé*）

（洛桑，1767），第 90～94 頁。

㉜ 皮內爾（Philippe Pinel）《論精神錯亂的醫學哲理》（*Traité medico-philosphique sur l'aliénation mentale*）（巴黎，1801），第 238～239 頁。

㉝ 雅內（1859～1947），法國心理學家和神經病學家，曾與佛洛伊德爭奪無意識概念的發明權。——譯者註

# 第七章 大恐懼

「一天下午，我在那裡默默地觀望，儘量不聽別人講話。這時，這個國度裡最古怪的一個人向我打招呼。上帝不會讓這裡缺少這種人的。這個人集高傲和卑賤，才智和愚頑於一身。」

當思想疑問遇到了重大危險時，笛卡兒認為自己不可能發瘋了。儘管他承認在後來很長一段時間裡，各種非理性的力量伺伏在他的思想周圍，但是，作為一個哲學家，他既然敢於提出疑問，他就不可能是「瘋人中的一員」。然而，拉摩的侄子（Rameau's Nephew）卻十分清楚地知道自己瘋了。在他的種種轉瞬即逝的判斷中，只有這一點是最固執的。「在他開始說話之前，他深深地嘆了一口氣，雙手舉到前額，然後他恢復了平靜，對我說：你知道，我既無知又瘋狂，既傲慢又懶惰。」①

十八世紀的人不可能真正理解「拉摩的侄子」所表達的意義。但是，恰恰在這本書的寫作過程中發生了一件預示著某種重大變化的事情。這是一件奇怪的事情：被送到禁閉隔離區的非理性又重新出現了，它帶來新的危險，而且似乎被賦予了提出質問的新權利。但是，十八世紀的人首先注意的不是這種隱秘的質問，而是它的社會影響：衣衫襤褸及以此表現出的傲慢無禮，這種傲慢受到寬容，其騷擾力也因一種可笑的縱容而化為烏有。十八世紀的人可能並沒有從拉摩的侄子身上認出自己，但是他在「我」中完全表現出來。「我」是拉摩的侄子的對話者，類似一

個「參展者」，感到有趣但沉默寡言，而內心則充滿熱望；因為
這是自大禁閉以來瘋人第一次成為一個社會的人，第一次有人與
他交談，而且受到詢問。非理性再次作為一個種類出現了，雖然
這個種類的數目不大，但畢竟出現了，而且慢慢地恢復了它在社
會中的無拘束的地位。在法國大革命前十來年，梅西埃（Mer-
cier）吃驚地發現了這一現象：「進入另一家咖啡館，會有一個
人用平靜自信的語調對你耳語：先生你無法想像政府對我是多麼
無情無義，政府是多麼昏庸！三十年來，我不食人間煙火，不謀
私利，關在書房裡苦思冥想，精心謀劃。我設計了一個償付全部
國債的方案，還設計了一個增加國王財富，讓他獲得四億法郎收
入的方案，另外還有一個永遠摧毀英國的方案。一提起英國，我
就惱火。……設計這些方案需要我投入全部的天才，可是正當我
專心設計時，家裡出了麻煩，幾個找岔的債主讓我坐了三年牢。
……當然，先生，您是知道愛國主義是多麼可貴的。我是為我的
國家而犧牲的，是一個無名烈士。」②從後人的角度看，這種人
以拉摩的侄子為中心形成一類人。他們沒有拉摩的侄子那種複雜
豐富的人格。只是為了使畫面更豐富生動，人們才把他們當作拉
摩的侄子的追隨著。

　　但是，他們不完全是一種社會側影，一種滑稽形象。在他們
身上有某種東西涉及到十八世紀的非理性。這就是他們的饒舌，
他們的焦慮以及他們相當普遍地經過的那種含混的譫妄和那種根
本性痛苦。這些都是真實的存在，至今留有蹤跡。至於十七世紀
末的浪子、放蕩者、流氓，很難說他們究竟是瘋人還是病人，還
是罪犯。梅西埃自己也不知道該把他們劃入那個階層：「在巴
黎，有一些十分好的人、經濟學家和反經濟學家，他們衷腸俠
義，熱心於公共事業，然而遺憾的是，他們『頭腦發昏』。換句話
說，他們目光短淺，他們不知道自己活在哪個世紀、面對的是什
麼人；他們比白痴更難讓人忍受，因為他們小事精明大事糊塗，

他們從不切實際的原則出發，進行錯誤的推理。」確實有這樣一些人存在。這些「頭腦發昏」的設計者們給哲學家的理性、改革計劃增添了一種被窒息的非理性。他們成為啟蒙運動的理性的一種模糊反映和一幅無惡意的漫畫。然而，當非理性被認為已深深地隱藏在禁閉領域中時，一種可笑的縱容卻允許它回到光天化日之下，這難道不是很嚴重的事情嗎？這種情況就好像古典主義的理性再次承認自己與非理性意象有一種近親關係，相似關係。也好像理性在歡慶勝利之際卻讓自己用嘲弄塑造的形象死而復生，允許它在秩序的邊緣遊蕩。這是一種相似的幽靈，理性既從中認出自己又否定自己。

然而，恐懼和焦慮並沒有被擺脫掉。它們在對禁閉的反應中再次出現，並且變本加厲。人們曾經害怕被禁閉，現在依然害怕。十八世紀末，薩德依然憂心忡忡，懼怕他所說的「黑人」，他認為這些黑人在伺機把他帶走。但是，此時禁閉地已獲得自己的力量，它變成了邪惡發源地，自己便能傳播邪惡，建立另一種恐怖統治。

在十八世紀中期的幾年間，突然產生了一種恐懼。這種恐懼是從醫學中產生的，但主要是因一種道德神話而得以傳播。當時人們聽說從各禁閉所傳出一種神秘的疾病，這種疾病即將危及各個城市。人們紛紛談論監獄中的熱病。他們想到了囚車，據說囚車上的犯人經過市區時就會留下疾病。有人說壞血病會引起傳染病；有人說被疾病污染的空氣會毀滅居民區。中世紀大恐慌又出現了，透過各種恐懼形象引起第二次恐慌。禁閉所不再僅僅是城市邊緣的痲瘋病院了；城市已面對著痲瘋病本身了。「這是城市身上的可怕的潰瘍，又大又深，流淌著膿水，若不是親眼所見，絕無法想像。這裡臭氣薰天，遠在四百碼以外就會聞到。這一切表明，人們在走近一個狂虐肆行的地方，一個墮落和不幸的淵

藪。」③許多禁閉中心，都建在原來關押痳瘋病人的舊址上。因此，似乎經過若干世紀後，這裡的新居民也染上了痳瘋病。這些禁閉所使人們想起原址所具有的標誌和意義：「首都不能有哪怕一個痳瘋病人！不論誰提到比塞特爾這個名字，都會有一種無法表述的厭惡、恐懼和蔑視的情感。……它已成為社會中最猙獰和最醜惡的東西的收容所。」④

人們以往試圖用禁閉來排除的邪惡重新出現了，以一種古怪的模樣恐嚇著公眾。於是在各個方面出現了關於某種邪惡的種種觀念。這種邪惡既是物質的，又是道德的，正是在這種雙重性中包含著侵蝕和恐嚇的混合力量。當時流行著一種含混的「腐爛」意象，既用於表示道德的腐敗，又用於表示肉體的腐爛。對被禁閉者的厭惡和憐憫都建立在這個意象上。最初，邪惡是在禁閉的封閉空間裡開始發酵。它具有十八世紀的化學所認定的酸的一切特性：它的顆粒細小，尖銳如針，很容易滲透到人的肉體和心臟中，因為肉體和心臟是鈍性和脆性的鹼性粒子構成的。兩種粒子的混合物立刻就沸騰起來，釋放出有害氣體和腐蝕性液體：「這些收容所極其可怕，在這裡各種罪惡聚在一起發酵，向四周傳播，住在裡面的人呼吸的就是這種被污染的空氣，這種空氣似乎已附著在他們身上。」⑤這些惡濁的氣體上升，透過空氣擴散，最後落在附近居民區，浸入人的身體，玷污人的靈魂。關於腐爛這一邪惡的傳染病的觀念就是這樣用一些意象表達出來的，這種流行病的有形媒介是空氣。空氣被「污染」這種說法含糊地表示，這種空氣不那麼純潔了，它是傳播這種「污染」的工具。這裡提醒一下，就在這一時期前人們認為鄉間空氣具有道德的和醫學價值（既有益於身體健康，又能振作精神）。由此便可以理解醫院、監獄和禁閉所的腐敗空氣包含全部相反的意義。由於空氣中充滿了有害氣體，整個城市都受到威脅，居民將會逐漸被「腐爛」和「污染」所侵蝕。

這些反應不僅僅是道德和醫學的混合物。無疑我們必須考慮整個文學的發展，關於各種無名的恐懼的聳動聽聞的、或許還具有政治色彩的宣傳。但是，在某些城市裡確實流行著恐慌，並有確切的時間。這種情況正如一次次地震撼著中世紀的恐慌大危機。一七八○年，整個巴黎流行著一種傳染病。其根源被歸咎於總醫院的傳染病。甚至有人要焚毀比塞特爾的建築。面對羣情激憤的局面，警察總監派出一個調查委員會，除了幾名官方醫生外，還包括總醫院的院長和醫生。根據他們的調查，比塞特爾流行的是一種「斑疹傷寒」，這與不良的空氣有關。至於疾病的發源地，調查報告否定病源是醫院裡的病人及這種傳染病的說法；病源應該完全歸咎於惡劣的氣候，這種氣候使疾病在首都流行。在總醫院觀察到的病症是「與季節狀況相符合的，而且完全與同期在巴黎觀察到的疾病相同」。為了使居民安心和清洗比塞特爾蒙受的罪名，報告宣稱：「有關比塞特爾的傳染病會蔓延到首都的傳聞是毫無根據的。」顯然，這份調查報告未能完全制止住上述謠言，因為稍後總醫院的醫生又發表了另一份同樣的聲明。他被迫承認比塞特爾的衛生條件很糟，但是「情況畢竟沒有惡劣到使這個不幸者的避難所成另一個製造更可悲的邪惡的發源地。那些不幸者所需要的是有效的治療，而人們對於邪惡是束手無策的。」

循環到此完成：各種形式的非理性曾經在邪惡分布圖上取代了痳瘋病，它自己也被放逐到遠離社會的地方。現在，非理性變成了一種看得見的痳瘋病，把自己流膿的瘡傷呈現給混雜的人們看。非理性再次出場，但被打上一種想像的疾病烙印，這反而增添了它的恐怖力量。

因此，正是在想像的領域而不是在嚴格的醫學思想中，非理性與疾病結合起來，並不斷靠近疾病。遠在提出非理性在何種程度上是一種病態的問題之前，就在禁閉領域中並借助於該領域特

有的魔法，形成了一種將對非理性的畏懼和古老的疾病幽靈結合起來的混合物。在跨越了很長時間之後，關於麻瘋病的混亂想法又一次起作用了；正是這些古怪想法成為將非理性世界和醫學領域綜合起來的第一推動力。這兩個領域首先透過恐懼幻覺相互交流，把「腐敗」和「污染」這類可憎的混合物結合在一起。對於瘋顛在現代文化中占據的位置來說，重要的或者可以說關鍵的是，醫學界的人並不是作為仲裁者被請進禁閉世界以區分罪惡和瘋顛，邪惡和疾病，而是作為衛士被召來，以保護其他人免受從禁閉院牆滲出的威脅。人們很容易設想，如果有一種自由而慷慨的同情心就會喚起人們對被禁閉者命運的關心，如果醫學界更細心一些，知識更多一些，就能辨認出以前被當權者不分青紅皂白地加以懲罰的罪行是一種疾病。但是實際上，當時的氛圍並不是那麼仁慈客觀。如果人們請醫生來考察，那是因為人們心懷恐懼，害怕從禁閉院牆滲出奇怪的化學物質，害怕院牆內形成的力量會散播出來。一旦人們的意象發生變化，認為疾病已經具有各種特徵，如發酵、腐敗、惡臭、肉體腐爛，醫生就會出場。傳統上把瘋顛獲得某種醫學地位稱為「進步」，而實際上這種「進步」只有透過某種奇怪的倒退才能取得。在道德污染和肉體污染的混合體中⑥，古老的意象憑藉著十八世紀人們所熟悉的不潔的象徵意義，重新浮現在人們的腦海中。正是這些意象的復活，而不是知識的改進，使非理性最終與醫學思想相遇。令人驚異的是，正是由回歸到這種摻雜著當代疾病意象的不切實際的生活，實證主義控制了非理性，更確切地說，發現了一種能夠防範非理性的新理性。

當時的問題不是消滅禁閉所，而是使它們不再成為新的邪惡的潛在根源。因此，任務是邊清理邊組建。十八世紀下半葉展開的大改革運動就是從消除污染開始的。所謂消除污染就是清除各種不潔物和有害氣體，抑制發酵，防止邪惡和疾病污染空氣和傳

染到城市的大氣中。醫院、教養院及各種禁閉所都應該更徹底地
被純潔的空氣隔離開。這個時期產生了一批有關醫院通風的文
獻。這些文獻試著探討醫學的傳染問題，但是更注重的是道德交
流問題。一七七六年，國務會議任命了一個委員會，任務是確定
「法國各類醫院需要改善的程度」。維埃爾（Viel）受命重建拉
薩爾佩特利耶爾病院。理想的病院應該是在那裡保留著原有的基
本功能，同時使可能滋生的邪惡不會擴散出去；非理性受到完全
的控制，它成為一種展覽品，同時絕不會危及觀眾；非理性成為
一種標本，有儆戒作用而無傳染之虞。總之，這種病院應重新恢
復作為一個籠子的本來意義。這種「經過消毒」的禁閉所也是修
道院長德蒙索（Abbé Desmonceawx）的夢想，他在一七八九
年的一本論述「國家慈善事業」（National Benevolence）的小
冊子中計劃創造一種教育手段———一種能確鑿無疑地證明道德敗
壞的弊端的展覽：「這些被警戒起來的病院……是既實用又必要
的收容所。……展示這些陰暗的地方和被關押的罪人，目的在告
誡那些過於放任的青年不要因離經叛道而受到同樣的恥辱。因
此，精明的父母讓孩子從小就了解這種可怕又可憎的地方。在那
裡，罪惡的代價是恥辱和墮落，本性墮落的人往往永遠喪失在社
會中獲得的權利。」

　　上面這些就是道德試圖與醫學合謀來捍衛自己的夢想。那些
危險雖然已被禁閉起來，但沒有受到足夠的限制。同時，這些危
險還迷惑了人們的想像和欲望。道德夢想著根除這些危險，但是
在人身上有某種東西使人夢想著體驗它們，至少是接近它們，消
除對它們的幻覺。

　　籠罩著禁閉所的恐怖也有一種不可抗拒的誘惑力。那裡的夜
晚充滿著人們無法接近的歡樂；在那些憔悴萎靡的面孔背後是恣
縱放蕩；在這些黑暗背景上出現的是與博斯及其譫妄花園一脈相
承的痛苦與歡樂。從《所多瑪一二〇天》⑦（ One Handred and

*Twenty Days of Sodem*）的城堡中洩漏出來的秘密一直被人們悄悄地傳播著：「在那裡，所謂的囚徒受到駭人聽聞的蹂躪。我們聽說那裡經常發生某些極其可恥的罪惡，有的甚至是在監獄的公共休息室裡公開發生的。這些罪惡按照現代的禮儀規範是無法說出口的。我們聽說那裡有許多粉脂氣的無恥囚徒。當他們離開這個他們和同伙任意放蕩的陰暗密窟時，他們已變得完全不知羞恥了，隨時準備犯下各種罪行。」⑧羅什富科・利昂庫爾（La Rochefoucauld−Liancourt）⑨則提到薩爾佩特利耶爾的懲罰室的老婦和少婦形象。這些人一代一代地傳授著她們的秘密和享樂：「懲罰室是該院懲罰最嚴厲的地方。當我們參觀時，這裡關著四十七個姑娘，多數人年齡很小，她們與其說是犯罪不如說是無知。……令人吃驚的是，這裡總是把不同年齡的人混在一起，把輕浮的少女與老於世故的婦女混在一起，後者教給前者完全是最放蕩的東西。」在很長一段時間裡，這些幽靈一直在十八世紀的夜晚四處潛巡。有時它們將被薩德的作品無情地展示出來，被定位在嚴格的欲望幾何學中。它們還將被戈雅用昏暗的光線表現在「瘋人院」（Madhause）或「聾人之家」（Quinta del Sordo）中。「異類」（Disparates）上的形象與它們何其相似！一個完整的想像畫面再次出現了。它所表達的是此時由禁閉引起的大恐懼。

　　古典時期所禁閉的不僅僅是把瘋人、放蕩者、病殘者和罪犯混在一起的非理性，而且還禁閉了一大批怪人，一個蟄伏的怪物世界。據說這些怪物曾經被博斯的作品的陰暗色調凸現出來而後又被其所淹沒。人們會說，禁閉所除了隔離和淨化的社會作用外還有一種完全相反的文化功能。即使它們能從社會表面將理性和非理性分開，它們依然在深層保留了使理性和非理性得以混合及相互交換性質的意象。禁閉所的城堡是一個重要的、一直緘默的記憶庫。它們在陰暗處維持著被認為已經消滅了的一種象形力

量。雖然它們是新的古典主義秩序建立起來的，但是它們不顧這種秩序，也不顧時代，保留了被禁止的形象，從而使這些形象能夠完整無損地從十六世紀傳到十九世紀。在這段被忽略的時期，布羅肯山（the Brocken）⑩以同樣的想像景色加入了「愚人的呼喊」行列，努瓦爾瑟（Noirceuil）加入了關於雷斯元帥（Maréchal de Rais）的傳說世界。禁閉縱容而且歡迎這種意象的反抗。

　　然而，十八世紀末獲得自由的意象並非在各方面都與十七世紀力圖消滅的意象一致。在黑暗王國發生的某些情況使它們脫離開中世紀和文藝復興從中發現它們的那個秘密世界。它們原先寄寓在人們的心中、人們的欲望中和人們的想像中。此時，它們不是突然地將瘋顛者的存在公之於眾，而是沸沸揚揚地表現為充滿奇特矛盾的人性欲望：情欲和謀殺，虐待狂和被虐狂，恣意妄為和奴顏婢膝，頤指氣使和忍氣吞聲，都形影相弔，集於一身。在十五和十六世紀瘋顛所揭示的無所不在的宇宙大衝突發生了變化，在古典時期末期變成了一種沒有心靈調節的辯證關係。虐待狂（Sadism）不是最終賦予與愛欲（Eros）同樣古老的一種習俗的名稱。它是一種大規模的文化現象。這種現象只是在十八世紀末才出現，並構成西方想像力的一個最重大轉變：透過本能欲望的無限放縱，非理性轉變為心靈的譫妄、欲望的瘋顛，以及愛與死的瘋狂對話。非理性被禁閉，被封住聲音達一個世紀之久。當它重新出現時，它不再是一種關於這個世界的意象，也不再是一個形象，而是一種語言和一種欲望。正是在這個時候，虐待狂出現了。而且，下述情況並非偶然：虐待狂（直譯為薩德病狂——譯者）這個以一個人名命名的獨特現象就誕生於禁閉之中，薩德的全部作品的主調就是要塞、囚室、地窖、修道院和無法接近的孤島的意象。這些意象實際上組成了非理性的棲身之地。同樣並非偶然的是，所有與薩德的作品同時代的有關瘋顛和恐怖的

古怪文獻也都爭先恐後地出自禁閉的據點。於是，在十八世紀末，西方人的記憶突然發生了全面的轉變，並且有可能重新發現中世紀末人們所熟悉的形象，當然這些形象受到歪曲，並被賦予新的意義。這種轉變不正是由那些在非理性被封住聲音的地方想入非非的倖存者和覺醒者所發動的嗎？

在古典時期，對瘋顛的意識和對非理性的意識一直沒有分開。支配著各種禁閉習俗的非理性體驗包圍著對瘋顛的意識，逼迫後者節節後退，幾乎喪失其最有特徵的因素，幾乎消聲匿跡。

但是，在十八世紀下半葉的焦慮情緒中，對瘋顛的恐懼是與對非理性的恐懼同時增強的。因此兩種相互依賴的煩惱不斷地相互強化。而且就在我們看到與非理性相隨的圖象力量獲得自由的時候，我們也聽到四面八方都在抱怨瘋顛的猖獗活動。我們早已熟知「神經疾病」引起的社會憂慮，知道隨著人類的自我完善，人變得日益脆弱。隨著世紀變遷，這種憂慮愈益沉重，這種告誡也愈益嚴肅。勞蘭早已注意到「自醫學誕生後，……疾病成倍增加，而且愈益危急，愈益複雜，愈益難以診斷和醫治。「到了梯索的時代，這種一般印象變成了堅定的認識，醫學的教條：神經疾病「在過去不像在今天這樣常見；這種情況有兩個原因。一個原因是，過去的人總的來說比今天的人更健壯，也更少患病，而且那時的疾病也更少些。另一個原因是，近來，與其它的一般病因相比，引起神經疾病的病因大大增多了，而其他病因有的甚至似乎在減少。……我敢說，如果說神經疾病過去是很少見的，那麼今天則是最常見的疾病。」⑪而且人們很快重新獲得了十六世紀的那種強烈意識，即理性是不牢靠的，任何時候都會受到損害，尤其是受到瘋顛的損害。日內瓦的醫生馬泰（Mathey）深受盧梭的影響。他對一切有理性的人提出希望：「如果你們聰明又有教養，你們不要以此來炫耀；一件小事就足以擾亂甚至毀滅

你們引以為榮的所謂智慧；一個意外事件，一次突然而猛烈的情緒波動就會一下子把一個最理智、最聰明的人變成了一個語無倫次的白痴。」瘋顛的威脅成為該世紀的一個緊迫問題。

但是，這種意識有一種十分獨特的方式。非理性的困擾是一個感情上的問題，涉及到圖象復甦的活動。而對瘋顛的恐懼就不太受這種遺產的束縛。當非理性的回歸表現為大規模的重現，不受時間制約而自我繼承時，對瘋顛的意識則帶有某種現代分析，從一開始就把對瘋顛的意識置於時間的、歷史的和社會的環境中。由於對非理性的意識和對瘋顛的意識分道揚鑣，在十八世紀末就出現了一個決定性的起點。一方面，非理性體驗由此繼續前進，透過荷爾德林（Hölderlin）⑫、奈瓦爾（Nerval）⑬和尼采而深入到時間的根基，非理性因此而成為這個世界的「切分音」（contratempo）。另一方面，對瘋顛的認識則竭力在自然界和歷史的發展範圍內更準確地確定。在這一時期以後，非理性的時間和瘋顛的時間，具有兩個相反的向量：一個是無條件的回歸，絕對的下沉；另一個則相反，是按照歷史的時序而發展⑭。

1. 瘋顛與自由。在很長時間裡，某些憂鬱症被認為是英國人特有的；在醫學中和文學中都確認無疑。孟德斯鳩（Montes-quieu）曾將羅馬人的自殺與英國人的自殺加以比較，認為前者是一種道德和政治行為，是綜合教育的理想效果，後者則是一種病態，因為「英國人沒有任何明顯的理由便自殺，他們甚至在幸福的懷抱中自殺。」在這裡，環境起著作用。如果說幸福在十八世紀是自然和理性的秩序的一部分，那麼不幸，至少毫無理由地阻礙幸福的東西就應該是另一種秩序的部分。最初人們在惡劣的氣候，自然界的失衡（適宜的氣候是大自然促成的，而不適宜的氣候則是由環境造成的）中尋找後一種秩序。但是這不足以解釋「英國病」的原因。切恩早已宣佈，這種精神失常的根源是財富、美味佳肴、全體居民享受的富足，富人的享樂和悠閒。人們

逐漸開始尋求政治和經濟方面的解釋，認為財富、社會發展、各種制度似乎是瘋顛的決定因素。在十九世紀初，斯普爾茲海姆（Spurzheim）在一部著作⑮中將這些分析綜合起來。他認為，瘋顛「在英國比在其它地方發病率高」，不過是對那裡盛行的自由和普遍享受的富足的懲罰。心靈的放縱比權力和專制更危險。「宗教情感……不受拘束；每個人；都可以向願意聽他講的人佈道」，聽了不同的觀點後「心靈在尋求真理時就會受到干擾」。猶豫不決，左顧右盼，三心二意是十分危險的！此外還有爭執不休、情緒激昂和固執己見的危險：「每件事都遭到反對，對立使人情緒亢奮。無論在宗教、政治、科學和其他一切事務中，每個人都可以持有自己的觀點，但是他必須準備遭到反對。」這麼多的自由使人無法駕馭時間；每個人都無所適從，國家的一切也都搖擺不定：「英國人是一個商業民族。人的思想若是總在考慮生意，就會不斷地被恐懼和希望所驚擾。商業的靈魂就是自私自利，因此很容易變成妒忌別人，並不擇手段以達到目的。」此外，這種自由也絕不是真正正常的自由。這種自由在各方面都受到同最正當的個人欲望相對的要求所制約和騷擾。這是謀利的自由、結黨營私的自由、金融組織的自由，而不是人的自由、思想和心靈的自由。由於經濟原因，英國的家庭比其它任何地方的家庭更專制：只有富家女子才有能力結婚；「其他人只有透過其它有害於身心的手段來獲得滿足。這種原因也造就放蕩，導致瘋顛。」因此，商業自由使人的思想永遠不能接近真理，使人的本性必然陷於矛盾，使人的時間脫離四季的變化，使人的欲望屈從於利益的法則。總之，這種自由不是使人擁有自己，而是不斷地使人疏離自己的本質和自己的世界。它使人迷戀於絕對外在的他人和金錢，沉溺於不可自拔的激情和未滿足的欲望。商業狀態的自由就是人與他從中認識自我的那個世界的幸福之間、人與他從中發現真理的自然之間的「環境」。正是因為如此，它是瘋顛的

決定因素。斯普爾茲海姆寫作之時，正值「神聖同盟」的顛峯時期，和專制君主制復辟時期。此時，人們很容易將整個世界的瘋顛的全部罪過都歸咎於自由主義：「能夠看到人的最大欲望即他的個性自由有其弊端，也算是一種標新立異。」但是，對於我們來說，這種分析的要點不在於對自由的批判，而在於它使用了一種在斯普爾茲海姆看來意謂著非自然環境的觀念。瘋顛的心理和生理機制在這種環境中受到縱容和得以強化。

2. 瘋顛、宗教與時間。宗教信仰提供了一種意象畫面，一種有利於各種幻覺和譫妄的太虛幻境。長期以來，醫生們對過分的虔誠和過於強烈的信仰的後果很不以為然。過於嚴厲的道德要求，對拯救和來世過於強烈的熱望，往往被視為造成憂鬱症的原因。《百科全書》也不失時機地列舉這種實例：「某些傳教士用激烈的語言給意志薄弱者留下強烈的印象，他們刺激起後者對破壞教規將受到的痛苦的極端恐懼，結果後者的頭腦中產生了驚人的變化。在蒙特利馬（Montélimar）醫院，據說有一些婦女就是因參加了該市的一次傳教活動而患躁狂症和憂鬱症。這些婦女陷於傳教中輕率宣揚的恐怖意象。她們整天只念叨絕望、復仇、懲罰等等。其中一人完全拒絕治療，認為自己是在地獄中，任何東西都無法熄滅她認為正在吞噬她的烈火。」皮內爾沿襲這些開明醫生的思路，禁止給「因虔敬而患憂鬱症的人」看有關宗教獻身的書，甚至主張對「認為自己受到神召和力圖改變宗教信仰的教徒」實行單人禁閉。但是這裡依然主要是一種批判，而不是一種實證分析，因為人們懷疑，宗教事務因本身的譫妄和幻覺性質而引發人們的譫妄和幻覺。皮內爾報導了一個剛被治癒的瘋顛病人的病例。這個人「讀了一本宗教讀物，……書上說每個人都有各自的護衛天使。第二天晚上，他覺得自己周圍有一羣天使，並聽到天國的音樂，獲得啟示。」在此，宗教完全被視為傳播謬誤的一個因素。然而，早在皮內爾之前，有些分析已經具有較嚴格的

歷史學特點，把宗教視為滿足或壓制感情的一種環境。一七八一年，德國作者黙森（Moehson）把牧師享有絕對權力的遙遠時代描繪成幸福的時代：當時不存在遊手好閒，時時刻刻都有「宗教儀式，宗教活動，進香朝聖，訪貧問苦，正規節日。」⑯人們的時間被安排好的幸福所占據，無暇去浪費感情，無暇去厭倦生活，煩躁不安。如果一個人感到內疚，他就會受到實際的，往往是肉體的懲罰。這種懲罰占據他的思想，使他相信過失已得到寬恕。當懺悔牧師遇到那些「過於頻繁地來懺悔的疑病症患者」時，他就讓他們以苦行來贖罪，以「稀釋他們身上過於粘稠的血液」，或者讓他們去遠方朝聖：「環境的改變，遙遠的路程，遠離故居，遠離困擾他們的事物，與其他香客的交往，緩慢但充滿生氣的跋涉，這些比今天取代了朝聖的舒適旅行更能對他們產生效果。」最後，牧師的神聖性質使他的每一道命令都具有絕對的價值，任何人都不會想到試著逃避它；「通常，神經失常的病人是不會把一切告訴醫生的」。在黙森看來，宗教是人與罪過之間和人與懲罰之間的一種中介。它是一種綜合權威形式，透過施加懲罰而抑制犯罪；如果宗教放鬆控制，僅僅維持良心懺悔、精神苦行的理想方式，它就會直接導致瘋顛。只有徹底的宗教環境才能使人避免以對罪過的極度譫妄形式出現的精神錯亂。透過完成宗教禮儀和要求，人既能避免犯罪前無益地浪費感情，又能避免犯罪後徒勞的反覆懺悔。宗教使人全部生活都圍繞著此時此刻的圓滿完成來進行。昔日幸福時代的宗教永遠讚美著「現在」。但是，一旦它在現代被理想化後，宗教就在「現在」的周圍投上一個時間的光環，一個空虛的環境。這是一個充滿遊手好閒和悔恨的環境，人的心靈完全陷於焦慮不安，放縱的感情聽任時間日復一日地虛耗，最終，瘋顛可以恣意妄為了。

　　3. 瘋顛、文明與感受力。一般說來，文明構成了有利於瘋顛發展的環境。如果說知識的進步能驅散謬誤，那麼它也能傳播一

種趣味,甚至一種嗜書癖。書齋生活、完全陷於抽象思辨、勞心不勞力,這些會產生極其災難性的後果。梯索解釋說,在人體中,經常工作的部分首先硬化;體力勞動者的手臂肌肉和纖維首先硬化,使他們身強力壯,健康長壽。「讀書人的腦子首先硬化,使他們常常變得無法連貫地思維。」其結果必然是痴呆症。知識變得越抽象複雜,產生瘋顛的危險性就越大。根據普萊薩文(Pressavin)的觀點,如果一種知識接近於直覺,只需要大腦器官和內部感官的輕微活動,那麼這種知識只能刺激起某種生理快感:「如果科學的內容是我們的感官能夠很容易感受的,那麼這種合諧的共鳴便使靈魂處於和諧一致。……這種科學在整個身體機構中進行著一種有益於各部分功能的輕微活動。」相反,如果一種知識與感官的聯繫過於薄弱,過於脫離直覺,那麼就會引起大腦的緊張,進而使整個身體失調。「有些事物的聯繫很難被把握,因為我們的感官不容易接近它們,或者因為它們的關係過於複雜,需要我們費力去研究它們。(有關的科學)使靈魂陷於這樣一種活動,即不斷地使內部感官處於極度緊張狀態,從而產生極大的疲勞感。」因此,知識在感覺周圍形成了一種抽象關係的環境。在這種環境中,人有可能失去生理快感的危險性,而這種生理快感通常是人與世界關係的媒介。毫無疑問,知識在激增,但是,它的代價也隨之增大。誰能斷定當今聰明人比以前更多了呢?但是有一點是可以斷定的:「當今有更多的人患有智力病症。」知識環境的發展比知識本身更迅速。

然而,不僅知識在使人脫離感官,而且感受力本身也在使人脫離感官。感受力不再受大自然運動的控制,而是受各種習慣、各種社會生活的要求的控制。現代人,尤其是女人,夜行晝伏,陰陽顛倒:「巴黎婦女起床的時間比大自然規定的時間遲得多。一天中最好的時光已偷偷溜走,最新鮮的空氣已經消失。人們無福享受它。日曬蒸騰起的有害煙氣已經在大氣中擴散。在這個時

候，美人們才決定起床。」⑰這種感覺錯亂在劇院中繼續發展。那是一個滋生幻覺挑逗感情、蠱惑心靈的地方。女人們特別欣賞那些「煽情」場面。她們的心靈「受到強烈震撼，引起神經的騷動，雖然轉瞬即逝，但後果往往很嚴重；一時的心亂神迷，為現代悲劇的表演而潸焉出涕，是最低程度的後果。」⑱小說則構成一種更造作的環境，對於錯亂的感受力更加危險。現代作家極力以假亂真，為此而調動一切藝術手段。結果，使他們力圖在女讀者中，喚起強烈而危險的情感的目的更容易實現：「在法國早期推崇豪俠和禮節的時代，頭腦簡單的婦女滿足於知道令人難以相信的驚人事件；而現在，她們則要求事件和情感既令人置信又令人驚異，以便使她們神魂顛倒，心亂意迷。於是她們極力在自己周圍的一切事物中尋求能夠迷惑她們的新奇東西。然而，在她們看來，周圍的一切都索然無味，因為她們要尋求的東西是大自然中不存在的。」⑲小說則構成了一個可以濫用全部感受力的環境。它使靈魂出殼而進入一個虛幻的情感世界，情感越不真實就越強烈，也越不受柔和的自然法則的控制。「如此之多的作家當然會造就出大批的讀者。而連續不斷地閱讀就會導致各種神經病痛。在各種損害婦女健康的原因中，最近數百年小說的無限倍增也許是最主要的。……一個女孩在十歲時就用讀小說取代跑步，到了二十歲就會成為一個憂鬱的婦人，而不會成為一個賢妻良母。」⑳

在十八世紀，圍繞著對瘋顛及其傳播的危險的認識，透過緩慢而零碎的方式，形成一套新的概念體系。在十六世紀瘋顛被安置在非理性的畫面上。在這種畫面上，瘋顛掩蓋著某種模糊的道德意義和根源。它的神秘性使它與原罪發生了聯繫，奇怪的是，雖然人們從中感受到咄咄逼人的獸性，但並沒有因此使瘋顛變得無辜。在十八世紀下半葉，瘋顛不再被視為使人更接近於某種原始的墮落或某種模糊存在的獸性的東西。相反，它被置於人在考

慮自身，人的世界以及大自然所直接提供的一切東西時所規定的
距離。在人與自己的情感、與時間、與他者的關係都發生了變化
的環境裡，瘋顛有可能發生了，因為在人的生活及發展中一切都
是與自然本性的一種決裂。瘋顛不再屬於自然秩序，也不屬於原
始墮落，而是屬於一種新秩序。在這種新秩序中，人們開始有一
種對歷史的預感。而且在這種新秩序中，透過一種模糊的生成關
係，形成了醫生所說的 alienation（精神錯亂）和哲學家所說的
alienation（異化）。不論人處於二者中任何一種狀態，都會敗
壞自己的真正本性。但是，自十九世紀黑格爾（Hegel）之後，
這二者之間很快就毫無相似之處了。

# 註　釋

① 狄德羅（Denis Diderot）〈拉摩的侄子〉（Le Neveu Rameau）載《著作集》（Oeuvres）（普萊亞德版），第 435 頁。

② 梅西埃（Louis-Sébastien Mercier）：《巴黎風情》（Tableau de Paris）（阿姆斯特丹，1783 年），第 1 卷，第 233～234頁。

③ 見前引書，第 8 卷，第 1 頁。

④ 同上，第 2 頁。

⑤ 巴尼（Musquinet de la Pagne）《改革後的比塞特爾——一個教養院的建立》（Bicêtre réformé ou établissement d'une maison de discipline）（巴黎，1790），第 16 頁。

⑥ 「我和其他人一樣早已知道，比塞特爾既是醫院，又是監獄。但我不知道，建立這所醫院的目的是滋生疾病，建立這座監獄的目的是滋生罪惡。」（米拉波《一個英國人的遊記》〔Observations d'un anglais〕第 6 頁）。

⑦ 所多瑪是《聖經》所載著名的罪惡之城。《所多瑪 120 天》係薩德的作品。——譯者註

⑧ 米拉波，前引書，第 14 頁。

⑨ 羅什富科——利昂庫爾（1747～1827），法國教育家和社會改革家。——譯者註

⑩ 布羅肯山，位於德國。黃昏時山影投到下方雲靄上，被稱為「布羅肯幽靈」或「布羅肯寶光環」——譯者註

⑪ 梯索《論神經及神經疾病》（Traité des nerfs et de leurs maladies），第 1 卷，第 iii～iv 頁。

⑫ 荷爾德林（1770～1843），德國抒情詩人，精神失常 36 年，仍完成許多作品。——譯者註

⑬ 奈瓦爾（1808～1855），法國詩人，在創作盛期多次被送進精神病院。

——譯者註

⑭在 19 世紀的進化論看來，瘋顛確是一種回歸，但其回歸是沿著時序的
路線；它不是時間的絕對瓦解。這是時間倒轉的問題，而不是嚴格的重
覆的問題。精神分析學試圖重新考慮瘋顛和非理性，卻發現自己也面對
著這個時間問題；固戀（fixation）、死亡願望、集體無意識、原型等
概念或多或少恰當地確定了兩種時間結構的異質性：既適用於非理性體
驗及其包含的知識，又適用於對瘋顛的認識及其認可的科學。

⑮斯普爾茲海姆（Johann Christoph Spurzheim）《瘋顛觀察報告》（ *Observations sur la folie* ）（巴黎，1818）。

⑯默森（J. C. N. Moehson）《布蘭登堡地區的科學史》（ *Geschichte der Wissenschaften in der Mark Brandenburg* ）（柏林和萊比錫，1781）

⑰博舍內（Edmé-Pierre Beauchesne）《論情感在女性神經疾病中的影響》（ *De l'influence des affections de l'âme dans les maladies nerveuses des femmes* ）（巴黎，1783），第 32 頁。

⑱同上，第 33 頁。

⑲同前引書，第 37～38頁。

⑳《引起神經病痛的生理和道德原因》（ *Causes physiques et morales des maux des nerfs* ），〈健康報〉，1768 年 10 月 6 日，（不署名文章）。

# 第八章　新的劃分

　　十九世紀初，所有的精神病學家，所有的歷史學家都被同一種憤怒情緒所支配。我們到處看到相同的義憤，相同的譴責：「居然沒有人因把精神病人投入監獄而臉紅」。埃斯基羅爾（Esquirol）歷數了波爾多（Bordeaux）的阿（Hâ）城堡，圖盧茲（Toulouse）和雷恩（Rennes）的教養院，在普瓦捷（Poitiers）、康城和亞眠依然存留的「比塞特爾」以及昂熱（Angers）的「古堡」，接著指出：「而且，幾乎沒有一個監獄裡沒有胡言亂語的瘋人；這些不幸的人帶著手銬腳鐐與罪犯關在一起。這種混雜是多麼可怕！平靜的瘋人受到的待遇比罪犯還要糟糕。」

　　整個十九世紀都對此做出呼應。在英國，圖克（Tukes）一家都成為自己先輩工作的歷史學家和辯護士；在德國，繼瓦格尼茨（Wagnitz）之後，賴爾（Reil）為那些「像政治犯一樣被投入人道主義的目光永遠看不到的地牢中的」不幸者而發出不平之鳴。實證主義者們在半個多世紀中不斷地宣稱，是他們最早把瘋人從與罪犯相混雜的可悲狀態中解放出來，把無辜的非理性與犯罪區分開。

　　證明這種斷言的浮誇性是很容易的。早就有人提出過同樣的抗議。在賴爾之前，弗蘭克（Franck）就說過：「那些參觀過德國瘋人院的人回憶起所見所聞都會心有餘悸。人們一進入這些

苦難之地就會感到毛骨悚然。人們聽到的只是絕望的哭喊，但是，在這裡居住的是有才智有道德的人。」在埃斯基羅爾之前，在皮內爾之前，羅什富科——利昂庫爾和特農（Tenon）都有所表示；在他們之前，整個十八世紀都有持續不斷的抗議聲音，提出抱怨者甚至包括會被人們視為最冷漠的、最願意維持這種混雜狀態的人。在皮內爾等人大聲疾呼前二十五年，馬爾塞布（Ma-lesherbes）「為了進行改革而參觀國家監獄。凡是他認為精神失常的囚犯……都被送到病院。他說，在那裡，社會環境、體育鍛鍊和他精心規定的療法定能治癒這些人。」在十八世紀更早的時候，一代又一代的總監、財政官和管理員一直在小聲地要求著把瘋人與罪犯分開。這種要求有時得到實現。桑利（Senlis）的慈善院長請求警察當局把一些犯人帶走，把他們隨便關在那個城堡裡去。不倫瑞克（Brunswick）教養院的管理員在一七一三年就要求不應將瘋人與在工場勞動的犯人混在一起。十九世紀利用各種同情心大張旗鼓地提出的要求，不是在十八世紀已經被低聲說出並被不懈地重覆著嗎？埃斯基羅爾、賴爾和圖克父子所做的不正是大聲疾呼，對多年來瘋人院裡習以為常的事情提出抗議嗎？從一七二〇年到法國大革命，瘋人被逐漸移出監獄的現象可能就是這些抗議的最明顯的成果。

不過，還是讓我們來聽聽這種半沉默狀態中所說出的東西吧。當桑利的慈善院長要求將瘋人與某些罪犯分開時，他的論據是什麼呢？「他（指犯人）很可憐，另外兩三個犯人也很可怕。把他們關在某個要塞裡，他們的情況會好些。因為和他們關在一起的另外六個人是瘋子。這些瘋子日夜折磨著他們。」這番話的含義對於警察當局來說應該是一目瞭然的，即應該釋放這幾個犯人。不倫瑞克管理員的要求也包含同樣的意思：工場被精神病人的喊叫和製造的混亂攪得雞犬不寧；這些人的狂亂發作是隨時可能發生的，最好還是把他們送回禁閉室，或者給他們帶上鐵鐐。

由此，我們可以知道，各個世紀的抗議雖然表面相同，但其實質並不相同。十九世紀初，人們的義憤在於瘋人受到的待遇並不比刑事犯人或政治犯更好些。而在整個十八世紀，人們關注的是犯人應該有比把他們與精神失常者關在一起更好的命運。在埃斯基羅爾看來，義憤出自於這樣一個事實，即瘋人僅僅是瘋人，而在桑利那位院長看來，問題在於犯人基本上僅僅是犯人。

這種差別也許並非如此重大。而且這種差別應該很容易被覺察到。但是，有必要強調這種差別，以便理解在十八世紀對瘋狂的意識是如何被改造的。這種意識不是在人道主義運動的背景下發展的，那種運動使它逐漸地貼近瘋人的人性實際，貼近他最動人、最親膩的方面；這種意識也不是在某種科學需要的壓力下發展的，那種壓力使它更關注和更真實地反映瘋顛會為自己說些什麼。如果說這種意識是在慢慢地變化，那麼這種變化發生在既真實又不自然的禁閉空間中。其結構的某些不易察覺的變化以及時有發生的某些強烈的危機，逐漸形成了與法國革命同步的瘋顛意識。瘋人逐漸被孤立起來，千篇一律的精神錯亂被劃分為幾種基本類型，這些與醫學進步和人道主義態度都毫無關係。正是禁閉本身的深層結構產生了這一現象，我們必須以禁閉本身去尋找對這種新的瘋顛意識的說明。

這種意識與其說是一種慈善意識，不如說是一種政治意識。因為如果說十八世紀的人覺察到在被禁閉的人中，除了自由思想者、道德敗壞者和悔罪的浪子外，還有另一種性質的神志錯亂者，後者的焦慮是無法消除的，那麼這種認識正是這些被禁閉者本人的感受。他們是最先而且以最激烈的方式提出抗議的人。大臣、警察總監、地方行政官不斷地聽到內容相同的抱怨：有一個人給莫爾帕（Maurepas）①寫信，信上怒氣沖沖，因為他「被強迫與瘋人混在一起，其中有些瘋人十分狂暴，我每時每刻都有遭到他們凌辱的危險」；另一位蒙特克利夫神甫（Abbé de

Montcrif）也向貝里耶（Berryer）總監發出同樣的抱怨：「九個月來，我一直被關在這個可怕的地方，與十五個或二十個胡言亂語的瘋人、各種癲癇患者擠在一起。」隨著時間推移，反對禁閉的抗議呼聲愈益強烈。瘋顛漸漸地變成囚徒恐懼的幽靈，他們受屈辱的象徵，他們的理性被消滅、被壓制的形象。終於，米拉波（Mirabeau）②認識到，這將瘋顛混同犯罪的可恥做法既是一種野蠻地對待受懲罰者的巧妙工具，又是專制主義施展淫威的象徵。瘋人不是禁閉的第一個和最無辜的犧牲品，卻是禁閉權力的最模糊又最明顯的，最持久的一個象徵。專制暴政一直秘密地以這種非理性的可怕形成存在於被禁閉者中間。就在禁閉的心臟、在理性狂歡之地，反對現行政權、反對家庭、反對教會的鬥爭繼續進行著。而瘋顛則充分地體現了這些懲罰權力，它有效地產生一種補充懲罰的作用，在教養院的統一懲罰中，這種補充的折磨有助於維持秩序。羅什富科・利昂庫爾在向關於乞丐問題的委員會提交的報告中證實了這一點：「對癲癇病人和教養院其他病人，甚至對遊手好閒的窮人所施加的一種懲罰，就是把他們放到瘋人中間。」這種惡劣做法完全依據一個事實，即瘋人體現了禁閉的殘酷真相，是禁閉中最惡劣的消極工具。在十八世紀有關禁閉的全部文獻中隨處可見的一個事實，即住在教養院中的人必然會瘋顛，不也正體現了這一點嗎？如果一個人被迫生活在這個譫妄世界中，被橫行無阻的非理性所裹挾，那麼在這種環境裡他怎能避免不加入這個世界的活標本的行列中呢？「我觀察到，禁閉在教養院和國家監獄中的精神錯亂者大多都是如此，在國家監獄中因受到極度虐待而精神錯亂，在教養院中因被單獨囚禁，持續不斷地被一種痛苦的幻覺所折磨而精神錯亂。」③

　　囚徒中存在著病人，這一點並不是說明禁閉的醜惡極限，而是體現了禁閉的真相，不是禁閉的濫用，而是反映了禁閉的實質。十八世紀發起的反對禁閉的攻勢的確涉及到將瘋人和正常人

強制混雜的做法，但是它沒有涉及到被公認為理所當然的瘋顛與禁閉的基本關係。自稱「人類之友」的老米拉波（ Mirabeau ）④激烈地抨擊禁閉也嚴厲地斥責被禁閉者本身；在他看來，被禁閉在「著名的國家監獄」中的人沒有一個是清白無辜的；但是不應把他放在這些昂貴的機構裡，因為他在那裡只是苟延殘喘，打發著毫無益處的生活。為什麼禁閉「那些賣笑的姑娘？如果把她們送到外省工場，她們會成為勞動婦女。」為什麼禁閉「那些流氓無賴？他們只是等待著獲得自由，而這種自由只能使他們上絞架。為什麼不用這些帶著腳鐐的人去做那些可能對自由勞動者有害的工作？他們將會成為一種儆戒的樣板。……」一旦這些人被全部送走，在禁閉所裡還留下什麼人呢？留下的是無法在其它地方安置的、確應留下的人：「某些不應公佈其罪行的政治犯」，以及「那些因放蕩而揮霍了畢生勞動成果的老人──他們奢望能死在醫院裡，來此安度晚年」。最後還有瘋人。他們必須有個能撒潑打滾的窩，「這最後一種人在那裡也一樣地活。」⑤米拉波則從相反的方向進行論證：「無論誰想證明在堡壘、教養院和國家監獄中，政治犯、流氓、思想自由者、瘋人和墮落的老人構成大多數，或者構成其成分的三分之一、四分之一或十分之一，我都公開加以反對。」在他看來，禁閉的醜惡不在於將瘋人與罪犯混雜在一起，而在於他們加起來也沒有構成被禁閉者的主要部分。那麼什麼人能抱怨自己被強制與罪犯混雜在一起了呢？不是那些永遠喪失理智的人，而是那些在年輕時代放蕩不羈的人：「我要問，……為什麼要把流氓無賴與思想自由者混雜在一起？……我要問，為什麼讓有危險傾向的青年與那些能迅速將他們引入極端墮落的人混在一起？……最後，如果將思想自由者與流氓混雜的現象確實存在，那麼我們為什麼要用這種臭名昭著的惡劣做法來使我們犯下引導人們犯罪這種最卑鄙無恥的罪行？」至於瘋人，還能有什麼更好的命運呢？他們沒有理性，不得不被禁閉

起來，他們不明事理，無法不令人厭惡。「必須將喪失理性的人藏在社會看不到的地方，這是千真萬確的真理。」⑥

我們看到，在十八世紀時禁閉的政治批判是如何運作的。它不是沿著解放病人的方向，它也不是讓人們對精神錯亂者投入更多的仁愛或醫學關注。相反，它使瘋顛前所未有地更緊密地與禁閉聯在一起。這是一種雙重聯繫：一方面是使瘋顛成為禁閉權力的象徵以及禁閉世界中談權力的荒誕的、無法擺脫的代表，另一方面是使瘋顛成為各種禁閉措施的典型對象。於是，瘋顛既是禁閉的主體，又是禁閉的客體，既是鎮壓的象徵，又是鎮壓的目標，既是禁閉不分青紅皂白的盲目性的象徵，又是對禁閉中一切可能合理因素的辯護。透過一種矛盾循環，瘋顛最終成為禁閉的唯一理由，它象徵著禁閉的極端的非理性。米什萊（Michelet）⑦的觀點依然接近於這種十八世紀的觀念，但是他闡述得十分明晰。他在論述米拉波和薩德同時被囚於樊尚（Vincennes）的情況時，其思路與米拉波的思路相同：

首先，禁閉引起精神錯亂：「監獄使人發瘋，在巴士底和比塞特爾發現的那些人都已痴呆。」

其次，十八世紀的暴政中最沒道理，最可恥、最傷風敗俗的東西是由禁閉空間和瘋人體現的：「我們已經見過薩爾佩特利耶爾病院中的瘋狂行徑。在樊尚，則有一個可怕的瘋子，即渾身散發毒氣的薩德。他寫作的目的是敗壞未來的時代。」

第三，僅僅為了這一個瘋子，也必須保留禁閉制度，但是事實上正相反：「他很快獲釋，而米拉波則被繼續禁閉。」

於是，在禁閉的中心部位裂開了一道深淵。這是一個將瘋顛孤立起來的真空，它懲治瘋顛，宣佈後者是不可救藥的和不可理喻的。瘋顛此時便以不同於其他被禁閉者的形象出現了。瘋人的存在體現了一種不公正，但這是對他者的不公正。非理性的無差

別統一被打破了。瘋顛具有了獨特的性質，奇怪地與犯罪成為一對孿生兄弟，至少是透過一種尚未引起懷疑的相似性而與犯罪聯繫起來。禁閉的一部分內容被抽空了，只留下這兩種形象——瘋顛和犯罪。它們用自身體現了禁閉的必要性。從此，只有它們是應該加以禁閉的。雖然瘋顛拉開了距離，在混淆不清的非理性世界中最終成為一種可辨認的形式，但是它並沒有獲得自由。在瘋顛和禁閉之間建立起一種很深的關係，幾乎是一種本質性的聯繫。

然而，與此同時，禁閉遇到了另一個更深刻的危機。這個危機不僅涉及到它的鎮壓角色，而且涉及到它本身的存在。這個危機不是從內部產生的，也不是政治抗議的派生物。它是在整個社會和經濟領域中逐漸出現的。

貧困問題此時正在逐漸從以往混雜道德因素的論述中解脫出來。人們已經看到在經濟危機時失業與懶惰無關，還看到貧困和遊手好閒被迫向農村擴散，而人們原以為能夠在那裡看到最樸實、最純潔的道德生活。所有這些都表明貧困也許並不僅僅屬於罪惡世界：「行乞是貧困的產物。而貧困本身則是由土地耕作中或工廠生產中的偶然事件造成的，也可能是由商品價格上漲或人口膨脹等等造成的……」⑧貧困變成了一種經濟現象。

然而，貧困雖非偶然，但也不是注定要永遠受到鎮壓。有某些貧困是人們不可能消滅的。既使所有的閒人都被雇用，有些貧困是注定要伴隨各種社會的，直至世界末日。「在治理有方的國家裡，只需要有生於貧困或因事故而陷於貧困的窮人。」⑨這種基本的貧困在某種意義上是不可消除的，因為出身和事故是人生中不可避免的部分。長期以來，人們無法想像會有一個沒有窮人的國家。這種需要似乎已經深深地銘刻在人類命運和社會結構之中：十九世紀以前，在哲學家的思想中，財產、勞動和貧困這幾個詞一直是聯繫在一起的。

　　貧困這一角色之所以是必要的，原因在於它不可能被壓制住，還在於它使財富的積累變得可能。如果窮人多勞動而少消費，就能使國家富強，使國家致力於經營土地、殖民地、礦山，生產行銷世界的產品。總之，沒有窮人，國家就會貧窮。貧困成為國家不可或缺的因素。窮人成為國家的基礎，造就了國家的榮耀。因此，他們的貧困不僅不應被消滅，而且應該受到讚頌和尊敬。「我的目的僅僅是使（政府的）一部分注意力轉到人民中受苦受難的那些人身上。……政府的後盾主要是帝國的榮譽和繁榮，而不論在哪裡窮人都是帝國最牢靠的支柱，因為一個君主若不發展人口，支持農業、藝術和商業，就不可維護和擴大自己的版圖。而窮人就是這些使民族真正強大有力的重要力量的必不可少的工具。」⑩這是從道德上全面為「窮人」重新正名，也就是在一個更深的層次上對窮人的作用和形象進行一次社會和經濟的重新整合。在重商主義經濟中，窮人既不是生產者也不是消費者，因此毫無立足之地：他懶惰、遊蕩、無人雇用，因此唯一的歸宿是禁閉，透過禁閉他被逐出社會。現在，新興工業需要勞動力，他在民族中重新有了地位。

　　於是，經濟思想在新的基礎上闡釋貧困的概念。過去，在整個基督教傳統中，「窮人」是真實具體的存在，是一種有血有肉的存在，是一種永遠個性化的需要幫助的形象，是以人的形象出現的上帝的象徵媒介。在禁閉的抽象作用中，「窮人」被消滅，與其他形象合而為一，隱於一種道德譴責中，但是其特徵並沒有消除。十八世紀的人發現，「窮人」並不是作一種具體的最終的現實而存在著；在他們身上，兩種不同的現實長期以來混淆在一起。

　　一方面是「貧困」，即商品和金錢匱乏。這是與商業、農業和工業狀況相聯繫的一種經濟形勢。另一方面是「人口」。這不是一個受財富波動支配的消極因素，而是一種直接影響經濟形勢

和財富生產的力量，因為正是人的勞動創造財富，至少是傳送、改變和增加財富。「窮人」是一個模糊概念。它把兩種因素結合起來，一個是「人」這種財富，另一個是被公認為人類必不可少的「需求」狀況。確實，在「貧困」和「人口」之間有一種嚴酷的逆反關係。

重農學派和古典經濟學家在這一點上是一致的。人口本身就包含著一個財富的因素。它確實是財富的某種用之不竭的源泉。在魁奈（François Quesnay）⑪及其信徒看來，人是土地和財富之間不可缺少的中介：「按照一條古代諺語，人與土地一樣值錢。如果人沒有價值，土地也就沒有價值了。有了人，就能使所擁有的土地增值一倍，就能開墾它，獲得它。上帝能獨自用泥土造出人來，但是在世界上只有透過人，至少是透過土地的產品才能擁有土地，其結果都一樣。由此可見，第一種財富是占有人，第二種是占有土地。」⑫

在古典經濟學家看來，人口是一種十分重要的財富。因為在他們看來，財富不僅出自農業勞動，而且出自工業加工，甚至出自商業流通。財富與某種實際上由人進行的勞動相聯繫。「因為國家所抽有的實際財富僅存在於它的土地每年的產品和它的居民的產業中，所以當每畝土地和每個人的產業的產量提高到最大限度時，國家的財富也將達到最大限度。」⑬然而，人口越多越好，因為它將為工業提供廉價勞動力，從而降低成本，促進生產和商業的發展。在這個無限敞開的勞動力市場上，「基本價格」，即杜爾哥（Turgot）⑭所說的工人生活費用，與供求關係所決定的價格最終是相吻合的。一個國家如果擁有可由它任意支配的眾多人口這一最大的潛在財富，它就將在商業競爭中獲益。

因此，禁閉是一個重大錯誤，是一項錯誤的經濟措施，因為其目的是透過分離出一部分貧窮居民和用慈善事業維持這部分來壓制貧困。實際上，「貧困」被人為地掩飾起來而--部分「居

民」受到壓制，財富則恆定不變。這樣做是為了幫助窮人逃避暫時的貧困嗎？他們是無法逃避貧困的，因為勞動力市場是有限的，在危機時期這種有限性更為危險。相反，應該用廉價勞動力來降低產品的高成本，用發展工業和農業來彌補產品的匱乏。唯一合理的解決辦法是，使全部人口都重新進入生產的循環中，將他們分配到勞動力最短缺的地方。利用窮人、流浪漢、流放者和各種「移民」是在國際競爭中使國家富強的一個秘訣。塔克（Josias Tucker）在論述新教徒的移民問題時間道：「要想削弱實力和工業將會壓倒我們的鄰國，最好的手段是什麼呢？是透過拒絕接受它們的臣民，不讓他們成為我們的一部分來迫使他們留在本國嗎？還是用高工資來吸引他們，讓他們享受我們的公民的好處？」

禁閉之所以受到批評，是因為它能影響勞動力市場，而且更因為它以及全部傳統的慈善事業是一種有害的財政支出。與中世紀一樣，古典時期一直力求透過慈善基金體系向窮人提供幫助。這就意味著一部分土地資本或收入不能流通。而且這種狀況是永久性的，因為人們為了避免慈善事業商業化，採取了各種法律措施使這些財產不再回到流通領域。但是，隨著時間的推移，這些財產的效用逐漸降低，經濟形勢也發生了變化，貧困也改換了形象：「社會的需求並不是一成不變的。自然界，財產的分配，人的階層劃分，輿論，習俗，國家及其各部分人的基本職業，氣候，疾病以及人們生活中的各種意外，都在不斷地變化。於是，新的需求產生了，而舊的需求消逝了。」⑮因此，慈善基金的限定性是與多變的、不確定的各種意外需求相抵觸的。而按理說它是用於滿足這些需求的。如果基金會所凍結的這筆財富不返回到流通領域，那麼隨著新的需求的出現，就必須創造出新的財富。被擱置的資金和收入的份額不斷增多，就相應地減少了生產資金的份額。其結果必然導致更嚴重的貧困，也就需要更多的慈善基

金。這種情況會無限循環下去。總有一天，「與日俱增的慈善基金最後會吞噬一切資金和一切私人財產」。經過仔細研究，人們斷定，古典時期的救濟是導致貧困的一個原因，是對全部生產性財富的逐漸凍結，在某種意義上是生產力的慢性自殺。」如果每個人死後都有一座墳墓，那麼為了找到可以耕種的土地，就必須推倒這些不能生產的紀念碑，為了養活生者，就必須移動死者的骨灰。」⑯

在十八世紀的進程中，對待瘋人的非人道的嚴酷態度並沒有消失，但是禁閉的表面理由，可以輕易地囊括瘋人的總體原則以及那些把他們編織成非理性的延伸部分的無數線索消失了。在皮內爾之前，瘋顛早已獲得自由，但不是擺脫了將它關在地牢中的物質桎梏，而是擺脫了使它受到非理性的模糊力量支配的那種更桎梏的，甚至更有決定意義的奴役狀態。甚至在法國大革命之前，瘋顛就已經自由了：人們可以將它分辨出來，承認它的特殊性，並透過各種運作最終賦予它作為一個對象的地位。

由於脫離了原有的各種關係，被孤零零地留在令人窒息的禁閉高牆之中，瘋顛便成為一個問題。它以前從未提出的問題現在紛至沓來。

最重要的是，它使立法者陷於困境。他們不得不用法令來結束禁閉，但是不知道在社會範圍內如何安置瘋顛：是用監獄，還是用醫院或是家庭救濟？在法國大革命前夕和開始時立刻採取的一系列措施就反映了這種猶豫不決的狀況。

布勒特伊（Breteuil）在關於「密札」（lettres de cachet）的通知中要求各行政長官說明各種禁閉所拘留命令的性質及理由。「那些自甘放蕩的人，如果沒有做任何應該受到法律明文規定的嚴厲懲罰的事情」，最多拘留一至二年就應釋放。另一方面，應該繼續關押在禁閉所的犯人是「那些精神錯亂者。他們智

力低下，無法控制自己的行為，他們的狂亂行為會威脅社會中的其他人。鑑於上述情況，需要做的是確定他們的狀況是否依然如舊。不幸的是，只要人們公認他們的自由對社會有害，對他們本人也不利，那麼就有必要繼續拘留他們。」這就構成了改革的第一階段，即盡可能地減少在道德離軌、家庭衝突、輕微的放蕩等方面實施禁閉，但是不觸動禁閉的原則，完整地保留了禁閉的一個主要意義：拘留瘋人。這時，瘋顛實際上已經控制了禁閉，禁閉本身已喪失了其它功用。

第二階段是在〈人權宣言〉（the Declaration of the Right of Man）公佈後立刻開始的，由國民議會和制憲議會進行的大規模調查。〈人權宣言〉宣佈：「除非在法律所規定的情況下並依照法律所規定的方式，不得逮捕或拘留任何人。……法律應該只允許確實需要的和明顯必要的刑罰，任何人都不受在犯罪之後所制定和頒布的法律的懲辦。」禁閉的時代結束了。當時只有已定罪的和即將定罪的罪犯以及瘋人依然遭到禁閉。國民代表大會的行乞問題委員會指定五個人視查巴黎的禁閉所。羅什富科——利昂庫爾公爵於一七八九年十二月提交了一份報告。報告聲稱，教養院中存在著瘋人，這一點使教養院有一種惡劣的形象，而且會使被收容者降低到不齒於人類的地位；這種「混雜」受到容忍，表現政府當局和法官是何等輕率：「這種輕率態度與對不幸者的開明和無微不至的憐憫相去甚遠，不幸者能從後一種態度那裡得到各種可能的幫助和安慰……；在尋求減輕貧困時，有人會贊成顯得要貶損人性嗎？」

如果瘋人使那些被輕率地與他們禁閉在一起的人受到污辱，那麼就應該為瘋人安排專門的拘留處。這種禁閉不是醫療性的，但必須是最有效，最方便的救濟方式：「在人類遭受的一切不幸中，瘋顛狀態依然是人們最應該給予憐憫和關心的不幸之一。我們對它的關注應該是毫不吝嗇的。當毫無治癒的希望時，仍然有

許多的手段能使這些不幸者至少維持一種過得去的生活」。在這段話中，瘋顛的地位是十分模糊的；既有必要保護被禁閉的人免受瘋顛的危害，又有必要對瘋顛給予某種特殊的幫助。

第三階段是一七九〇年三月十二日至十六日頒布的一系列重要法令。這些法令是對〈人權宣言〉的具體應用：「自本法令頒布之日起六個星期內，凡是被拘留在城堡、修道院、教養院、警察局或其它任何監獄的人，無論他們是根據『密札』還是根據行政機構的命令被拘留的，只要他們不是已被判刑者，不是被捕候審者，不是被指控犯有重大罪行者，不是因瘋顛而被禁閉者，應一律釋放。」這樣，禁閉被明確地用於某些服刑的犯人和瘋人了。但是，對於後者，有一種特殊的安排：「因痴呆而被拘留者，將自本法令頒布之日起三個月內，由檢察官提出起訴，由法官按正常方式進行調查，並且視其情況由醫生進行診斷，醫生在當地醫學總監的監督下宣佈病人的真正狀況。最後，在做出實事求是的判決後，他們或者被釋放，或者被送到指定的醫院加以照看。」表面上，從此有了新的出路。一七九〇年三月二十九日，巴伊（Bailly）、杜波爾·杜特爾特（Duport-Dutertre）和一名警察長官到薩爾佩特利耶爾考察如何貫徹這項法令。然後，他們又視察了比塞特爾。他們發現，實施該法令困難重重。首先，根本沒有所設想的或者至少能騰出地方收容瘋人的醫院。

由於這些物質上的困難，再加上某些思想上的疑點，於是開始了一段很長時間的猶豫不決局面。四面八方都要求議會提供一個文件，以便在所允諾的醫院建立之前保護人們不受瘋人的危害。結果出現了一次對未來有重大影響的倒退：瘋人受到各種不受制約的斷然措施的擺佈。這些措施不僅針對著危險的犯罪分子，而且針對著肆無忌憚的野獸。一七九〇年八月十六日至二十四日的法律「委託市政機構注意並有權……防範和解決由獲釋的瘋人和四處亂竄的凶猛危險的動物引起的不愉快事件。」一七九

一年七月二十二日的法律對此加以補充，要求病人家庭負起監督精神錯亂者的責任，並允許市政當局採取一切行之有效的措施：「精神錯亂者的親屬必須照看他們，防止他們離家出走，務必不使他們違法亂紀。市政當局必須排除私人在履行這項職責時因疏忽造成的麻煩」。由於在解放瘋人問題上的這種曲折，這一次瘋人在法律範圍內再次獲得了等同於動物的地位。過去，禁閉似乎就是根據這種地位來隔離他們。當醫生開始認為他們具有某種溫和的獸性時，他們又成了野獸。但是，儘管這次合法的處置權交到政府當局手中，但是問題並沒有因此而得到解決。因為精神病人的醫院尚不存在。

無數的請願書紛紛呈交給內務部。德萊薩（Delessart）在對其中之一的答覆中說：「先生，我和你一樣認為，我們必須為建成精神病院而不懈地努力，以使精神病人這個不幸者階層有安身休養之地。……至於那些因沒有地方安置而送到貴省各監獄的精神病人，除了將他們暫時轉移到比塞特爾外，我目前想不出有其他辦法可以使他們離開那些對他們不適宜的地方。因此，貴省政府可以給比塞特爾寫信，以確定接收他們入院的方式，貴省或病人原居住區支付贍養費的方式——如果他們的家屬不能承擔這些費用的話。」這樣，比塞特爾就成為各方面送交精神病人的巨大中心，在聖拉扎爾關閉之後尤其如此。同樣，女病人則被送往薩爾佩特利耶爾。一七九二年，原來在聖雅克大街（the Rue Saint-Jacques）嘉布遣會（Capucines）修女院住了五年的二百名瘋女人被送到這裡。但是，在偏僻省份，則不可能將精神病人送到以前的總醫院。一般來說，他們被拘禁在監獄裡，如阿（Hâ）城堡，昂熱古堡或貝勒沃（Bellevaux）。這些地方的混亂情況是難以描述的，而且一直持續到拿破侖帝國建立。諾迪埃（Antoine Nodier）描繪了貝勒沃的某些具體情況：「每天，附近的居民從裡面傳出的喧鬧聲中知道，被禁閉者們在互相鬥毆、

互相欺凌。衛兵在向他們衝過去。就像今天一樣，監獄衛兵是這些鬥毆者的笑料。市政長官不斷被請去進行干涉，以恢復治安。他們的權威受到蔑視。他們本人遭到污辱。這裡已不再是一個執行司法的拘留所。」

比塞特爾同樣混亂，或許還有過之而無不及。這裡關押著政治犯，還隱藏著被通緝的嫌疑犯。許多人在這裡忍飢挨餓。管理部門不斷提出抗議，要求將犯人隔離關押。此外，值得注意的是，有些人還在暗示，關押他們的地方同時禁閉著瘋人。在共和三年霧月九日，比塞特爾的財務官寫信給「行政和司法委員會委員格朗普累公民和奧斯芒公民（Citizens Grandpré and Osmond）」。信中說：「我認為，在人道已確定無疑地成為行為準則的今天，沒有人在看到犯罪和貧困竟然並存於這個收容院後會不感到心悸。」難道還有必要再重提九月屠殺和連綿不斷的逃亡情況嗎？還有必要向許多天真無邪的眼睛展示被絞死的犯人和懸掛著的鐵鐐的畫面嗎？在那些窮人和老人的「眼前只有鐵鐐、鐵柵和門栓。此外，犯人的呻吟還不時地傳到他們耳中。……鑒於此種情況，我懇切地要求，要麼將犯人遷出比塞特爾，只留下窮人，要麼將窮人遷出，只留下犯人。」最後，如果我們記住這封信於法國大革命中期，比卡巴尼斯（Georges Cabanis）⑰的報告要早得多，但是比傳統所說的皮內爾「解放」了比塞特爾的精神病人的時間晚幾個月，那麼信中下面這段話是非常關鍵的：「在後一種情況下，我們也許能讓瘋人留在那裡。他們是另一種不幸者，他們給人類帶來可怕的痛苦。……奉行人道的公民們，為了實現這樣美好的理想，快點行動吧。請相信，你們這樣做會贏得人們的口碑。」那幾年的情況是多麼混亂！在「人道」受到重新估價的時候，決定瘋顛應在其中所占的位置是多麼困難！在一個正在重建的社會領域裡安置瘋顛是多麼困難！

# 註　釋

① 莫爾帕伯爵（ 1701～1781 ），法國路易 15 時代的大臣，路易十六的首
　席顧問。──譯者註

② 米拉波（ 1749～1791 ），法國大革命初期政治領袖，早年曾被監禁。
　──譯者註

③ 米拉波（ H. ）《論密札和國家監獄》（ Des Letters de cachet et des pris-
　ons d'état ），第 2 章，載《著作集》（ Oeuvres ）（ 梅里樓版 ），第 1
　卷，第 264 頁。

④ 米拉波（ V. ），（ 1715～1789 ），法國政治經濟學家，革命家米拉波
　伯爵之父，人稱老米拉波。──譯者註

⑤ 老米拉波（ Mirabeau〔V.〕）《人類之友》（ L'Ami des hommes ）（ 巴
　黎，1758 ），第 2 卷，自第 414 頁起。

⑥ 米拉波《論密札》，第 264 頁。

⑦ 米什萊（ 1798～1874 ），法國歷史學家。──譯者註

⑧ 布里索（ Jean-Pierre Brissot de Warville ）《刑法理論》（ Théorie des
　lois criminelles ）（ 巴黎，1781 ），第 1 卷，第 79 頁。

⑨《百科全書》，「醫院」條。

⑩ 雷卡爾德神父（ Abbé de Récalde ）《國家醫院中的殘存弊端》（ Traité
　sur les abus qui subsistent dans les hôpitaux du royaume ）（ 巴黎，
　1786 ），第 ii, iii 頁。

⑪ 魁奈（ 1694～1774 ），法國經濟學家，重農學派的領袖。──譯者註

⑫ 老米拉波《人類之友》第 1 卷，第 22 頁。

⑬ 杜爾哥（ Turgot ）「古爾內贊」（ Éloge de Gournay ），《著作集》
　（ Oeuvres ）（ 歇爾版 ）第 1 卷，第 607 頁。

⑭ 杜爾哥（ 1727～1781 ），法國經濟學家，曾任財政大臣。──譯者註

⑮《百科全書》，「基金」條，杜爾哥撰寫。

⑯杜爾哥（Turgot）「就利穆贊人問題致特律丹的信」（Lettre à Trudain sur le Limousin），《著作集》（Oeuvres），第 2 卷，第 478～495 頁。

⑰卡巴尼斯（1757～1808），法國哲學家和生理學家。——譯者註

# 第九章　精神病院的誕生

　　對下面這些故事我們是耳熟能詳的。在各種精神病學史書上都有所描述。這些故事要證明的是，當瘋顛終於被按照我們長期以來視而不見的真理來認識和對待時，是一個多麼幸福的時代。

　　　可尊敬的公誼會……竭力使其教友相信，如果他們不幸喪失理智而又沒有足夠的錢財在昂貴的機構中獲得各種醫治和與其身份相稱的舒適生活，那麼有一種自願的募捐金能夠提供資金，而且在過去兩年間，在約克城附近建立了一個收容院。這個收容院似乎既具有許多優點，又十分節約。如果當一個人對那種似乎生來就是為了羞辱人類理性的可怕疾病望而生畏的話，那麼只要他想到有一個慈善機構能夠想出各種看護和醫治的辦法，他就會感到一種欣慰。
　　　這個收容院座落在約克城外一英哩遠的景色宜人的鄉間。它絕不會使人想到監獄，而會使人想到一個大農場。它周圍是一片有圍牆的大花園，沒有鐵門，沒有鐵窗。①

　　解放比塞特爾的精神病人的故事則是十分著名的。皮內爾決定解除牢房中犯人的手銬腳鐐。一天，庫通（Couthon）②到該院視察，了解是否有隱藏的嫌疑犯。當其他人看到這位「被人攙扶著的病人」而膽戰心驚時，皮內爾則勇敢地走上前去。這是大

智大勇的慈善家與癱瘓的怪物之間的一次較量。「皮內爾把他直接帶到精神錯亂者的區域。牢房的情況給他留下痛苦的印象，他要求詢問所有的病人。但是多數病人只是污辱和謾罵。繼續詢問已無意義。他轉身向皮內爾：『公民，你要給這些野獸解開鎖鏈，是不是發瘋了？』皮內爾平靜地回答：『公民，我相信這些瘋人之所以難以對付僅僅是由於他們被剝奪了新鮮空氣和自由。』

「『好吧，你可以按你的願望處置他們，但是我恐怕你會成為自己想法的犧牲品。』說完，庫通就被抬上馬車。他一走，每個人都如釋重負，長舒一口氣。偉大的慈善家（指皮內爾）馬上就開始工作。」③

這些故事都具有重要的想像成分：在圖克的收容院裡有一種家長式統治下的平靜，因此病人心靈的亢奮和頭腦的紊亂便逐漸被平息了；皮內爾頭腦清晰，意志堅定，他用一句話或一個手勢就能制服兩個緊逼過來向他咆哮的野獸般的瘋人；皮內爾的智慧能夠在胡言亂語的瘋人和嗜殺成性的國民公會成員之間分辨出什麼是真正的危險。這些形象具有傳說色彩，廣為流傳，至今不衰。


關於皮內爾和圖克的傳說帶有神話意義。十九世紀的精神病學認為這種情況是顯而易見的事實。但是，在這些神話背後有一種運作，或者說有一系列的運作。這些運作不聲不響地組織起瘋人院的世界，治療方法以及對瘋顛的具體體驗。

首先是圖克的行動。由於這種行動與皮內爾的行動是同步的，而且由於他因獲得整個「博愛」潮流的擁護而聞名，因此他的行動被視為一種「解放」行為。但實際情況則大相逕庭：「……在一些特殊的場合也能觀察到，我們社會中的個人蒙受著重大損失，因為照管他們的人不僅完全不懂我們的原則，而且還常常把他們和其他病人混在一起。這些病人可能會沉溺於不健康

的語言和招致非議的活動。在病人恢復理智後，這種情況似乎還經常對他們的頭腦留下無益的影響，使他們疏離他們過去的宗教情感，甚至使他們染上原來沒有的惡習。」④休養院將成為一個進行道德和宗教隔離的工具，透過隔離在瘋狂周圍重建一個盡可能類似公誼會教友社區的環境。這樣做出於兩個理由。首先，邪惡的景象是造成每一個敏感的心靈的痛苦的原因，是恐懼、仇恨、厭惡等各種強烈有害的情感的根源。而這些情感都能引發和維持瘋顛。「下述想法是十分正確的，即在大型公共收容所裡，不加區別地將各種宗教情感和活動相對立的人混在一起，將放蕩者和有道德的人混在一起，將褻瀆神靈的人和嚴肅認真的人混在一起，會阻礙病人恢復理智，並且會加重病人的憂鬱情緒和厭世思想。……」⑤但是，主要的理由則在於，宗教能夠發揮自然本性和外界制約的雙重作用，因為一方面它在世代相傳的習俗中、在教育中，在日常活動中已經化為人的自然本性，另一方面它同時又是一種穩定的強制源泉。它既具有自發性，又具有強制性。在這種意義上，當理性喪失時，它是唯一能夠抗拒瘋顛的無節制狂暴的力量；它的戒律「只要已經強烈地浸透進人的早年生活，……就會變成與人的自然本性一樣。既便在精神錯亂的譫妄狀態下，人也經常能感受到它的制約力量。增進宗教原則對精神病人思想的影響，被認為如同一種治療手段一樣，具有重大療效。」⑥在精神錯亂的辯證法中，在理性僅隱藏起來，並未自我廢除的情況下，宗教構成了那種不可能變瘋的成分的具體形式。它負載著理性中不可戰勝的成分，負載著在瘋顛背後繼續存在的準自然本性，並在瘋顛周圍構成一種穩定的氛圍，「在這種環境中；當病人處於神智清醒的間隙或康復狀態時，會喜歡周圍那些有相同習慣和見解的人組成的社會。」宗教在瘋顛出現時保護著古老的理性奧秘，從而使早在古典時期就來勢洶猛的約束變得更緊、更直接。在古典時期，宗教和道德環境是從外面強加於人，因此瘋

顛受到控制，但未能治癒。但是在精神病人休養所，宗教是整個活動的一部分，它在任何情況下都顯示著瘋顛中的理性，它使精神錯亂得到康復。宗教隔離的意義十分明確：它並不是試圖保護病人免受非公誼會教友的有害影響，而是要把精神錯亂的人單獨置於一種道德環境中，讓他與自己及環境展開爭論。由於給他造成了一種不受保護的環境，使他總是處於焦慮狀態，不斷地受到「戒律」和「違反戒律」的威懾。

「精神錯亂很少會減輕恐懼，而恐懼原則被認為在管理病人方面具有十分重要的作用。」⑦恐懼是精神病院中的一種基本現象。如果我們記起禁閉的恐怖，那麼毫無疑問，恐懼是一種古老的現象。但是，禁閉的恐怖是從外面包圍著瘋顛，標誌著理性和非理性的分界，具有雙重力量：一方面是制止狂暴，另一方面是控制理性本身，將其置於一定距離之外。而在休養院產生的恐懼卻要深刻得多。它在理性和瘋顛之間活動，從中斡旋，尋求雙方的共同點，借此將雙方聯繫在一起。一度支配一切的恐怖是古典時期疏離瘋顛的最明顯標誌，而現在恐懼則具有消除疏離的力量。這使它能恢復瘋顛者和有理性的人之間的原始共謀關係。它重建了二者之間的某種相互性。現在瘋顛不再會引起恐懼。它自己因煢煢孑立而感到恐懼，從而完全聽憑關於睿智、真理和道德的教育學的支配。

圖克曾經講述他如何在休養院接收一位躁狂症患者。此人很年輕，力大無比。他發作起來使周圍的人、甚至包括看守都驚恐不已。他被送到休養院時被鐵鏈捆綁著，帶著手銬，衣服也被繩子纏緊。他一入院，所有的鐐銬都被去掉。他被允許與看護一起進餐。他的亢奮狀態立刻就平息了。「他的注意力被新處境吸引住了。」他被帶到自己的房間，看護向他解釋，休養院中的一切都是根據如何使每一位病人享有最大的自由和儘可能的舒適而安排的，只要他不違反院規或一般的道德準則，他就不會受到任何

強制。看護聲明，雖然他有強制手段，但他並不願使用。「這位
躁狂症患者感到自己受到善意的對待。他承諾克制自己。」他有
時依然會狂呼亂喊，使其他病人受到驚嚇。看護就提醒他在入院
第一天對他的警告和他自己的承諾，如果他不克制自己，那他就
要重新回到過去的生活中去。病人聽了會更加亢奮，但很快就漸
趨平靜。「他會很注意地傾聽這位友好的談話者的勸說和理由。
在談話之後，病人通常有幾天或一個星期比較好。」四個月後，
他完全康復，離開了休養院。在這個例子中，病人直接感受到恐
懼，但他不是透過刑具而是透過談話了解恐懼的。這裡不僅對超
出界限的自由是有限制的，而且標出了一個受到讚揚的簡單責任
範圍，在此範圍內任何瘋顛表現都將受到懲罰。於是，一度與違
反戒律和非理性相聯繫的模糊的負罪感發生變化。作為一個原初
有理性的人，瘋人不再為成為瘋人而有負罪感。但是作為一個瘋
人，他在內心深處應該對可能造成道德和社會騷擾的一切事情感
到負有道德責任，應該認為由自己而不是別人來承擔所受的懲
罰。確定罪責不再是通行於瘋人和一般健康人之間的關係模式，
而是每個瘋人與其看護相互依存的具體方式，是瘋人必須具有的
對自己瘋顛狀況的認識方式。

　　因此，我們必須重新評價人們所說的圖克工作的意義：解放
精神病人，廢除強制，創造一種人道的環境。這些僅僅是一些辯
護之詞。實際的操作則大相逕庭。實際上，在圖克創立的休養院
中，他用令人窒息的責任取代了瘋顛引起的無限制的恐怖；恐懼
不再是監獄大門內的主宰，而是在良心的名義下肆虐。圖克把束
縛精神病人的古老恐怖轉移到瘋顛者的內心。誠然，休養院不再
懲罰瘋人的罪過，但是它的做法比懲罰還厲害。它把那種罪過變
成秩序中的一部分，使負罪感成為瘋人本人的一種意識，一種與
看護的單向關係，使罪過成為有理性的人的他者（the Other）
意識，一種對瘋人的存在的治療干涉。換言之，這種罪過使瘋人

變成永遠可能受到自己或他者懲罰的對象。承認自己的客體地位，意識到自己的罪過，瘋人就將會恢復對自我的意識，成為一個自由而又負責任的主體，從而恢復理性。也就是說瘋人透過把自己變成他者的客體對象從而恢復自己的自由。這種轉變過程在工作和觀察中都可能完成。

我們不要忘記，我們正處在一個公誼會教友（Quaker）世界。在這裡，上帝賜福的標誌就是人的事業成功。正如在圖克的休養院裡一樣，工作首先是以「道德治療」的面目出現的。工作本身的強制力優於一切肉體強制方式。因為在工作時必須服從規定的工作時間，集中注意力，並負有做出某種成果的職責，這就使病人不能胡思亂想，否則可能有嚴重的後果。工作還使病人進入一個責任系統。「有規律的工作或許是最普遍有效的。從道德和身體兩方面看，那些有足夠的運動量的工作無疑是效果最佳的。它們最適合病人來做，而且最能阻止病人的幻覺。」⑧透過工作，人便能回到上帝所規定的秩序中，使自己的自由服從道德和現實的法規。腦力勞動不應受到否定。但是，應該絕對嚴格地排除一切幻想活動，因為它們與激情、欲望以及各種譫妄幻覺有聯繫。相反，研究什麼是自然界中永恆的東西，什麼是最符合上帝的智慧和仁慈的東西，就能最有效地縮小瘋人的無節制自由，並使他去發現自己的各種責任。「數學和自然科學的各個分支提供了最有益的研究科目，可以用來調動精神病人的大腦。」在精神病院裡，工作不再具有任何生產意義。它僅僅是一種強加的道德控制。它限制病人的自由，使他們服從秩序和承擔責任。唯一的目的是使陷於過度自由的頭腦恢復正常，而肉體強制僅僅能在表面上限制這種自由。

比工作和觀察他人更有效的是圖克所謂的「對受尊敬的需求」。「人的思想中的這一原則儘管常常是隱秘的，但無疑在很大程度上影響著我們的一般行為方式。它在我們進入一個新的交

際圈時具有一種特殊的作用。」在古典時期的禁閉中，瘋人也很容易受到觀察，但是這種觀察基本上不是觀察他本人，而僅僅是觀察他的可怕外表和顯露出來的獸性。這種觀察至少包括一種相互性，因為健康人像照鏡子一樣，在瘋人身上看到自己即將面臨的衰亡。而圖克提出的觀察是精神病院活動的一個重要成分。它更加深入，但它的相互性更少。這種觀察是在瘋人身上，在瘋顛已經悄悄地有別於理性並開始獨立於理性的地方，尋找難以識別的瘋顛跡象。瘋人不可能以任何方式對這種觀察做出反應，因為他完全是觀察對象，他好像是理性世界的一個新來者，一個遲到者。圖克以這些觀察為中心安排了一整套儀式。其中有英國式的社交活動。參加者必須模仿一切正式的社交活動要求。但是除了自由觀察外，不得隨意做其他任何事情。觀察的目的是刺探任何能顯示出瘋顛的語無倫次、行動失調的跡象。譬如，院長和工作人員定期邀請幾位病人參加「茶話會」。客人們「都穿著最好的衣服，相互禮讓。他們受到最好的款待，得到了陌生者應得到的各種關注。整個晚會極其和諧愉快，幾乎沒有任何令人不快之處。病人對自己的控制極其出色。整個氣氛既奇特，又令人滿意。」奇特的是，這種禮儀活動不是親密無間的交往，不是對話，也不是相互了解，而是圍繞著瘋人組織的一個環境。在這個環境中，所有人的表現都與瘋人相同或相似，但他依然是一個陌生人，因為不僅從外表上，而且從他情不自禁地流露的東西上，他都注定是一個典型的陌生人。瘋人不停地扮演著這種名不符實的無名來訪者的角色。他人的觀察、禮節和偽裝無聲地強加給他某種社會人格。他要不停地對付可能暴露自己的各種東西的挑戰。這樣，瘋人不得不使自己變成理性眼中典型的陌生人，即不暴露自己奇特性的人。理性之城歡迎他的正是這種身份，他付出的代價是使自己屈服於這種匿名狀態。

我們看到，在休養院裡，對肉體進行部分的強制是整個系統

的一部分。該系統的基本要素是建立一種「自我克制」。病人的自由受工作和他人觀察的約束，因此不斷地因承認有罪而受到威脅。必須承認，病人不是屈從於那種單純否定的運作，而是被控制在一種肯定的運作中。前者只是解開束縛，將病人的深層本性從瘋顛中解救出來，而後者則用一個獎懲系統來禁錮瘋顛，把它包容在道德意識的活動中。這樣就從一個外界懲罰世界過渡到一個內心審判世界。但是，正因為如此才可能產生瘋顛心理學，因為處於觀察之下，瘋顛經常需要在表面上否定自身的異化。人們只能根據它的行動來審判它。它的意圖不會受到指責，它的奧秘不會受到探尋。瘋顛僅僅為自身可見的部分負責。其他部分都陷於沉寂。除了可見的部分，瘋顛已不存在了。精神病院裡建立的那種親近關係不會再被鐵鐐和鐵窗所破壞，但是卻不允許有相互性，只允許有觀察的親近性。觀察時為了看得更清楚可以監視、刺探和貼近，實際上都越來越遠離病人，因為它接受和承認的只是這個陌生人的價值。精神病科學在精神病院裡發展時永遠只能是一種觀察和分類體系。它不可能是一種對話。只有當精神分析學拔除了這種對十九世紀的精神病院十分重要的觀察現象，用語言的威力取代了其無聲的魔法後，精神病科學才能成為一種對話。更公平地說，精神分析學用被觀察者的無休止獨白雙倍地擴大了觀察者的單向觀察。這樣，既保留了舊精神病院的單向觀察結構，又增添了一種非對稱的相互性，一種無回應的新語言結構。

監視與審判——這種新形象的輪廓已經出現了。這種形象對於十九世紀的精神病院是至關重要的因素。圖克本人就推崇這種形象。他曾講述關於一個狂暴不止的躁狂病人的故事。一天，這個病人與看護一起在精神病院的花園裡散步，病人突然亢奮起來，走出幾步遠，撿起一塊大石頭，做出要向看護擲去的姿態。看護站住不動，盯著病人，然後向病人走過去，「用一種堅決的

語調……命令他放下石頭」。當看護走近時，病人垂下手，扔掉了他的武器；「然後他順從地、一聲不響地被帶回他的住處。」。有某種新事物誕生了。這種事物不是彈壓，而是權威。直至十八世紀末，瘋人的世界裡只有禁閉他們的、抽象的無個性的權力。這個世界除了瘋顛之外，毫無生氣，看守也常常是從被禁閉者中挑選出來的。相反，圖克在看守和病人之間、在理性和瘋顛之間，設立了一種調解因素。社會給精神錯亂提供的這個空間現在經常有「來自那一邊的」人出沒。他們即代表實行禁閉的權威，又代表進行審判的嚴厲理性。看護手無寸鐵，僅僅用觀察和語言進行干涉。他在逼近瘋顛時，沒有任何自我保護的或使他顯得具有威赫力的手段，而且冒著單槍匹馬與瘋顛直接衝突的危險。但是，實際上，他不是作為一個血肉之軀，而是作為一個理性存在物，去面對瘋顛。因此，在衝突發生之前，他已具有因神智正常所產生的權威。過去，理性對非理性的勝利只有憑藉物質力量並透過某種實際較量才能取得。現在，勝負已事先決定。使瘋人和有理性的人相遇的具體環境已預先確定了非理性的失敗。在十九世紀的精神病院中沒有強制措施，並不意味著非理性獲得解放，而是意味著瘋顛早已被制服了。

　　由於這種新的理性統治了精神病院，瘋顛不再是絕對的抗爭形式，而是代表了一種未成年地位，表現了自身的一個方面，即沒有自治權利，只能移植到理性世界才能存活。瘋顛就是一種幼稚狀態。在休養院裡，一切安排都是使精神病人變成未成年人。他們被「當作小孩，他們精力過剩，胡亂發洩。必須給他們立竿見影的獎懲，否則就沒有效果。必須實施一種新的教育制度，對他們的思想進行新的引導。必須首先使他們服從，然後再鼓勵他們，給他們安排工作。這種工作應該用一種誘人的手段使他們做起來感到愉快。」⑨長期以來，法律也把精神病人視為孩童，但這是用限制和監護規定抽象地確定的一種法律地位，而不是人與

人之間的具體關係。對於圖克來說，未成年地位是一種適用於瘋人的生存方式，對於看守來說，是一種行使統治權的方式。在休養院裡十分強調「家庭」的概念，用「家庭」把精神病人和看護組織起來。表面上，這種「家庭」把病人置於一個正常而自然的環境中，但實際上更異化了病人。法律上賦予瘋人以未成年地位是為了把他當作一個法律保護的對象，而這種舊式結構變成了一種共同生活的方式後，便把瘋人當作一個心理學對象完全交給了有理性的人的權威。後者對於瘋人來說是一個具體的成年人形象，換言之，是一個統治和決定瘋人命運的具體形象。

在對瘋顛和理性的關係進行大改組時，「家庭」在十八世紀末發揮一種決定性的作用。它既是一幅想像中的畫面，又是一個真實的社會結構。「家庭」既是圖克的出發點，又是他所逐步實現的目標。透過賦予它那些在社會中尚未損害的原始價值，圖克使「家庭」發揮一種解除精神錯亂的作用。在他的玄想中，「家庭」是被十八世紀的人視為一切瘋顛之源的「環境」的對立物。但是，他在把「家庭」引進休養院時則採取十分實際的方式，使之顯得既符合瘋人和有理性的人之間可能發生的種種關係，同時又是這些關係的準則。法律上的受家庭監護的未成年地位已經剝奪瘋人的公民地位。現在這種未成年地位則變成了一種剝奪他的實際自由的具體處境。瘋顛的全部存在，在這個為它準備好的世界裏，被我們可以提前稱謂的「父母情結」包裹起來，在資產階級家庭中，家長制權威圍繞著瘋顛復活了。精神分析學說後來所揭示的正是這種歷史沈澱。精神分析學說透過一種新的神話使這種歷史沈澱具有某種命運的意義。這種意義據說是全部西方文化，甚至是全部人類文明的標誌。但實際上，這種沈澱是由西方文化逐漸形成的，僅僅是在這個世紀初才定形。當時，瘋顛在「家庭」中被雙重異化（疏離），一方面是被關於家長制的純潔性可以解除精神錯亂的神話所異化，另一方面被按家庭模式組建

的精神病院中的實際具有異化作用的處境所異化（疏離）。今後在一段時間裡，事情的結局雖然尚無法預測，但是非理性的論述則肯定將與半真實半想像的「家庭」辯證法難解難分地聯繫在一起。這樣，對於那種狂暴的表現，人們曾經必須將其解釋為對神靈的褻瀆，而今後則必須視之為對「父親」的不斷進攻。因此，在現代世界，過去那種理性與非理性之間的無可補救的重大衝突就變成了本能對牢固的家庭制度及其古老象徵的隱秘攻擊。

在禁閉世界裡，瘋顛的這種演變與基本社會制度的發展令人吃驚地匯聚在一起。我們已經看到，自由經濟往往把照看窮人和病人的責任交給家庭，而不是交給國家。家庭便成為社會責任的擔負者。但是，如果瘋顛病人也可以託付給家庭照看，那就太奇怪了，也太不近人情。而圖克恰恰是在瘋顛周圍建立了一個模擬家庭。這既是一種滑稽的模擬制度，又是一種實際的心理環境。由於家庭供不應求，圖克就代之以由各種符號和動作構成的虛擬的家庭氛圍。然而，由於一種十分奇怪的交錯作用，總有一天家庭會擺脫照顧一般病人的責任，同時還保留著與瘋顛有關的虛構價值。在窮人的疾病再次成為一件國家大事後，精神病院仍然將精神病人留在強制性的虛構家庭中，瘋人依然是未成年者，理性仍將長久地對瘋人維持著自己的父親形象。

精神病院被這些虛構的價值籠罩著，因此不受歷史發展和社會演變的影響。在圖克的思想中，問題是如何建造一種能夠模仿最古老、最純淨，最自然的共同生活方式的環境，即那種與社會環境相差最大的，最有人情味的環境。實際上，他分離出資產階級家庭的社會結構，在精神病院裡象徵性地重建了這種結構，並讓它在歷史中隨波逐流。精神病院總是與不合時宜的結構和象徵相聯繫，因此可能會完全不適應時代，落後於時代。而且恰恰是在獸性顯示了某種超歷史的存在、某種永恆的回歸的地方，將會慢慢地重新出現無法追憶的家庭宿怨留下的古老創傷，已被遺忘

的亂倫和懲罰的痕跡。

皮內爾從不提倡任何宗教隔離。更確切地說，他提倡的是一種與圖克的實踐方向相反的隔離。革新後的瘋人院應該對一切病人都有好處，但那些宗教狂人除外，因為「他們認為自己受到神靈的啟示，竭力招攬信從者」。按照皮內爾的意圖，比塞特爾和薩爾佩特利耶爾應成為休養院的互補形象。

在瘋人院裡，宗教不應成為生活的道德基礎，而應純粹是一個醫療對象：「在精神病院裡，宗教見解應該僅僅從嚴格的醫療關係來考慮，即應該把其他有關公眾崇拜和政治信念的各種考慮置於不顧，僅僅調查是否有必要阻止可能由此產生的思想情緒的亢奮，以便有效地醫治某些精神錯亂的頭腦。」⑩由於天主教透過人們對彼岸世界的恐懼而刺激起人們的強烈感情和恐怖意象，因此常常引發出瘋顛。天主教造成人們的譫妄信仰，鼓勵人們的幻覺，導致人們絕望和憂鬱。因此，毫不奇怪的是，如果「我們檢查一下比塞特爾瘋人院的登記簿，我們就會發現，其中有教士和修道士，還有許多被關於來世的恐怖描述嚇瘋的鄉民鄙夫。」如果我們看到因宗教而瘋顛的人數變化，就更不會感到奇怪了。在「舊制度」和法國革命期間，由於迷信勢力十分強大或者由於共和國反對天主教會的鬥爭十分激烈，因宗教原因患憂鬱症的人數成倍增多。在局勢恢復穩定，「宗教事務協定」⑪消除了反宗教鬥爭後，這些譫妄症狀便消失了。共和十年，比塞特爾百分之五十的憂鬱症患者患的是宗教瘋顛，第二年還有百分之三十三，第三年便只剩下百分之十八了。因此，瘋人院必須擺脫宗教，擺脫它的各種形象。「因虔誠而患憂鬱症的人」不得擁有宗教書籍。經驗「告訴我們，這類書籍是使精神錯亂持續，甚至使之不可救藥的最有力手段。我們對它們越寬容，就越難以平息病人的焦慮。」總之，瘋人院應該是中性的，應該排除掉基督教造成的

那些意象和情緒，因為它們會使人的思想誤入幻覺、謬誤，並很快導致譫妄。這種觀念比其它任何觀念都更遠離圖克及其建立一個宗教社區的夢想。圖克認為，這個宗教社區同時也是一個進行精神治療的有利環境。

但是，皮內爾所關心的是減少宗教的圖象形式，而不是減少宗教的道德內容。宗教一經「過濾」，就擁有消除精神錯亂的力量，就能驅散意象，安定情緒，使人返樸歸真，即使人更接近自己的道德真理。正是在這方面，宗教經常具有治療效果。皮內爾講述了幾個伏爾泰式的故事。譬如，有一名二十五歲的，「身體強健的女子與一名弱不禁風的男子結婚」。婚後，她患上「一種強烈發作的歇斯底里症，幻想自己被魔鬼纏身，這個魔鬼化作各種形狀跟隨著她，她有時發出鳥叫的嘈雜聲，有時發出淒涼的聲音，有時則發出刺耳的哭喊。」幸運的是，本堂神甫注重自然宗教，而不是學習驅妖術。他相信大自然的恩惠能夠治病。這位「開明仁慈和諄諄善誘的人，支配了病人的思想，設法誘導她離開病榻，重新操持家務，甚至整理花園，……這種方法的效果極好，以後三年健康無恙。」當宗教回歸到這種極其純樸的道德內容時，它就不可避免地與哲學、醫學以及各種能恢復精神紊亂者理智的智慧和科學攜起手來。甚至還有一些實例說明，宗教可以做初步治療，為瘋人院的工作做準備。譬如，有一個少女，她「表面溫順虔誠，而其實性格熾烈」。她被「自己的內心傾向和約束自己行為的嚴厲準則」的對立搞得心慌意亂。她的懺悔牧師勸導她加強對上帝的信仰，但毫無效果，於是列舉了關於堅定而有節制的聖潔狀態的例子，「向她提出壓制激情的良方：忍耐」。她被送到拉薩爾佩特利耶爾後，根據皮內爾的指示「按照同樣的道德原則」對她進行治療。她的病「只持續了很短一段時間」。這樣，瘋人院所吸收的不是宗教的社會主題，即人們感到自己是同一教派中的兄弟姐妹，而是安慰和信任的道德力量以及

對大自然的順從。它必須繼續從事宗教的道德事業,但是要排除其狂熱的內容,在道德、勞動和社會生活方面要絕對如此。

瘋人院成為一個沒有宗教的宗教領域,一個純粹的道德領域,一個道德一律的領域。凡是能保留住舊的差異痕跡的東西都已消滅。宗教儀式的最後遺跡也被清除。過去,禁閉所在社會範圍內繼承了痳瘋病院的幾乎絕對的界限,從而成為一個異國他鄉。現在,瘋人院必須代表社會道德的偉大連續性。家庭和工作的價值,所有公認的美德,統治了瘋人院。但是,這種統治是雙重的。首先,它們實際上支配了瘋顛的核心部位。因此,當精神錯亂產生了表面上的狂暴和失調時,堅實的基本美德不為所亂。有一種原始的道德存在著。它甚至一般不會被最嚴重的痴呆所影響。正是這種道德在治療中顯現並發揮作用:「我可以證明,透過治療經常表現出純淨的美德和嚴格的原則。大多數有幸進入康復期的精神病人對配偶疼愛,對子女慈祥,對情人熱烈,對職責盡心竭力。除了在小說中外,我在任何地方都沒有看到超過他們的表現。」⑫這種不可剝奪的美德既是瘋顛的真相,又是瘋顛的解除答案。這就是為什麼它一旦取得支配地位就必然能夠行使的原因。其次,瘋人院消除差異,壓制罪惡,消滅越軌行為。它譴責一切有悖於社會基本美德的作為,其中包括獨身——「在共和十一年和共和十三年,未婚女子變成白痴的人數比已婚女人多七倍;至於智力衰退者,其比例則高出二至四倍。我們由此可以推斷,婚姻對於女人是一種保護措施,可以防範這兩種最頑固、最難醫治的精神病。」;放蕩、通姦和「極端的性反常習慣」——「諸如酗酒、無限制地亂交等惡習都是一種冷漠,會逐漸地敗壞理性,最終導致徹底的瘋顛」;懶惰——「普遍的經驗證明,像在監獄和醫院裡一樣,在一切公立瘋人院中,保持身體健康、維持良好習慣和秩序的最可靠或許是唯一的方法,是嚴格執行關於機械勞動的法規。」由此可見,瘋人院給自己提出的任務是,實

行統一的道德統治，嚴格對待那些想逃避這種統治的人。

但是，瘋人院也因此而造成一種冷漠態度。如果說法律不能實現普遍的統治，那是因為有些人並不承認它。這個社會階層的人生活在混亂之中，被人忽視，幾乎處於非法狀態。「雖然我們看到許多家庭在多年和諧一致的氣氛中欣欣向上，但是還有多少家庭，尤其是社會下層的家庭觸目驚心地展示著放蕩、內訌和貧苦無告的情景！根據我的日常記錄，這種情況正是我們在醫院中加以醫治的精神錯亂的最主要的根源。」⑬

在皮內爾的主持下，瘋人院同時既是整肅道德的工具，又是進行社會譴責的工具。問題在於用一種普遍的方式來推行某種道德，使之從心靈上支配那些不懂得這種道德的人和那些已經精神錯亂但尚未表現出來的人。對於第一種人，瘋人院必須訴諸被遺忘的本性，起一種喚醒和提醒作用。對第二種人，必須借助於某種社會環境變化，把他從目前的處境中搶救出來。在圖克的休養院裡，實行的辦法是很簡單的：實行宗教隔離以達到道德淨化的目的。而皮內爾的方法則比較複雜；實施綜合道德教育，保證瘋顛世界和理性世界之間的道德連貫性。但是他是用實行某種社會隔離來進行的。這種社會隔離將保證使資產階級的道德成為普遍的事實，並成為一種強加在各種瘋顛上的法律。

在古典時期，貧困、懶惰、邪惡和瘋顛都以同樣的罪名混在非理性之中。在對貧困和失業進行大禁閉時，瘋人也被網羅於其中。而且所有被禁閉對象都被認為形同犯罪，屬於人類的原始墮落。現在，瘋顛則屬於社會缺陷，其原因、模式和界限都未顯出與眾不同之處。再過半個世紀，精神疾病又將變成一種性欲倒錯。但從此時起，主要的、真正危險的瘋顛是那種從社會底層產生的瘋顛。

皮內爾的瘋人院作為一個現實世界的避難所，絕不會成為類似圖克的休養院的返樸歸真的空間，而是一個整齊劃一的立法領

域，一個道德教育場所。在那裡，產生於社會外圍的各種精神錯
亂統統被消除掉。病人的生活，看護和醫生的行動全部由皮內爾
加以安排，以保證這些道德教育能發揮作用。他的手段主要有下
述三個：

1. 緘默（Silence）。皮內爾釋放的第五個帶鐐囚犯曾經是
一名教士，因瘋顛而被革出教門。他患有自大妄想症，自以為是
基督。這是「以譫妄表現出的最嚴重的人類傲慢」。於一七八二
年被送到比塞特爾，被鐐銬束縛了十二年之久。由於他態度傲
慢，思想狂妄，他成為整個醫院中最引人注目的觀看對象之一，
但是他自以為是在重現基督受難。「他長期忍受著這種殉難的痛
苦和他的躁狂症所招致的無數嘲諷。」儘管他的譫妄依然十分嚴
重，皮內爾仍把他選為第一批釋放的十二個人之一。但是皮內爾
處理他的方式與處理其他人不同。皮內爾一聲不響地給他打開鐵
鐐，並且「明確命令每個人都要像他一樣自我克制，不與這個可
憐的瘋人說任何話。這道禁令被嚴格地執行了，結果在這個自我
陶醉的人身上產生了比鐵鐐和土牢的效果要明顯得多的效果。他
在獲得自由後，由於處於一種他從未經歷過的被遺棄和孤獨的處
境中，他感到羞辱。最後，經過長時間的踟躕後，他主動加入了
其他病人的交往圈子中。從此，他的思想變得比較實際了。」⑭

「釋放」在這裡的含義是相當矛盾的。土牢、枷鎖，不斷地
被人觀察和譏諷，對於這個譫妄病人來說，正是他的自由的要
素。他因此而得到承認，而且他因外界許多人都捲入其中而心醉
神迷。因此，他無法從直接感受到的這種現實中解脫出來。但
是，解除了枷鎖之後，周圍人的冷漠和緘默使他那種空洞的自由
受到限制。他在緘默中被釋放，而處於一種不被承認的、徒勞展
示自己的真實中，因為他不再引人注目，甚至不再受到羞辱，因
而再也不能趾高氣揚。現在，受到羞辱的不是他在譫妄中的化身
而正是他本人。因為肉體束縛已被一種自由所取代而這種自由幾

乎無異於孤獨；譫妄與奚落的對話已被一種語言的獨白所取代，而這種語言在他人的緘默中逐漸枯竭；整齣狂妄與凌辱的表演被冷漠所取代。從此，他受到了比土牢和枷鎖更真切的禁閉，完全成了自己的囚徒。他本人陷入越軌範疇，而其他人則與恥辱無關。其他人都變得清白了，不再是迫害者。罪惡感轉移到內心。它向瘋人顯示，他不過是被自己的傲慢所蠱惑。敵對者的的面孔消失了。他不再感到觀看者的存在，而是感到自己不再受到關注，人們轉移了觀看的目標。其他人不過是在自己前進時不斷後退的一個界限。雖然他被解除了枷鎖，但是他現在被緘默帶上了越軌和恥辱的枷鎖。他感到自己受到懲罰，但是他由此又看到了自己無辜的跡象。雖然他擺脫了各種肉體懲罰，但他必須證明自己是有罪的。他的苦難曾是他的光榮，他的解放必然使他受到屈辱。

在文藝復興時期，理性與瘋顛不斷地展開對話。相比之下，古典時期的拘留就是一種對語言的壓制。但這種壓制不是徹底的。語言沒有真正被消除，而是表現在各種事物中。禁閉、監獄、地牢甚至酷刑，都參與了理性與非理性之間的一種無聲對話，一種鬥爭的對話。現在，這種對話停止了。緘默籠罩著一切。在瘋顛和理性之間不再有任何共同語言。對譫妄的語言只能用沉默不語來對付，因為譫妄並不是與理性進行對話時對話中的一個片斷，它根本不是語言。在一種最深層的潛意識中，它僅僅是一種越軌現象。而且只有在這一點上，才可能重新有一種共同語言，因為它將成為一種公認的罪狀。「最後，經過長時間的踟躕後，他主動加入了其他病人的交往圈子……。」沉默不語是瘋人院生活的一個基本結構，它與懺悔時的徹底坦白相輔相成。當佛洛伊德在精神分析中謹慎地恢復語言交流，或者說，重新開始傾聽這種已經被磨損成獨白的語言時，他聽到的總是那些關於越軌違戒的套話。對此我們何必大驚小怪呢？在這種年深日久的緘

默中，越軌違戒的主題已經控制了言語的源頭本身。

2. 鏡象認識（Recognition by Mirror）。在圖克的休養院裡，瘋人受到觀察，而且他知道自己被觀察。但是這種直接觀察只能使瘋顛間接地了解自己，除此之外，瘋顛無法直接把握自己的性狀。但是，在皮內爾那裡，觀察僅僅在瘋顛所限定的空間內而不在其表面或其外部界限之外進行。瘋顛能夠看到自己，也能被自己所看到。它既是純粹的觀看對象，又是絕對的觀看主體。

「有三個精神錯亂的人，都自以為是國王，都自稱是路易十六。有一天，他們為君王的權利爭吵起來，各不相讓，有點動火。看護走近其中一個，將他拉到一邊問：『你為什麼和那兩個顯然瘋顛的人爭論？不是所有的人都知道你就是路易十六嗎？』受到這番恭維後，這個瘋人高傲地瞥了那兩個人一眼，便立刻退出爭吵。同樣的花招在第二個病人身上也發揮了作用。爭吵頓時便煙消雲散了。」⑮這是第一階段，即狂想亢奮階段。瘋顛得以觀察自己，但卻是在他人身上看到自己。它在他人身上表現為一種無根據的要求，換言之，一種荒謬。但是，在這種譴責他人的觀察中，瘋人確認了自己的正確性和自己譫妄的正當性。自以為是與現實之間的裂痕只有在客體對象中才能被認識，而在主體中完全被掩蓋住了。因為主體成為直接的真實性和絕對的裁決者：自我陶醉的權威痛斥和剝奪他人虛假的權威，從而肯定自己設想的正確無誤。瘋顛是把十足的譫妄投射到他人身上，而它完全是被當作一種無意識狀態而被接受。

正是在這一點上，鏡子作為一個合作者，成為一個消解神話的工具。在比塞特爾，還有一個自以為是國王的病人。他總是「居高臨下地以命令的口吻」說話。有一天，當他稍稍平靜下來，看護走近他，問他，如果他是一位君主，為什麼不結束對自己的拘留？為何還和各種瘋人混在一起？第二天，看護繼續提同樣的問題，「他一點點地使病人看到自己裝腔作勢的荒謬，並指

點他看另一個瘋人，後者也一直認為自己擁有最高權力，因而成為一個笑柄。這位躁狂症患者聽了先是感到震驚，接著對自己的君主頭銜產生懷疑，最後逐漸認識到自己是癡人說夢。這種出人意料的道德轉變僅用了兩個星期。經過幾個月的考驗，這位病人康復回家，成為一個稱職的父親。」⑯這個階段是妄想消沉階段。由於瘋人自以為與譫妄的對象同一，就像照鏡子一樣，他在這種瘋顛中認識了自己，因為這種瘋顛的荒謬性是他早已斥責過的。他的堅實的權威主體在這種他所接受的，因而喪失神秘密性的客體對象中消解了。現在，他被自己冷峻地觀察著。其他代表理性的人一言不發地支撐著這面可怕的鏡子。在這些人的沉默中，他認識到自己確實瘋了。

我們在前面已經看到，十八世紀的醫療學試圖用何種方法和用什麼樣的神話方式來使瘋人認識到自己的瘋顛，以便將他從中解救出來。但是，現在的做法則具有截然不同的性質。它不是用關於某種真理、甚至是虛假真理的強烈印象來驅散謬誤，而是用瘋顛的自負而非瘋顛的過失來醫治瘋顛。古典主義思想譴責瘋顛對真理的置若罔聞。而從皮內爾開始，瘋顛將被視為出自內心的衝動。這種衝動超越個人的自治權限，無視他應遵守的道德界限，從而導致自我神化。在以前幾個世紀，瘋顛的初始模式是否定上帝，而在十九世紀，其模式是認為自己是上帝。這樣，瘋顛自身表現為受屈辱的非理性時，能夠發現自己的解救途徑。因為當它陷於自己的絕對主觀的譫妄時，它會意外地在同一個瘋人那裡獲得關於那種譫妄的荒謬客觀圖象。真理巧妙地，似乎透過一種意外的發現（不是透過十八世紀的暴力形式）而顯示出自己，在這種反饋性觀察活動中，真理除了自身之外絕不會看到其它任何東西。但是瘋人院在瘋人中設置的鏡子，使瘋人在肆言放行後必然會驚愕地發現自己是一個瘋人。瘋顛擺脫了使它純粹的觀察對象的枷鎖，但是它卻失去自己自由的本質，即自鳴得意的

自由。它開始對自己所認識的真理負責。它使自己陷於一種不斷自我觀照的觀察中。它最終因作為自己的客體對象而套上羞辱的枷鎖。這樣，意識就與羞愧聯繫起來，這羞愧是因與他者同流合污而產生的。在能夠認識和了解自身之前就已自慚形穢。

　　3. 無休止的審判（ Perpetual Judgment ）。由於這種鏡子作用，正如緘默所起的作用一樣，瘋顛被迫不斷地審判自己。此外，它每時每刻還受到外界的審判；不是受道德或科學良心的審判，而是受某種無形的常設法庭的審判。皮內爾所憧憬的瘋人院就是一個小型的司法世界。他的設想在比塞特爾，尤其是在薩爾佩特利耶爾得到部分的實現。為了使審判能發揮作用，審判必須具有威嚴的形象。在瘋人的腦子中必須有法官和執法人的形象，這樣他才能理解自己處於一個審判環境中。因此，恐怖無情的司法氣氛也應是醫治瘋人的一部分條件。在比塞特爾，有一位因恐懼地獄而患宗教譫妄的病人。他認為，逃脫天罰的唯一辨法是嚴格禁食。為了抵銷這種對未來審判的恐懼，就需要讓一種更直接、更可怕的審判出場。「若想遏止不可抑制地折磨著他的邪惡觀念，除了用一種強烈而深刻的恐懼印象外，還能有什麼辦法呢？」一天晚上，院長來到這位病人房間的門口，「擺出一付嚇人的架勢；他怒目眥裂，吼聲如雷，身後跟著一羣工作人員。他們手持重鐐，並搖晃著，使之叮噹亂響。他們把湯放在瘋人身邊，命令他在當夜喝掉，否則就會受到殘酷的待遇。他們退出後，瘋人陷入對眼前的懲罰和來世的懲罰做出選擇的極其痛苦的困境。經過這幾個小時的思想鬥爭，前一種選擇占了上風，他決定進食。」⑰

　　瘋人院作為一個司法機構是完全獨立的。它直接判決，不許上訴。它擁有自己的懲罰手段，根據自己的判斷加以使用。舊式的禁閉一般來說不屬於正常的司法形式，但是它模仿對罪犯的懲罰，使用同樣的監獄、同樣的地牢、同樣殘酷的體罰。而在皮內

爾的瘋人院中，司法完全自成一體，並不借用其他司法機構的鎮壓方式。或者說，它使用的是十八世紀逐漸為人所知的醫療方法，但是，它是把它們當作懲罰手段來使用。把醫學變成司法，把醫療當作鎮壓——這種轉換在皮內爾的「慈善」和「解放」事業中並非是一個無足輕重的吊詭。在古典時期的醫學中，根據醫生對神經系統性質的各種古怪認識，浸洗和淋浴被當作靈丹妙藥，其目的是使機體解除疲勞恢復元氣，使枯萎的纖維得以放鬆。誠然，他們還認為，冷水淋浴除了令人愉快的效果外，還有驟然不快的感覺所造成的心理效應，即打斷了病人的思路，改變了情緒的性質。但是，這些認識依然屬於醫學思辨範疇。而在皮內爾那裡，淋浴法則明顯地成為一種司法手段，淋浴是瘋人院中的常設治安法庭所慣用的懲罰手段。「它（指淋浴——譯者註）被視為一種壓制手段。它常常能夠使對之敏感的瘋人服從體力勞動的一般律令，能夠制服拒絕進食的頑症，並能制服某種想入非非的古怪念頭所支配的精神病人。」

總之，一切安排都是為了使瘋人認識到自己處於一個天網恢恢的審判世界；他必須懂得，自己受到監視、審判和譴責；過失和懲罰之間的聯繫必須是顯而易見的，罪惡必須受到公認。「我們可以利用洗澡的機會，用一個龍頭突然向病人頭上噴射冷水，提醒病人認識自己的過失。這樣常常能用一種突如其來的強烈印象使他倉皇失措或驅散原來的偏執想法。如果那種想法仍頑固不化，就重覆進行冷水淋浴。但是一定要避免使用強硬的語氣和刺激語言，否則會引起反抗；要使瘋人懂得，我們是為了他而不得已使用這種激烈措施；有時我們可以開個玩笑，但不要過火。」⑱這種十分明顯的懲罰必要時可經常反覆使用，以此使病人認識到自己的過失。這種做法必須最終使司法過程變為病人的內心活動，使病人產生悔恨。只有這時，法官才能同意停止懲罰，因為他們斷定，這種懲罰會在病人的良心中繼續進行。有一位躁狂症

患者有撕扯衣服和亂摔手中東西的習慣。對她進行了多次淋浴，並給她穿上一件緊身衣。她終於顯得「深感羞辱而神情沮喪」。但是，院長擔心這種羞愧可能是暫時的和表面的，「為了使她有一種恐懼感，使用一種冷靜而堅定的態度對她說話，並宣佈，以後她將受到最嚴厲的對待。」預期的效果旋即產生：「她痛哭流涕近兩個小時，一再表示悔悟。」這種過程反覆了兩次；過失受到懲罰，過失者低頭認罪。

　　然而，也有一些瘋人不為所動，抵制這種道德教化。這些人被安置在瘋人院的禁區，形成一批新的被禁閉者。對他們甚至談不上用司法手段。當人們談到皮內爾及其解放活動時，往往忽略了這第二次幽閉。我們在前面已經看到，皮內爾反對將瘋人院改革的好處提供給那些「宗教狂人，他們認為自己受到神靈的啟示，竭力招攬信從者，他們以服從上帝而不服從世人為藉口挑動其他瘋人鬧事，並以此為樂」。但是，禁閉和牢房也同樣適用於「那些不能服從一般的工作律令的人，那些用邪惡手段折磨其他被收容者和不斷挑動其他人爭鬥並以此為樂的人」，以及那些「在瘋顛發作時有不可抑制的偷竊癖的」女人。宗教狂熱導致的不服從，拒不工作和偷竊，是對抗資產階級社會及其基本價值觀的三種重大罪行，即使是瘋顛所致也不能寬宥。它們應受到最徹底的禁閉，受到最嚴厲的排斥，因為它們都表現為對道德和社會一致性的抗拒，而這種一致性正是皮內爾的瘋人院的存在理由（raison d'être）。

　　過去，非理性被置於審判之外，被武斷地引渡給理性力量。現在，不僅僅在它進入瘋人院時為了識別、分類和使它從此變得清白而對它進行審判，而且使它處於一種無休止的審判中。審判永遠跟隨著它，制裁它，宣佈它的過失，要求它體面地改過自新，甚至驅逐那些可能危害社會秩序的人。瘋顛逃脫了理性的武斷審判，其結果是進入了一種無休止的審判。瘋人院的這種審判

配置了警察、法官和刑吏。根據瘋人院所要求的生活美德，任何生活中的過失都變成了社會罪行，受到監視、譴責和懲罰。這種審判的唯一後果是，病人在內心永遠不斷地悔悟。被皮內爾「釋放」的瘋人以及在他之後受到現代禁閉的瘋人，永遠被置於被告的地位。如果說他們已不再被視為罪犯或與罪犯相聯繫，他們仍每時每刻受到譴責，受到從未見到正式文件的指控，因為他們在瘋人院的全部生活就構成了這種指控的正文（text）。實證主義時代的瘋人院是皮內爾創立的。這是皮內爾的榮耀。這種瘋人院不是觀察、診斷和治療的自由領域，而是一個司法領域，在那裡，瘋人受到指控、審判和譴責，除非這種審判達到了一定的心理深度，即造成了悔悟，否則瘋人永遠不會被釋放出去。即使瘋顛在瘋人院外是清白無辜的，但在瘋人院中將受到懲罰。在以後一段時間裡，至少直到我們這個時代之前，瘋顛一直被禁閉在一個道德世界之中。

除了緘默、鏡象認識、無休止的審判外，我們還應提到瘋人院特有的第四種結構。這種結構是在十八世紀末確立的，即對醫務人員的神化。在上述結構中，這種結構無疑是重要的，因為它不僅確立了醫生與病人之間的新聯繫，而且也確立了精神錯亂與醫學思想的新聯繫，並且最終決定了整個現代瘋顛體驗。在瘋人院的前三種結構中，我們發現它們與禁閉的結構相同，只是發生了位移和形變。但是，由於醫務人員的地位發生變化，禁閉的最深層意義被廢除了，具有現代意義的精神疾病獲得了承認。

儘管圖克和皮內爾的思想和價值觀差異很大，但是他們的工作在轉變醫務人員的地位這一點上卻是一致的。我們在前面看到，醫生在禁閉過程中不起任何作用。而現在，他成為瘋人院中最重要的角色。他掌握著病人的入院權。圖克的休養院明文規定：「在批准病人入院時，委員會一般應要求病人提交由一名醫

生簽署的診斷書。……診斷書還應說明，病人是否還患有精神病之外的其他疾病。最好還應附有其他報告，說明病人精神失常已有多長時間，是否用過或用過何種醫療手段。」⑲自十八世紀末起，醫生診斷書幾乎成為禁閉瘋人的必要文件。瘋人院內，醫生已具有主導地位，因為他把瘋人院變成一個醫療領域。但是，問題的關鍵是，醫生的介入並不是因為他本人具有醫療技術——這需要有一套客觀知識來證明。醫務人員（homo medicus）在瘋人院中享有權威，不是因為他是一個科學家，而是因為他是一個聰明人。如果說瘋人院需要醫務人員，也是為了讓他提供司法和道德的保證，而不是需要科學。一個廉正而謹慎的人，只要具有在瘋人院工作多年的經驗，也能做好醫務人員的工作。醫療工作僅僅是瘋人院的龐大道德工作中的一部分，只有認識到這一點才能保證對精神病人的治療：「給躁狂症患者提供在確保他和其他人安全的條件下的各種自由，根據他越軌行為的危險程度來壓制他……搜集各種有助於醫生的治療的事實，仔細研究病人的行為和情緒變化，相應地使用溫和或強硬的態度、協商勸慰的詞句或威嚴命令的口氣，難道這一切不應是管理任何瘋人院，不論是公立還是私立的瘋人院的神聖準則嗎？」⑳據圖克說，休養院的第一位醫生是因為他具有「堅韌不拔的精神」而被推荐任命的。當他剛進入休養院時，他毫無精神病方面的專門知識，但是，「他以滿腔熱忱走馬上任，因為他的工作關係到許多同胞的切身利益。」他根據自己的常識和前人提供的經驗，試用了各種醫療方法。但是，他很快就失望了。這倒不是因為療效很糟，而是因為治癒率太低。「醫療手段不能有效地促進康復，這使他不能不對它們產生懷疑，認為醫療手段並非治本而是治標。」他發現利用當時已知的醫療方法收效甚微。由於懷有博愛之心，他決定不使用任何引起病人強烈不快的藥物。但是，這並不意味著這位醫生在休養院中無足輕重。由於他定期看望病人，由於他在休養院中

對全體職工行使權威，因此「這位醫生……對病人思想的影響有時會大於其他護理人員。」

人們認為，圖克和皮內爾使瘋人開始接受醫學知識。實際上，他們並沒有引進科學，而是引進一種人格。這種人格力量只是借用了科學的面具，至多是用科學來為自己辯護。就其性質而言，這種人格力量屬於道德和社會範疇。其基礎是瘋人的未成年地位，瘋人外表的瘋顛，而非瘋人思想的瘋顛。如果說這種醫務人員能使瘋顛陷於孤立，其原因並不是他了解瘋顛，而是他控制了瘋顛。實證主義所認定的那種客觀形象不過是這種統治的另一面而已。「贏得病人的信任，使他們產生尊敬和服從願望，是一個十分重要的目標。而這只能是良好的教育、高雅的風度和敏銳的洞察力所產生的效果。愚昧無知、沒有原則，儘管可以用一種專橫來維持，但只能引起恐懼，而且總是激發不信任感。看護已經獲得支配瘋人的權力，可以隨心所欲地命令他們，管束他們的行動。但是他應該具有堅強的人格，偶爾施展一下他的強制力量。他應該儘量不去威嚇，而一旦做出威脅就要兌現，如果遇到不服從，立即予以懲罰。」㉑醫生之所以能夠在瘋人院行使絕對權威，是因為從一開始他就是父親和法官，他就代表著家庭和法律。他的醫療實踐在很長一段時間裡不過是對秩序、權威和懲罰的古老儀式的一個補充。皮內爾十分清楚，在排斥現代醫療方法的情況下，醫生使這些古老的形象發揮作用，就能醫治瘋人。

皮內爾援引了一個十七歲少女的病例。這個少女是在父母的「極端溺愛」下長大的。她患了一種「輕浮的譫妄症，其病因無法確定。」在醫院裡，她受到極其有禮貌的對待，但是她卻總是擺出一種「高傲」的樣子，這在瘋人院中是無法容忍的。她在談到「自己的父母時總是帶有一種尖刻」。瘋人院決定對她實行嚴厲管教。「為了馴服這個固執的人，看護利用洗澡的手段，表明自己對某些膽敢對父母大逆不道的人的強硬態度。他警告這個少

女，今後她將受到各種理所當然的嚴厲對待，因為她抗拒治療，並且頑固不化地掩飾自己的病因。」透過這次前所未有的嚴厲態度和這些威脅，這個少女受到「深深的觸動，……最後她承認了錯誤，並坦白說，她喪失理智是因一種無法實現的痴情所致，她還說出了所迷戀的人的名字。」在第一次坦白之後，治療變得容易了：「一種最理想的變化發生了，……她從此平靜下來，並且百般表達對這位看護的感謝，因為是他使她結束了長期的煩躁，使她內心恢復了平靜。」這個故事的每個情節都可以轉換成精神分析的術語。應該說，皮內爾的看法是相當正確的。醫務人員能夠發揮作用，並不是由於對這種疾病有了一種客觀界定或者有了一種詳細分類的診斷，而是由於依賴著一種包含著家庭、權威、懲罰和愛情的秘密的威信。正是由於醫生讓這些力量發揮作用，由於他自己帶上父親和法官的面具，他就可以一下子撇開純粹醫療方法，而使自己幾乎成為一個巫醫，具有一個魔術師的形象。他的觀察和語言足以使隱秘的故障顯露出來，使虛幻的念頭消失，使瘋顛最終讓位給理性。他的出現和他的言語具有消除精神錯亂的力量，能夠一下子揭示過失和恢復道德秩序。

正當有關精神病的知識試圖表現出某種實證的含義時，醫療實踐卻進入了一個似乎能創造奇蹟的不確定領域。這是一種奇異的吊詭。一方面，瘋顛使自己遠遠地處於一個不存在非理性的威脅的客觀領域裡。但是，與此同時，瘋人卻傾向於與醫生牢固地結合在一起，而這種合作關係可以回溯到十分古老的聯繫。圖克和皮內爾所建立的瘋人院的生活造成了這種微妙結構誕生的條件。這種結構將變成瘋顛的核心，成為象徵著資產階級社會及其價值觀的龐大結構物的一個縮影，即以家長權威為中心的父子關係，以直接司法為中心的罪與罰的關係，以社會和道德秩序為中心的瘋顛與無序的關係。醫生正是從這些關係中汲取了醫治能力。正因為如此，病人發現透過這些古老的聯繫，自己已經異化

在醫生身上，異化在醫生與病人的關係中，而醫生則具有了幾乎是神奇的治癒他的能力。

在皮內爾和圖克的時代，關於這種能力並沒有什麼特殊的說法。人們僅僅用道德行為的的效力來解釋和論證它。它與十八世紀的醫生稀釋液體或放鬆神經的能力一樣不具有神秘性。但是，醫生很快就拋棄了這種道德實踐的意義，以致他們將自己的知識限定在實證主義的規範中：從十九世紀初開始，精神病專家就不再明白自己從偉大的改革家那裡繼承的權力具有何種性質。改革家們的效能似乎完全與精神病專家關於精神病的觀念，與其他醫生的實踐毫無關係。

這種精神治療實踐甚至對於使用者也很神秘。但是，這種實踐對於確定瘋人在醫學領域中的位置十分重要。首先是因為在西方科學史上，精神醫學第一次具有了幾乎完全獨立的地位。從古希臘以來，它一直僅僅是醫學中的一章。我們已經看到，威利斯是在「頭部疾病」的標題下研究瘋顛的。而在皮內爾和圖克以後，精神病學將成為一門獨特的醫學。凡是熱衷於在生理機制或遺傳傾向中尋找瘋顛病因的人都不能迴避這種獨特性。由於這種獨特性會把愈益模糊的道德力量捲入其中，從而在根本上成為一種表現內疚的方式。這就使人們更不能迴避它。他們愈是把自己局限於實證主義之中，就愈會感覺到自己的實踐在悄悄脫離這種獨特性。

隨著實證主義把自己的觀點強加給醫學和精神病學，這種實踐變得越來越模糊了，精神病專家的力量變得越來越神奇，醫生與病人的關係越來越深地陷入一個奇特的世界。在病人眼中，醫生變成魔術師，醫生從社會秩序、道德和家庭中借用的權威似乎來源於他本人。因為他是醫生，人們就認為他擁有這些力量。皮內爾以及圖克都曾堅決認為，醫生的道德作用不一定與任何科學能力有聯繫。但是人們，首先是病人認為醫生之所以具有消除精

神錯亂的力量，因為他的知識具有某種奧秘，他甚至掌握了幾乎是魔鬼的秘密。病人越來越能接受這種屈服於醫生的狀態，因為醫生既具有神聖的力量又具有魔鬼的力量，是不可用凡人的尺度來度量的。這樣，病人就愈益把自己交給醫生，完全而且預先就接受醫生的權威，從一開始就服從於被他視為魔法的意志，服從於被他視為具有預見能力的科學。結果，病人就成為他投射到醫生身上的那些力量的最理想、最完美的對象。這是一種除了自身惰性之外毫不抗拒的純粹對象，隨時準備成為夏爾科（Charcot）㉒用以讚美醫生的神奇力量的那種歇斯底里患者。如果我們想要分析從皮內爾到佛洛伊德的十九世紀精神病學的認識和實踐的客觀現實的深層結構㉓，我們實際上就得說明，這種客觀現實從一開始就是一種巫術性質的具體化，它只有在病人的參與下才能實現。它起始於一種明明白白的道德實踐，但是隨著實證主義推行其所謂科學家客觀性的神話，它逐漸被人遺忘。雖然這種實踐的起源和含義已被遺忘，但這種實踐活動一直存在。我們所說的精神治療實踐是一種屬於十八世紀末那個時代的道德運用方式。它被保存在瘋人院生活的制度中，後來又被覆蓋上實證主義的神話。

然而，如果說醫生在病人眼中很快就變成了一個魔術師，作為實證主義者的醫生則不可能這樣看待自己。他不再明白那種神秘的力量是如何產生的，因此他不能解釋病人何以如此合作，他也不願承認那些構成這種神秘力量的遠古力量。但是，他又不得不給這種神秘力量以某種地位。而且，因為在實證主義的理解範圍內沒有任何東西可以證實這種意志傳達或類似的遙控操作，所以不久人們將要把這種異常現象歸因於瘋顛本身。雖然這些治療方法憑空無據，但決不能被視為虛假的療法，而它們很快將成為醫治假象疾病的真正療法。瘋顛並不是人們認為的那種東西，也不是它自認為的那種東西。它實際上遠比其表象簡單，僅僅是勸

說和神秘化的組合。在此，我們可以看到巴彬斯奇氏歇斯底里
（Babinski's pithiatism）㉔的緣起。透過一種奇怪的輪迴，人
們的思想又跳回到幾乎兩個世紀之前。當時，在瘋顛、虛假的瘋
顛和模擬的瘋顛之間，界限不清，相同的症狀混在一起，以致相
互交錯，無法確定。而且，醫學思想最終產生了一種鑑定，即將
瘋顛的醫學概念和和瘋顛的批判概念等同起來。而在此之前，自
古希臘以來的整個西方思想一直對此猶豫不決。在十九世紀末，
在巴彬斯奇同時代人的思想中，我們看到了在此之前醫學從未敢
提出的奇妙公理：瘋顛基本上僅僅是瘋顛。

　　這樣，當精神病患者完全被交給了他的醫生這個具體實在的
人時，醫生就能用瘋顛的批判概念驅散精神病實體。因此，這裡
除了實證主義的空洞形式外，只留下一個具體的現實，即醫生和
病人的結合關係。在這種關係中概括了，各種異化（精神錯亂、
讓渡、疏離），它們既被聯繫起來，又被分解開。正是這種情況
使十九世紀的全部精神病學實際上都向佛洛伊德匯聚。佛洛伊德
是第一個極其嚴肅地承認醫生和病人的結合關係的人，第一個不
把目光轉向他處的人，第一個不想用一種能與其他醫學知識有所
協調的精神病學說來掩蓋這種關係的人，第一個絕對嚴格地遵從
其發展後果的人。佛洛伊德一方面消解了瘋人院的各種其它結
構；廢除了緘默和觀察，廢除了瘋顛的鏡象自我認識，使定罪訴
訟變得寂靜無聲。然而，他另一方面卻開發了包容著醫務人員的
那種結構。他擴充了其魔法師的能力，為其安排了一個近乎神聖
的無所不能的地位。他只關注這種存在：這種存在隱藏在病人背
後，超出病人的理解範圍，表現為一種不存在，而這種不存在同
時也是一種完全的存在，即分布在瘋人院的集體生活中的各種力
量。他把這種存在變成一種絕對的觀察，一種純粹而謹慎的緘
默，一位在審判時甚至不用語言進行賞罰的法官。他把這種存在
變成一面鏡子。透過這面鏡子，瘋顛以一種幾乎靜止的運動抓住

自己而又放棄自己。

對於醫生來說，佛洛伊德改變了皮內爾和圖克在禁閉的範圍所建立的各種結構。如果說「解放者」在瘋人院中異化了病人，那麼佛洛伊德的確把病人從這種瘋人院的生存狀態中解脫出來。但是，他沒有使病人脫離這種生存狀態的本質。他重新組合了瘋人院的各種力量，透過把它們集中在醫生手中，而使它們擴展到極至。他創造了精神分析的環境。在這種環境中，透過一條神奇的捷徑，精神錯亂（異化）變成了精神錯亂（異化）的消解，因為在醫生身上，精神錯亂已變成了主體。

醫生作為一個造成異化的形象，始終是精神分析的關鍵因素。也許是由於精神分析並沒有壓制這種最根本的結構，也許是由於它把其它各種結構都歸併於這種結構，因此它過去不能，將來也不能聽到非理性的聲音，不能通過它們來破解瘋人的符號。精神分析能夠消除某些形式的瘋顛，但是它始終無緣進入非理性的領域。對於該領域的本質，它既不能給予解放，也不能加以轉述，更不能給予明確的解釋。

自十八世紀末起，非理性的存在除了在個別情況下已不再表露出來，這種個別情況就是那些如劃破夜空的閃電般的作品，如荷爾德林（Hölderlin）、奈瓦爾（Nerval）、尼采（Nietzsche：及阿爾托（Artaud）的作品。這些作品絕不可能被歸結為那種可以治療的精神錯亂，它們憑藉自己的力量抗拒著巨大的道德桎梏。我們習慣於把這種桎梏稱作皮內爾和圖克對瘋人的解放。這無疑是一句反話。

# 註　釋

① 里夫（Charles-Gaspard de la Rive）致《不列顛百科全書》（*Biblic-thèque britannique*）編輯部的信，論述一所新建的精神病人醫院。該信收入《不列顛百科全書》，後又單獨發行。里夫是在 1798 年察訪此院的。

② 庫通（1755～1794），法國大革命時期救國委員會成員。早年因病致殘，坐輪椅活動。——譯者註

③ 皮內爾（Scipion Pinel）《精神病人的醫療保健制度》（*Traité complet du régime sanitaire des aliénés*）（巴黎，1836），第 56 頁。

④ 圖克（Samuel Tuke）《休養院概述——公誼會在約克近郊設立的精神病院》（*Description of the Retreat, an Institution near York for Insane Persons of the Society of Friends*）（約克，1813），第 50 頁。

⑤ 同前引書，第 23 頁。

⑥ 見前引書，第 121 頁。

⑦ 見前引書，第 141 頁。

⑧ 見前引書，第 156 頁。

⑨ 里夫，前引書，第 30 頁。

⑩ 皮內爾（Philippe Pinel）《論精神錯亂的醫學哲理》（*Traité mé-dio-philosophique sur lálienation mentale*）（巴黎，1801），第 265 頁。

⑪ 這裡指的是 1801 年拿破崙與羅馬教皇簽訂的協定。——譯者註

⑫ 見前引書，第 141 頁。

⑬ 見前引書，第 29～30 頁。

⑭ 皮內爾，前引書，第 63 頁。

⑮ 轉引自塞梅蘭（René Semelaigne）《精神病醫生與慈善家》（*Alienistes et philanthropes*）（巴黎，1912），附錄第 502 頁。

⑯皮內爾，前引書，第 256 頁。

⑰見前引書，第 207～208 頁。

⑱見前引書，第 205 頁。

⑲轉引自圖克，前引書，第 89～90 頁。

⑳皮內爾，前引書，第 292～293 頁。

㉑哈斯拉姆（John Haslam）《對精神病的觀察及經驗評述》（*Observations on Insanity with Practical Remarks on This Disease*）（倫敦，1798），轉引自皮內爾，前引書，第 253～254 頁。

㉒夏爾科（1825～1893），法國醫學教師和醫生，現代精神病學創始人之一。——譯者註

㉓在非精神分析精神病學以及精神分析學的許多方面，依然存在著這些結構。

㉔巴彬斯奇（卒於 1932 年），是法國神經病學家。巴彬斯奇氏歇斯底里是一種可用勸說療法治癒的精神故障。——譯者註

# 結　論

在創作「瘋人院」這幅畫時，戈雅面對著空寂囚室中匍匐的
肉體，四壁包圍中的裸體，肯定體驗到某種與時代氛圍有關的東
西：那些精神錯亂的國王頭戴象徵性的金絲王冠，使卑躬屈膝
的、易受皮肉之苦的身體顯得更為觸目，從而與面部的譫妄表情
形成反差。這種反差與其說是因裝束粗陋造成的，不如說是被玷
污的肉體所煥發的人性光芒映照出來的。戴三角帽的那個人並沒
有發病，因為他用一頂舊帽子遮在自己赤裸的身體上。而且，在
這個用舊帽遮蓋的人身上，透過其健壯的身體所顯示的野性未羈
的青春力量，透露出一種生而自由的，已經獲得解放的人性存
在。「瘋人院」的視點與其說是在瘋癲和在「狂想」（Capri-
chos）中也能看到的古怪面孔上，不如說是這些新穎的身體以其
全部生命力所顯示的那種千篇一律的東西。這些身體的姿勢暗示
著他們的夢想，尤其是表現了他們所沈溺於其中的那種邪惡的自
由。這幅畫的語言與皮內爾的世界十分貼近。

戈雅在「異類」和「聾人之家」中所關注的是另一類瘋癲，
不是被投入監獄的瘋人的瘋癲，而是被投入黑暗的人的瘋癲。難
道戈雅沒有喚起我們對那種存在著妖術、神奇的飛行和棲身於枯
樹上的女巫的古老世界的回憶嗎？在「修道士」（Monk）耳邊
竊竊私語的妖怪難道不會使人聯想到那些迷惑博斯的「聖安東
尼」的小矮人嗎？但是，這些形象對戈雅來說具有不同的意義。

它們的聲望超過了他後來的全部作品。這種聲望源出於另一種力量。對於博斯和布魯蓋爾來說,這些形象是世界本身產生的。它們是透過一種奇異的詩意,從石頭和樹木中萌生出來,從一種動物的嚎叫中湧現出來。它們的縱情歌舞不能缺少大自然的參與。但是,戈雅描繪的形象則是從虛無中產生的。它們沒有任何背景:一方面它們只是在極其單調的黑暗中顯現出自己的輪廓,另一方面任何東西都不能標明它們的起源、界限和性質。「異類」中沒有環境、沒有圍牆,沒有背景。這一點也與「狂想」有較大的區別。在「飛行」(Way of Flying)中,巨大的人形蝙蝠所出沒的夜空上沒有一顆星星。女巫騎著樹枝交談。但是,樹枝是從什麼樹上長出來的?它會飛嗎?去參加什麼聚會?到什麼樣森林空地?這些形象沒有與任何一個世界——無論是人間世界還是非人間世界——發生關係。這確實是那種「理性的沈睡」(Sleep of Reason)的一個問題——戈雅於一七九七年創作的這幅畫已成為這個「口頭禪」的第一幅肖像。這是一個關於黑夜的問題,無疑是關於古典主義非理性的黑夜,使奧瑞斯忒斯沈淪的三重黑夜的問題。但是,在那種黑夜中,人與自己內心最隱秘、最孤獨的東西交流。博斯的聖安東尼所在的沙漠生靈遍布;既使是黑夜想像力的產物,迴蕩著,「愚人的呼喊」的畫面也顯示出一種完整的人類語言。而在戈雅的「修道士」中,儘管那隻猛獸趴在他背後,爪子搭在他肩上,張著嘴在他耳邊喘氣,但修道士依然是一個畸零人,沒有透露出任何隱秘。呈現在人們面前的只是那種最內在的,也是最獨立不羈的力量。這種力量在「大異象」(Gran Disparate)中肢解了人的軀體,在「肆虐的瘋癲」(Raging Madness)中為所欲為、令人觸目驚心。除此之外,那些面孔本身也形銷骨立。這種瘋癲已不再是「狂想」中的那種瘋癲,後者戴著面具,卻比真實面孔更為真實。而這種瘋癲是面具背後的瘋癲,它吞食面孔,腐蝕容貌。臉上不再有眼睛和

嘴巴，只有不知從何處閃出的目光，疑視著不存在的東西（如「女巫的聚會」〔Vitches' Sabbath〕），或者只有以黑洞中發出的尖叫（如「聖伊西多爾的朝聖」〔Pilgrimage of Saint Isidore〕）。瘋癲已變得使人有可能廢除人和世界，甚至廢除那些威脅這個世界和使人扭曲的意象。它遠遠超出了夢幻，超出了獸性的夢魘，而成為最後可求助的手段，即一切事物的終結和開始。這是因為它不是像在德國抒情詩中那樣表達了一種希望，而是含混地體現了混亂和末日啟示。戈雅的「白痴」（Idiot）尖叫著，扭曲著肩膀，力圖逃出桎梏著他的虛無。這是第一個人首次奔向自由的行動，還是最後一個垂死的人的最後一次抽動？

　　這種瘋癲既把不同的時代連接起來，又把它們分隔開。它把這個世界編織成只有一個黑夜的鏈環。這種瘋癲對於當時的人是十分陌生的。但是，不正是它把古典主義非理性的那些幾乎聽不見的聲音傳遞給那些能接受它們的人，如尼采和阿爾托嗎？在那些聲音中它總是涉及到虛無和黑夜，而現在它把這些聲音放大為尖叫和狂亂。但是，不正是它使它們第一次具有了引起各種爭議和全面爭執的一種表現形式，一種「公民權」，一種對西方文化的控制？不正是它恢復了它們的原始野性？

　　薩德的從容不迫的語言同樣既匯集了非理性的臨終論述，又賦予了它們一種未來時代的更深遠意義。在戈雅的不連貫的繪畫作品和薩德的從第一卷《朱斯蒂娜》（Justine）到第十卷《朱莉埃特》（Juliette）毫不間斷的語言溪流之間，顯然幾乎毫無共同之處。但是二者之間有一種共同的傾向，即重寫當時抒情風格的歷程，窮盡其源泉，重新發現非理性虛無的秘密。

　　在薩德書中的主人公自我禁閉的城堡中，在他無休止地製造他人痛苦的修道院、森林和地牢中，初看上去，似乎自然本性能夠完全自由地起作用。在這些地方，人又重新發現了被他遺忘的而又昭然若揭的真理：欲望是自然賦予人的，而且自然用世上循

環往復的生生死死的偉大教訓教導著欲望，因此，欲望怎麼會與自然相抵觸呢？欲望的瘋癲，精神錯亂的謀殺，最無理智的激情，這些都屬於智慧和理性，因為它們是自然秩序的一部分。人身上一切被道德、宗教以及拙劣的社會所窒息的東西都在這個凶殺城堡中復活了。在這些地方，人最終與自己的自然本性協調起來。或者說，透過這種奇特的禁閉所特有的道德，人應該能夠一絲不苟地忠實於自然本性。這是一項嚴格的要求，一種無止境的任務：「除非你了解一切，否則你將一無所知。如果你太怯懦，不敢固守著自然本性，那麼它就會永遠離開你。」①反之，如果人傷害或改變了自然本性，那麼人就必須透過一種責無旁貸的、精心計算的復仇來彌補這種損害：「大自然使我們所有的人生而平等。如果說命運喜歡擾亂這個普遍法則的安排，那麼我們的職責便是制止它的胡作非為，時刻準備著糾正強者的僭越行為。」②事後的復仇與放肆的欲望一樣，都屬於自然本性。人類瘋癲的產物不是屬於自然本性的表露，便是屬於自然本性的恢復。

　　但是，這種既理性又情感化的、帶諷刺意味的辯解，這種對盧梭的模仿，僅僅是薩德思想的第一階段。這是用歸謬法來証明當時哲學的虛幻，而其中充滿了關於人和自然的冗詞贅語。但是，除此之外，還需要做出真正的決斷。這種決斷也是一種決裂，人與其自然存在之間的聯繫將因此消失③。

　　著名的「罪惡之友社」（Society of the Friends of Crime）和瑞典憲法草案，除了有損於它們所參考的（盧梭的──譯者加）《社會契約論》（_Sosial Contract_）、波蘭（Poland）憲法草案和科西嘉（Corsica）憲法草案的名譽外，僅僅確立了一種否定一切天賦自由、天賦平等的、絕對至高無上的主觀性：一個成員可以任意處置另一個成員，可以無限制地行使暴力，可以無限制地使用殺戮權利。整個社會的唯一聯繫就是摒棄聯繫。這個社會似乎是對自然本性的一種排除。個人結合的唯一目的，不

是保護人的自然生存，而是保護自由地行使控制和反對自然本性的絕對權力④。而盧梭所規定的關係則恰恰相反。任何主權再也不得改變人的自然生存地位。後者僅僅是主權者的一個目標。主權者據此來權衡自己的全部權力。根據這種邏輯推導出來的結論，欲望僅僅在表面上導致對自然本性的重新發現。實際上，對於薩德來說，人根本不可能透過自然本性因自責而獲得強化的辯證法回歸到出生時的狀態，不可能指望人類最初對社會秩序的抵制會悄悄地導致重建幸福的秩序。如果說，黑格爾依然像十八世紀哲學家那樣認為，純粹欲望的瘋癲能把人投入一個在社會環境中立刻重新產生的自然世界中，那麼在薩德看來，它僅僅是把人投入一個完全混沌的、支配著自然本性的虛空中，投入循環往復的貪得無厭中。因此，瘋狂的黑夜是無盡頭的。曾經可能被視為人的狂暴本性的東西，現在僅僅是無止境的非本性。

這就是薩德的作品極其單調的原因。隨著他的思想發展，作品中的環境逐漸消失了，意外事件、插曲和場景之間戲劇性的或扣人心弦的聯繫都消失了。在《朱斯蒂娜》中還有一個變化曲折的、令人耳目一新的親歷事件。而到了《朱莉埃特》這種東西就完全變成了一種遊戲，沒有挫折，一帆風順，以致其新穎之處也只能是大同小異。正如在戈雅的作品中看到的那樣，這些精細刻畫的「異類」不再有什麼背景。沒有背景就既可以是徹底的黑夜，也可以是絕對的白天（薩德作品中沒有陰影）。在這種情況下，讀者逐漸看到結局：朱斯蒂娜的死亡。她的純真無邪甚至使折磨她的欲望也一籌莫展。我們不能說，罪惡沒有戰勝她的美德。相反，我們應該說，她的自然美德使她能夠挫敗任何針對她的罪惡手段。因此，當罪惡只能將她驅除出自己的權力領域（朱莉埃特將她驅除出努瓦爾瑟〔Noirceuil〕城堡）時，長期遭受統治、奚落和褻瀆的自然本性，才完全屈服於與自己相衝突的東西⑤。此時，自然本性也進入瘋癲狀態，而正是在這種狀態下，僅僅在一

瞬間而且只有一瞬間，它恢復了自己無所不能的威力。暴風雨鋪天蓋地而來，雷電擊倒並毀滅了朱斯蒂娜。大自然變成了犯罪主體。這種似乎逃脫了朱莉埃特的瘋癲統治的死亡，比任何東西都更根深柢固地屬於大自然。電閃雷鳴的暴風雨之夜是一種跡象，充分地表明大自然在撕裂、折磨著自己。它已達到了內在矛盾的極點。它用這金色的閃電揭示了一種最高權力。這種權力既是它自己又是它之外的某種東西：即屬於一個瘋癲心靈的權力。這個心靈在孤獨中已抵達這個傷害它的世界的極限，當它為了駕馭自己而使自己有權與這個世界同一時，它就轉過來反對自己並消滅自己了。大自然發出的閃電擊倒朱斯蒂娜與朱莉埃特的長期存在是一致的。後者也將在孤獨中消失，不會留下任何痕跡或任何能夠屬於大自然的東西。在非理性的虛無中，大自然的語言已永遠消亡。這種虛無已成為一種自然本身的和反對自然的暴力，以致於自然最後會野蠻地消滅自己⑥。

與戈雅一樣，在薩德看來，非理性繼續在黑夜中窺探，但是它現在獲得了新的力量。它一度是非存在，而現在則成為毀滅性力量。透過薩德和戈雅，西方世界有可能用暴力來超越自己的理性了，有可能恢復超出辯證法的保證範圍的悲劇體驗了。

自薩德和戈雅之後，非理性一直是現代世界任何藝術作品中的一個決定性因素，也就是說，任何藝術作品都包含著這種使人透不過氣的因素。

塔索（Tasso）⑦的瘋癲、斯威夫特（Swift）⑧的憂鬱，盧梭的譫妄都表現在他們的作品中，正如這些作品都表現了它們的作者。不論是在作品中還是在這些人的生活中，都有一種同樣的狂亂或同樣的辛辣在發揮作用。無疑，幻象在二者之間進行著交流，語言與譫妄也相互交織。但是，在古典時期的體驗中，藝術作品與瘋癲更多地也是更深刻地在另一個層面上結合起來，說來

奇怪，是在它們相互限制的地方結合起來。這是因為在那裡瘋癲
向藝術作品挑戰，挖苦貶低它，把它的逼真畫面變成一種病態的
幻覺世界。語言不是一種藝術作品，而是譫妄。反之，如果譫妄
也可稱作藝術作品，那麼它便可以拋棄其作為瘋癲的貧瘠真相。
然而，由於承認了這個事實，那就不存在誰降服誰的問題，而是
（在此想起蒙田〔Montaigne〕⑨的話）需要在藝術作品停止誕生
而且被確認是一個藝術作品時，發現產生藝術作品的不穩定中
心。但是塔索和斯威夫特繼盧克萊修（Lucretius）⑩之後表明了
相反的情況。如果試圖把這種相反的情況劃分為清醒的間隙和發
病狀態是徒勞的。這種相反的情況顯示出一種差異，提出了一個
關於藝術作品的真實性問題；它是瘋癲還是一部藝術作品？是靈
感，還是幻覺？是不由自主的胡言亂語，還是純淨的語言？它的
真實性應該出自它問世之前人們的悲慘現實，還是應該遠離它的
發源地到假設的存在狀態中尋找？這些作家的瘋癲正好使其他人
有機會看到，藝術作品的真實性是如何在單調重覆的工作和疾病
交加的沮喪狀態中一次又一次地產生。

　　尼采的瘋癲，梵谷（Van Gogh）⑪或阿爾托的瘋癲都表現
在他們的作品中，也許是同樣地深刻，但採取了另一種方式。現
代世界的藝術作品頻頻地從瘋癲中爆發出來，這一情況無疑絲毫
不能表明這個世界的理性，這些作品的意義，甚至不能表明現實
世界與這些藝術家之間的聯繫和決裂。但是，這種頻繁性值得認
真對待，因為這似乎是一個很緊迫的問題：自荷爾德林和奈瓦爾
的時代起，被瘋癲「征服」的作家、畫家和音樂家的人數不斷增
多。但是，我們在此不應產生任何誤解。在瘋癲和藝術作品之
間，從未有任何便利的通道，沒有經常性的交流，也沒有語言交
流。它們的對立比以前更危險得多。它們的競爭現在已毫不留
情，成為你死我活的鬥爭。阿爾托的瘋癲絲毫沒有從藝術作品中
流露出來。他瘋癲恰恰在於「藝術性的匱乏」，在於這種匱乏的

反覆出現，在於可以體驗到和估量出的其無窮空間中的根本虛空。尼采在最後的呼喊中宣佈自己既是基督又是戴奧尼索斯（Dionysos）⑫。從藝術作品的角度看，這種宣告並不是站在理性與非理性的邊界上的二者共同的夢想，即「阿卡狄亞（Arcady）⑬牧羊人與太巴列（Tiberias）⑭漁夫」的和解——這種夢想最終實現過，但立即消失了。這正是毀滅藝術作品本身。藝術作品因此不可能出現了，它必須陷於沈寂。而打擊它的斧鉞恰恰出自這位哲學家之手。至於梵谷，他不想請求「醫生准許他繪畫」。因為他十分清楚，他的工作和他的瘋顛勢如水火一般不能相容。

瘋顛意味著與藝術工作的徹底決裂。它構成了基本的破壞要素，最終會瓦解藝術作品的真實性。它畫出外部邊界。這是死亡邊界，是以虛空為背景的輪廓。阿爾托的「作品」便體驗到它本身在瘋顛中的湮沒。但是，這種體驗，這種苦難經驗所激發的勇氣，所有那些投向語言虛空的詞句，以及那個包圍著虛空，更準確地說，與虛空相重合的肉體痛苦和恐懼的空間，合在一起，正是藝術作品本身，正是瀕臨無藝術深淵的哨壁。瘋顛不再是那種能使人瞥見藝術作品的原始真實的模糊領域，而是一種明確的結論。在它的範圍之外，這種原始真實不再是一成不變的，而且永遠成為歷史的懸案。尼采究竟是從一八八八年秋季的哪一天開始永遠發瘋，從此他的著作不再屬於哲學而屬於精神病學，這個時間並不重要。因為所有這些著作，包括寄給史特林堡（Strindberg）⑮的明信片，都體現尼采的思想，它們都與《悲劇的誕生》（Birth of Tragedy）一脈相承。但是，我們不應從某種體系、某種主題的角度、甚至不應從某種生存狀態的角度來考慮這種連續性。尼采的瘋顛，即其思想的崩潰，恰恰使他的思想與現代世界溝通了。那種使他的思想無法存在的因素卻把他的思想變成了我們的現實，剝奪了尼采的思想，但把這種思想給了我們。這並

不意味著瘋癲是藝術作品和現代世界所共有的唯一語言（病態的
咀咒所造成的危害與心理分析所造成的威脅是對稱的兩極），而
是意味著一種似乎被世界所湮沒的、揭示世界的荒誕的、只能用
病態來表現自己的作品，實際上是在自身內部與時間打交道，駕
馭時間和引導著時間。由於瘋癲打斷了世界的時間，藝術作品便
出現了一個虛空，片刻的沈寂以及沒有答案的問題。它造成了一
個不可彌合的缺口，迫使世界對自己提出質疑。藝術作品中必然
出現的褻瀆現象重新出現，而在那種陷於瘋癲的作品的時間中，
世界意識到自己的罪孽。從此，透過瘋癲的中介，在藝術作品的
範圍內，世界在西方歷史上第一次成為有罪者。現在，它受到藝
術作品的指控，被迫按照藝術作品的語言來規範自己，在藝術作
品的壓力下承擔起認罪和補救的工作，從非理性中恢復理性並使
理性再回歸到非理性。淹沒了藝術作品的瘋癲正是我們活動的空
間。它是一條無止境的追求道路。它要求我們擔當起使徒和註釋
者的混合使命。這就是為什麼說，瘋癲的聲音最初是在何時混進
尼采的高傲和梵谷的謙卑是無足輕重的。瘋癲只存在於藝術作品
的最後一刻，因為藝術作品不斷地把瘋癲驅趕到其邊緣。凡是有
藝術作品的地方，就不會有瘋癲。然而，瘋癲又是與藝術作品共
始終的，因為瘋癲使藝術作品的真實性開始出現。藝術作品與瘋
癲共同誕生和變成現實的時刻，也就是世界開始發現自己受到那
個藝術作品的指責，並對那個作品的性質負有責任的時候。

　　瘋癲的策略及其獲得的新勝利就在於，世界試圖透過心理學
來評估瘋癲和辨明它的合理性，但是它必須首先在瘋癲面前證明
自身的合理性，因為充滿鬥爭和痛苦的世界是根據像尼采、梵
谷、阿爾托這樣的人的作品大量湧現這一事實來評估自身的。而
世界本身的任何東西，尤其是它對瘋癲的認識，不能使世界確信
它可以用這類瘋癲的作品來證明自身的合理性。

# 註　釋

① 《所多瑪 120 天》，轉引自布蘭肖（Maurice Blanchot）《勞特列阿蒙與薩德》（Lautréamont et Sade）（巴黎，1949），第 235 頁。

② 同上書，第 225 頁。

③ 人應該卑鄙無恥到「肢解自然本性和攪亂宇宙秩序」的地步。《所多瑪 120 天》（巴黎，1935），第 2 卷，第 369 頁。

④ 這種強加於同伴的結合實際上不承認彼此之間有殺戮他人的權利，但是在他們之間確立了一種自由處置的絕對權利，因此，每一個人必須能屬於另一個人。

⑤ 參見《朱莉埃特》結尾在火山口的情節。《朱莉埃特》（Juliette）（巴黎，1954），第 6 卷，第 31～33 頁。

⑥ 「人們會說，當大自然厭倦了自己的作品後，會隨時把各種因素混在一起，迫使它們組成新的形態。」見前引書，第 270 頁。

⑦ 塔索（1544～1595），意大利文藝復興後期詩人，曾因精神失常被禁閉。——譯者註

⑧ 斯威夫特（1667～1745），英國諷刺作家，自年輕時起患美尼爾氏症。——譯者註

⑨ 蒙田（1533～1592），法國思想家、作家。——譯者註

⑩ 盧克萊修（約西元前 93～約前 50），羅馬詩人，據載因喝春藥而發狂，清醒時寫作。——譯者註

⑪ 梵谷（1853～1890），荷蘭畫家，因絕望而自殺。——譯者註

⑫ 戴奧尼索斯，希臘酒神。——譯者註

⑬ 阿卡狄亞，希臘地名。——譯者註

⑭ 太巴列，以色列聖城之一。——譯者註

⑮ 史特林堡（1849～1912），瑞典戲劇家，小說家。——譯者註

# 索 引

羅蘭 巴特（Roland Barthes, 1915-1980）是沙特之後，當代最具影響力的思想大師；也是蒙田之後，最富才華的散文家。他在符號學、詮釋學、結構主義與解構主義的思想領域，都有極為傑出的貢獻，與傅柯、李維史陀並稱於世。巴特不僅擅長以其獨具的秀異文筆，為讀者尋回「閱讀的歡悅」，並將「流行」、「時尚」等大眾語言，融入當代的文化主流，為現代人開啟了21世紀的認知視窗。1980年2月，一個午後，巴特在穿越法蘭西學院校門前的大街時，不幸因車禍猝死———

## 羅蘭巴特及其著作

《桂冠新知系列叢書》系統論述當代人文、社會科學知識領域的重要理論成果，力求透過深入淺出的文字，介紹當代人文、社會科學領域中，最有影響力的思想家、理論家、文學家的作品與思想；從整體上構成一部完整的知識百科全書，爲社會各界提供最寬廣而有系統的讀物。《桂冠新知系列叢書》不僅是您理解時代脈動，透析大師性靈，拓展思維向度的視窗，更是每一個現代人必備的知識語言。

| 編號 | 書名 | 作者／譯者 | 價格 |
|---|---|---|---|
| 08500B | 馬斯洛 | 馬斯洛著／莊耀嘉編譯 | 200元 |
| 08501B | 皮亞傑 | 鮑定著／楊俐容譯 | 200元 |
| 08502B | 人論 | 卡西勒著／甘陽譯 | 300元 |
| 08503B | 戀人絮語 | 羅蘭巴特著／汪耀進等譯 | 250元 |
| 08504B | 種族與族類 | 雷克斯著／顧駿譯 | 200元 |
| 08505B | 地位 | 特納著／慧民譯 | 200元● |
| 08506B | 自由主義 | 格雷著／傅鏗等譯 | 150元● |
| 08507B | 財產 | 賴恩著／顧蓓曄譯 | 150元 |
| 08508B | 公民資格 | 巴巴利特著／談谷錚譯 | 150元 |
| 08509B | 意識形態 | 麥克里蘭著／施忠連譯 | 150元● |
| 08511B | 傅柯 | 梅奎爾著／陳瑞麟譯 | 250元● |
| 08512B | 佛洛依德自傳 | 佛洛依德著／游乾桂譯 | 100元 |
| 08513B | 瓊斯基 | 格林著／方立等譯 | 150元 |
| 08514B | 葛蘭西 | 約爾著／石智青譯 | 150元● |
| 08515B | 阿多諾 | 馬丁.傑著／李健鴻譯 | 150元● |
| 08516B | 羅蘭·巴特 | 卡勒著／方謙譯 | 150元● |
| 08518B | 政治人 | 李普塞著／張明貴譯 | 250元 |
| 08519B | 法蘭克福學派 | 巴托莫爾著／廖仁義譯 | 150元 |
| 08521B | 曼海姆 | 卡特勒等著／蔡采秀譯 | 250元 |
| 08522B | 派森思 | 漢彌爾頓著／蔡明璋譯 | 200元● |
| 08523B | 神話學 | 羅蘭巴特著／許薔薔等譯 | 250元 |
| 08524B | 社會科學的本質 | 荷曼斯著／楊念祖譯 | 150元● |
| 08525B | 菊花與劍 | 潘乃德著／黃道琳譯 | 300元 |
| 08527B | 胡賽爾與現象學 | 畢普塞維著／廖仁義譯 | 300元● |
| 08529B | 科學哲學與實驗 | 海金著／蕭明慧譯 | 300元 |
| 08531B | 科學的進步與問題 | 勞登著／陳衛平譯 | 250元 |
| 08532B | 科學方法新論 | 高斯坦夫婦著／李執中等譯 | 350元 |
| 08533B | 保守主義 | 尼斯貝著／邱辛曄譯 | 150元 |
| 08534B | 科層制 | 比瑟姆著／鄭樂平譯 | 150元 |
| 08535B | 民主制 | 阿博拉斯特著／胡建平譯 | 150元 |
| 08536B | 社會主義 | 克里克著／蔡鵬鴻等譯 | 150元 |
| 08537B | 流行體系（一） | 羅蘭巴特著／敖軍譯 | 300元 |
| 08538B | 流行體系（二） | 羅蘭巴特著／敖軍譯 | 150元 |

※訂購圖書價格後有●符號的書，請先來電(037)832-001確認是否尚有存書。

| 08539B | 論韋伯 | 雅思培著／魯燕萍譯 | 150元 |
| 08540B | 禪與中國 | 柳田聖山著／毛丹青譯 | 150元 |
| 08541B | 禪學入門 | 鈴木大拙著／謝思煒譯 | 150元 |
| 08542B | 禪與日本文化 | 鈴木大拙著／陶剛譯 | 150元 |
| 08543B | 禪與西方思想 | 阿部正雄著／王雷泉等譯 | 300元 |
| 08544B | 文學結構主義 | 休斯著／劉豫譯 | 200元● |
| 08545B | 梅洛龐蒂 | 施密特著／尚新建等譯 | 200元 |
| 08546B | 盧卡奇 | 里希特海姆著／王少軍等譯 | 150元 |
| 08547B | 理念的人 | 柯塞著／郭方等譯 | 400元● |
| 08548B | 醫學人類學 | 福斯特等著／陳華譯 | 450元 |
| 08549B | 謠言 | 卡普費雷著／鄭若麟等譯 | 300元 |
| 08550B | 傅柯：超越結構主義與詮釋學 | 德雷福斯著／錢俊譯 | 400元 |
| 08552B | 咫尺天涯：李維史陀訪問錄 | 葉希邦著／廖仁義譯 | 300元 |
| 08553B | 基督教倫理學闡釋 | 尼布爾著／關勝瑜等譯 | 200元 |
| 08554B | 詮釋學 | 帕瑪著／嚴平譯 | 350元 |
| 08555B | 自由 | 鮑曼著／楚東平譯 | 150元 |
| 08557B | 政治哲學 | 傑拉爾德著／李少軍等譯 | 300元 |
| 08558B | 意識型態與現代政治 | 恩格爾著／張明貴譯 | 300元 |
| 08561B | 金翅：傳統中國家庭的社會化過程 | 林耀華著／宋和譯 | 300元 |
| 08562B | 寂寞的群眾：變化中的美國民族 | 黎士曼等著／蔡源煌譯 | 300元 |
| 08564B | 李維史陀：結構主義之父 | 李區著／黃道琳譯 | 200元 |
| 08566B | 猴子啓示錄 | 凱耶斯著／蔡伸章譯 | 150元● |
| 08567B | 菁英的興衰 | 帕累托等著／劉北成譯 | 150元 |
| 08568B | 近代西方思想史 | 史壯柏格著／蔡伸章譯 | 700元● |
| 08569B | 第一個新興國家 | 李普塞著／范建年等譯 | 450元 |
| 08570B | 國際關係的政治經濟分析 | 吉爾平著／楊宇光等譯 | 500元 |
| 08571B | 女性主義實踐與後結構主義理論 | 維登著／白曉紅譯 | 250元 |
| 08572B | 權力 | 丹尼斯.朗著／高湘澤等譯 | 400元 |
| 08573B | 反文化 | 英格著／高丙仲譯 | 450元 |
| 08574B | 純粹現象學通論 | 胡塞爾著／李幼蒸譯 | 700元● |
| 08575B | 分裂與統一：中、韓、德、越南 | 趙全勝編著 | 200元 |
| 08579B | 電影觀賞 | 鄭泰丞著 | 200元 |
| 08580B | 銀翅：金翅-1920 1990 | 莊孔韶著 | 450元 |
| 08581B | 政治與經濟的整合 | 蕭全政著 | 200元 |
| 08582B | 康德、費希特和青年黑格爾論 | 賴賢宗著 | 400元● |
| 08583B | 批評與眞實 | 羅蘭巴特著／溫晉儀譯 | 100元 |
| 08585B | 布爾迪厄文化再製理論 | 邱天助著 | 250元 |
| 08587B | 交換 | 戴維斯著／敖軍譯 | 150元 |
| 08588B | 權利 | 弗利登著／孫嘉明等譯 | 250元 |

※本目錄圖書價格如有變動，概以版權頁定價爲準※

| 08589B | 科學與歷史 | 狄博斯著／任定成等譯 | 200元 |
| 08590B | 現代社會衝突 | 達倫道夫著／林榮遠譯 | 350元 |
| 08591B | 中國啟蒙運動 | 舒衡哲著／劉京建譯 | 450元 |
| 08592B | 科技，理性與自由 | 鄭泰丞著 | 200元 |
| 08593B | 生態溝通 | 魯曼著／魯貴顯等譯 | 300元 |
| 08594B | S　Z | 羅蘭巴特著／屠友祥譯 | 300元 |
| 08595B | 新聞卸妝：布爾迪厄新聞場域理論 | 舒嘉興著 | 150元● |
| 08596B | 羅蘭巴特論羅蘭巴特 | 羅蘭巴特著／劉森堯譯 | 300元 |
| 08597B | 性與理性（上） | 理查.波斯納著／高忠義譯 | 350元● |
| 08598B | 性與理性（下） | 理查.波斯納著／高忠義譯 | 350元● |
| 08599B | 詮釋學史 | 洪漢鼎著 | 350元 |
| 08601B | 詮釋學經典文選（上） | 哈柏瑪斯等著／洪漢鼎等譯 | 300元 |
| 08602B | 詮釋學經典文選（下） | 伽達默爾等著／洪漢鼎等譯 | 300元 |
| 08603B | 電影城市 | 克拉克著／林心如等譯 | 500元 |
| 08604B | 羅蘭巴特訪談錄 | 羅蘭巴特著／劉森堯譯 | 400元 |
| 08605B | 全球資本主義的挑戰 | 吉爾平著／楊宇光等譯 | 400元 |
| 08606B | 幻見的瘟疫 | 紀傑克著／朱立群譯 | 350元 |
| 08607B | 神經質主體 | 紀傑克著／萬毓澤譯 | 500元 |
| 08608B | 全球政治經濟 | 吉爾平著／陳怡仲等譯 | 450元 |
| 08609B | 布勞代爾的史學解析 | 賴建誠著 | 200元 |
| 08610B | 第三空間 | 索雅著／王志弘等譯 | 400元 |
| 08611B | 失卻家園的人 | 托多洛夫著／許鈞等譯 | 200元 |
| 08612B | 偶發事件 | 羅蘭巴特著／莫渝譯 | 200元 |
| 08613B | 流行溝通 | 巴納爾著／鄭靜宜譯 | 250元 |
| 08614B | 文化批判人類學 | 馬庫斯等著／林徐達譯 | 300元 |
| 08615B | 心理分析與兒童醫學 | 朵爾托著／彭仁郁譯 | 300元 |
| 08616B | 如何拍電影 | 夏布洛等著／繆詠華譯 | 100元 |
| 08617B | 理性的儀式 | 崔時英著／張慧芝等譯 | 180元 |
| 08618B | 援外的世界潮流 | 日本國際協力機構著／李明峻譯 | 250元 |
| 08619B | 性別政治 | 愛嘉辛斯基著／吳靜宜譯 | 250元 |
| 08620B | 現象學導論 | 德穆.莫倫著／蔡錚雲譯 | 600元 |
| 08621B | 詩意的身體 | 賈克.樂寇著／馬照琪譯 | 360元 |
| 08622B | 本質或裸體 | 余蓮著／林志明等譯 | 250元 |
| 08627B | 此性非一 | 依瑞葛來著／李金梅譯 | 300元 |
| 08628B | 複製、基因與不朽 | 哈里斯著／蔡甫昌等譯 | 400元 |
| 08629B | 紀登斯：最後一位現代主義者 | 梅斯托維克著／黃維明譯 | 400元 |
| P0001B | 淡之頌 | 余蓮著／卓立譯 | 168元 |

※訂購圖書價格後有●符號的書，請先來電(037)832-001確認是否尚有存書。

《當代思潮》是由前中央研究院副院長楊國樞先生擔綱，結合數百位華文世界的人文與社會科學傑出專家、學者，爲國人精選哲學、宗教、藝文、語言學、心理學、教育學、人類學、社會學、政治學、法律、經濟、傳播等知識領域中，影響當代人類思想最深遠的思想經典，不僅是國人心靈革命的張本，更是當代知識分子不可或缺的思考元素。

| 編號 | 書名 | 作者／譯者 | 價格 |
|---|---|---|---|
| 08701A | 成爲一個人 | 羅哲斯著／宋文里譯 | 500元 |
| 08702A | 資本主義的文化矛盾 | 貝爾著／趙一凡等譯 | 400元 |
| 08703A | 不平等的發展 | 阿敏著／高銛譯 | 400元 |
| 08704A | 變革時代的人與社會 | 曼海姆著／劉凝譯 | 200元 |
| 08705A | 單向度的人 | 馬庫塞著／劉繼譯 | 250元 |
| 08706A | 後工業社會的來臨 | 貝爾著／高銛等譯 | 500元 |
| 08707A | 性意識史：第一卷 | 傅柯著／尚衡譯 | 150元 |
| 08708A | 哲學和自然之鏡 | 羅蒂著／李幼蒸譯 | 500元● |
| 08709A | 結構主義和符號學 | 艾柯等著／李幼蒸譯 | 300元● |
| 08710A | 批評的批評 | 托多洛夫著／王東亮等譯 | 250元 |
| 08711A | 存在與時間 | 海德格著／王慶節等譯 | 400元 |
| 08712A | 存在與虛無（上） | 沙特著／陳宣良等譯 | 300元 |
| 08713A | 存在與虛無（下） | 沙特著／陳宣良等譯 | 350元 |
| 08714A | 成文憲法的比較研究 | 馬爾賽文等著／陳雲生譯 | 350元 |
| 08715A | 韋伯與現代政治理論 | 比瑟姆著／徐鴻賓等譯 | 300元 |
| 08716A | 官僚政治與民主 | 哈利維著／吳友明譯 | 400元● |
| 08717A | 語言與神話 | 卡西勒著／于曉等譯 | 250元 |
| 08719A | 社會世界的現象學 | 舒茲著／盧嵐蘭譯 | 400元 |
| 08721A | 金枝：巫術與宗教之研究（上） | 佛雷澤著／汪培基譯 | 450元 |
| 08722A | 金枝：巫術與宗教之研究（下） | 佛雷澤著／汪培基譯 | 450元 |
| 08723A | 社會人類學方法 | 布朗著／夏建中譯 | 250元 |
| 08724A | 我與你 | 布伯著／陳維剛譯 | 150元 |
| 08725A | 寫作的零度 | 羅蘭巴特著／李幼蒸譯 | 300元 |
| 08726A | 言語與現象 | 德希達著／劉北成等譯 | 300元 |
| 08727A | 社會衝突的功能 | 科塞著／孫立平等譯 | 250元 |
| 08728A | 政策制定過程 | 林布隆著／劉明德等譯 | 200元 |
| 08729A | 合法化危機 | 哈柏瑪斯著／劉北成譯 | 250元 |
| 08730A | 批判與知識的增長 | 拉卡托斯等著／周寄中譯 | 350元 |
| 08731A | 心的概念 | 萊爾著／劉建榮譯 | 300元 |
| 08733A | 政治生活的系統分析 | 伊斯頓著／王浦劬譯 | 450元 |
| 08734A | 日常生活中的自我表演 | 高夫曼著／徐江敏等譯 | 350元 |
| 08735A | 歷史的反思 | 布克哈特著／施忠連譯 | 300元 |
| 08736A | 惡的象徵 | 里克爾著／翁紹軍譯 | 400元● |
| 08737A | 廣闊的視野 | 李維史陀著／肖聿譯 | 400元 |
| 08738A | 宗教生活的基本形式 | 涂爾幹著／芮傳明等譯 | 500元 |
| 08739A | 立場 | 德希達著／楊恆達等譯 | 200元● |
| 08740A | 舒茲論文集（第一冊） | 舒茲著／盧嵐蘭譯 | 350元 |

※訂購圖書價格後有●符號的書，請先來電(037)832-001確認是否尚有存書。

| 08741A 歐洲科學危機和超越現象學 | 胡塞爾著／張慶熊譯 | 150元 |
|---|---|---|
| 08742A 歷史的理念 | 柯林烏著／陳明福譯 | 350元 |
| 08743A 開放社會及其敵人（上） | 巴柏著／莊文瑞等譯 | 500元 |
| 08744A 開放社會及其敵人（下） | 巴柏著／莊文瑞等譯 | 500元 |
| 08745A 國家的神話 | 卡西勒著／范進等譯 | 350元 |
| 08746A 笛卡兒的沉思 | 胡塞爾著／張憲譯 | 200元 |
| 08748A 規訓與懲罰 | 傅柯著／劉北成等譯 | 400元 |
| 08749A 瘋顛與文明 | 傅柯著／劉北成等譯 | 300元 |
| 08750A 宗教社會學 | 韋伯著／劉援譯 | 400元● |
| 08751A 人類本性與社會秩序 | 庫利著／包凡一等譯 | 300元 |
| 08752A 沒有失敗的學校 | 格拉塞著／唐曉杰譯 | 300元 |
| 08753A 非學校化社會 | 伊利奇著／吳康寧譯 | 150元 |
| 08754A 文憑社會 | 柯林斯著／劉慧珍等譯 | 350元 |
| 08755A 教育的語言 | 謝富勒著／林逢祺譯 | 150元 |
| 08756A 教育的目的 | 懷德海著／吳志宏譯 | 200元 |
| 08757A 民主社會中教育的衝突 | 赫欽斯著／陸有銓譯 | 100元 |
| 08758A 認同社會 | 格拉瑟著／傅宏譯 | 250元 |
| 08759A 教師與階級 | 哈利斯著／唐宗清譯 | 250元 |
| 08760A 面臨抉擇的教育 | 馬里坦著／高旭平譯 | 150元 |
| 08761A 蒙特梭利幼兒教育手冊 | 蒙特梭利著／李季湄譯 | 150元 |
| 08762A 蒙特梭利教學法 | 蒙特梭利著／周欣譯 | 350元● |
| 08763A 世界的邏輯結構 | 卡納普著／蔡坤鴻譯 | 400元● |
| 08764A 小說的興起 | 瓦特著／魯燕萍譯 | 400元 |
| 08765A 政治與市場 | 林布隆著／王逸舟譯 | 500元 |
| 08766A 吸收性心智 | 蒙特梭利著／王堅紅譯 | 300元 |
| 08767A 博學的女人 | 德拉蒙特著／錢撲譯 | 400元 |
| 08768A 原始社會的犯罪與習俗 | 馬凌諾斯基著／夏建中譯 | 150元 |
| 08769A 信仰的動力 | 田立克著／魯燕萍譯 | 150元 |
| 08770A 語言、社會和同一性 | 愛德華滋著／蘇宜青譯 | 350元● |
| 08771A 權力菁英 | 米爾斯著／王逸舟譯 | 500元 |
| 08772A 民主的模式 | 赫爾德著／李少軍等譯 | 500元 |
| 08773A 哲學研究 | 維根斯坦著／尚志英譯 | 350元 |
| 08774A 詮釋的衝突 | 里克爾著／林宏濤譯 | 500元● |
| 08775A 女人、火與危險事物(上) | 萊科夫著／梁玉玲等譯 | 450元 |
| 08776A 女人、火與危險事物(下) | 萊科夫著／梁玉玲等譯 | 450元 |
| 08777A 心靈、自我與社會 | 米德著／胡榮譯 | 450元 |
| 08778A 社會權力的來源（上） | 麥可.曼著／李少軍等譯 | 300元 |
| 08779A 社會權力的來源（下） | 麥可.曼著／李少軍等譯 | 300元 |
| 08780A 封建社會（Ⅰ） | 布洛克著／談谷錚譯 | 400元 |
| 08781A 封建社會（Ⅱ） | 布洛克著／談谷錚譯 | 300元 |
| 08783A 民主與資本主義 | 鮑爾斯等著／韓水法譯 | 350元 |
| 08784A 資本主義與社會民主 | 普熱沃斯基著／張虹譯 | 350元 |

※本目錄圖書價格如有變動，概以版權頁定價為準※

| 08785A 國家與政治理論 | 卡諾伊著／杜麗燕等譯 | 400元 |
| 08786A 社會學習理論 | 班德拉著／周曉虹譯 | 300元 |
| 08787A 西藏的宗教 | 圖奇著／劉瑩譯 | 300元 |
| 08788A 宗教的創生 | 懷德海著／蔡坤鴻譯 | 100元 |
| 08789A 宗教心理學 | 斯塔伯克著／楊宜音譯 | 450元 |
| 08790A 感覺和所感覺的事物 | 奧斯汀著／陳瑞麟譯 | 200元● |
| 08791A 制約反射 | 巴夫洛夫著／閻坤譯 | 500元● |
| 08793A 近代世界體系（第一卷） | 華勒斯坦著／郭方等譯 | 600元 |
| 08794A 近代世界體系（第二卷） | 華勒斯坦著／郭方等譯 | 600元 |
| 08795A 近代世界體系（第三卷） | 華勒斯坦著／郭方等譯 | 600元 |
| 08796A 正義論 | 羅爾斯著／李少軍等譯 | 600元 |
| 08797A 政治過程：政治利益與輿論(I) | 杜魯門著／張炳九譯 | 350元 |
| 08798A 政治過程：政治利益與輿論(II) | 杜魯門著／張炳九譯 | 350元 |
| 08799A 國家與社會革命 | 斯科克波著／劉北城譯 | 500元 |
| 08800A 韋伯:思想與學說 | 本迪克斯著／劉北城等譯 | 600元 |
| 08801A 批評的西方哲學史（上） | 奧康諾著／洪漢鼎等譯 | 600元 |
| 08802A 批評的西方哲學史（中） | 奧康諾著／洪漢鼎等譯 | 600元 |
| 08803A 批評的西方哲學史（下） | 奧康諾著／洪漢鼎等譯 | 600元 |
| 08804A 控制革命：資訊社會的技術和經濟起源(上) | 貝尼格著／俞灝敏等譯 | 300元● |
| 08805A 控制革命：資訊社會的技術和經濟起源(下) | 貝尼格著／俞灝敏等譯 | 400元● |
| 08808A 精神分析引論新講 | 佛洛依德著／吳康譯 | 250元 |
| 08809A 民主與市場 | 普熱沃斯基著／張光等譯 | 350元 |
| 08810A 社會生活中的交換與權力 | 布勞著／孫非等譯 | 450元 |
| 08812A 心理類型（上） | 榮格著／吳康等譯 | 400元 |
| 08813A 心理類型（下） | 榮格著／吳康等譯 | 400元 |
| 08814A 他者的單語主義 | 德希達著／張正平譯 | 150元 |
| 08815A 聖與俗 | 伊利亞德著／楊素娥譯 | 350元 |
| 08816A 絕對主義國家的系譜 | 安德森著／劉北成等譯 | 600元 |
| 08817A 民主類型 | 李帕特著／高德源譯 | 450元 |
| 08818A 知識份子與當權者 | 希爾斯著／傅鏗等譯 | 450元 |
| 08819A 恐怖的力量 | 克莉斯蒂娃著／彭仁郁譯 | 300元● |
| 08820A 論色彩 | 維根斯坦著／蔡政宏譯 | 150元● |
| 08821A 解構共同體 | 尚呂克.儂曦著／蘇哲安譯 | 150元 |
| 08822A 選舉制度與政黨體系 | 李帕特著／張慧芝譯 | 250元 |
| 08823A 多元社會的民主 | 李帕特著／張慧芝譯 | 250元 |
| 08824A 性政治 | 米利特著／宋文偉譯 | 450元 |
| 08837A 胡塞爾德幾何學的起源導引 | 德希達著／錢捷譯 | 250元● |
| 08838A 意識型態與烏托邦 | 曼海姆著／張明貴譯 | 350元 |
| 08839A 性別惑亂─女性主義與身分顛覆 | 巴特勒著／林郁庭譯 | 350元 |
| 08840A 物體世界─羅蘭巴特論集（一） | 羅蘭巴特著／陳志敏譯 | 250元 |
| 08841A 符號的想像─羅蘭巴特評論集（二） | 羅蘭巴特著／陳志敏譯 | 250元 |
| 08842A 傾斜觀看 | 紀傑克著／蔡淑惠譯 | 350元 |

※訂購圖書價格後有●符號的書，請先來電(037)832-001確認是否尚有存書。

## 國家圖書館出版品預行編目資料

瘋顛與文明 / 傅柯(Foucault, M.)著；劉北成等
譯—初版—苗栗縣三灣鄉；桂冠圖書出版；
1992，284面；15x21公分
譯自：Madness and Civilization

ISBN 978-957-551-573-0（平裝）

1.精神病—歷史  2.歐洲—文化史
740.3    81005684

# 瘋顛與文明
## Madness and Civilization

作者———傅柯(Foucault, M.)
譯者———劉北成等
出版———桂冠圖書股份有限公司
地址———35241 苗栗縣三灣鄉中山路2號
電話———037-832-001
傳真———037-832-061
郵政劃撥———01045792 桂冠圖書股份有限公司
ATM轉帳———彰化銀行(009)吉成分行—96580322063000
  Email———laias.laureat@msa.hinet.net
法律顧問—端正法律事務所 / 永然聯合法律事務所
初版一刷—1992年2月
初版十刷—2011年5月